■2025年度高等学校受験用

成田高等学校

収録内容

★この問題集は以下の収録内容となっています。また、編集の都合上、解説、解答用紙を省略させていただいている場合もございますのでご了承ください。

（○印は収録、ー印は未収録）

入試問題と解説・解答の収録内容		解答用紙
2024年度	英語・数学・国語	○
2023年度	英語・数学・国語	○
2022年度	英語・数学・国語	○
2021年度	英語・数学・国語	○
2020年度	英語・数学・国語	○

★当問題集のバックナンバーは在庫がございません。あらかじめご了承ください。

リスニングテストの音声は、下記のIDとアクセスコードにより当社ホームページ
https://www.koenokyoikusha.co.jp/pages/cddata/listening で聴くことができます。
（実際の入試で使用された音声です）
ユーザー名：koe　アクセスコード（パスワード）：30637　使用期限：2025年3月末日

※ユーザー名・アクセスコードの使用期限以降は音声が予告なく削除される場合がございます。あらかじめご了承ください。

●凡例●

【英語】

≪解答≫

〔　〕　①別解
②置き換え可能な語句（なお下線は置き換える箇所が２語以上の場合）
（例）I am〔I'm〕glad〔happy〕to～

（　）　省略可能な言葉

≪解説≫

1, **2**…　本文の段落（ただし本文が会話文の場合は話者の１つの発言）

〔　〕　置き換え可能な語句（なお〔　〕の前の下線は置き換える箇所が２語以上の場合）

（　）　①省略が可能な言葉
（例）「（数が）いくつかの」
②単語・代名詞の意味
（例）「彼（＝警察官）が叫んだ」
③言い換え可能な言葉
（例）「いやなにおいがするなべにはふたをするべきだ（＝くさいものにはふたをしろ）」

//　訳文と解説の区切り

cf.　比較・参照

≒　ほぼ同じ意味

【数学】

≪解答≫

〔　〕　別解

≪解説≫

（　）　補足的指示
（例）（右図１参照）など

〔　〕　①公式の文字部分
（例）〔長方形の面積〕＝〔縦〕×〔横〕
②面積・体積を表す場合
（例）〔立方体ABCDEFGH〕

∴　ゆえに

≒　約、およそ

【社会】

≪解答≫

〔　〕　別解

（　）　省略可能な語

＿＿　使用を指示された語句

≪解説≫

〔　〕　別称・略称
（例）政府開発援助〔ODA〕

（　）　①年号
（例）壬申の乱が起きた（672年）。
②意味・補足的説明
（例）資本収支（海外への投資など）

【理科】

≪解答≫

〔　〕　別解

（　）　省略可能な語

＿＿　使用を指示された語句

≪解説≫

〔　〕　公式の文字部分

（　）　①単位
②補足的説明
③同義・言い換え可能な言葉
（例）カエルの子（オタマジャクシ）

≒　約、およそ

【国語】

≪解答≫

〔　〕　別解

（　）　省略してもよい言葉

＿＿　使用を指示された語句

≪解説≫

〈　〉　課題文中の空所部分（現代語訳・通釈・書き下し文）

（　）　①引用文の指示語の内容
（例）「それ（＝過去の経験）が　～」
②選択肢の正誤を示す場合
（例）（ア，ウ…×）
③現代語訳で主語などを補った部分
（例）（女は）出てきた。

／　漢詩の書き下し文・現代語訳の改行部分

成田高等学校

所在地	〒286-0023 千葉県成田市成田27
電　話	0476-22-2131(代)
ホームページ	https://www.narita.ac.jp/
交通案内	JR成田線 成田駅・京成本線 京成成田駅より徒歩15分

応募状況

年度	募集数		受験数	合格数	倍率
2024	特進α 進学	150名	627名	189名 191名	1.7倍
	特技	50名	59名	59名	1.0倍
2023	特進α 進学	150名	644名	232名 237名	1.4倍
	特技	50名	52名	52名	1.0倍
2022	特進α 進学	150名	727名	267名 245名	1.4倍
	特技	50名	54名	54名	1.0倍

※特技＝特別技能生

試験科目　(2025年度入試・予定)

国語・数学・英語(リスニングを含む)
[各50分・各100点／マークシート方式]

本校の特色

■生徒個々の希望に対応したカリキュラム

本校では，生徒のほぼ全員が４年制大学への進学を目指しているため，２年次までにほとんどの必修科目を履修し，きめ細かな学習指導を展開する。また，成績上位者による「特進α」クラスを設置している。生徒一人ひとりの目標に合わせた教科指導や進学指導を行うほか，多くの課外授業も実施し，学力向上をサポートしている。

そのほか，生徒たちの「知識の確実な習得」,「知識を操作する能力の向上」,「知識を利用し集団で活動する能力の向上」を目標とした取り組みを行っている。

「特進α」「進学」両クラスとも，２年次は文理選択・成績をもとにクラス替えを行い，一部「特進α」と「進学」で生徒の入れ替えも行う。(３年次のクラス替えは行わない。)

■学校６日制で確実な学力の定着を図る

本校では，週６日制を実施することで，十分な授業時間の確保と放課後の特別活動の充実を図っている。また，希望者を対象とした特別講座も開講。３学年対象の土曜講座，夏休みに実施される全学年対象の夏季講座など，教科ごとに多種多様なものが用意されている。

■多彩な進路指導

各学年で計画的に実施される個別面談，著名な大学教授や予備校講師等を招いて行われる進学講演会，進路や受験に関する情報を盛り込んだ進学支援冊子の発行など，生徒個々の進路希望の実現に向けて，サポート体制も充実。

進路状況

◎主な大学合格状況　〔2024年４月／現役のみ〕
京都大１名，北海道大１名，筑波大３名，東京外国語大１名，千葉大11名，防衛大１名，早稲田大６名，慶應義塾大３名，上智大５名，東京理科大14名，明治大24名，青山学院大18名など。

イベント日程（予定）

◎学校説明会【7/1(月)から本校HPで予約受付】
8/1(木)・8/21(水)・11/2(土)
※録画配信あり。

◎スクールツアー【予約定員制】
9/30(月)・10/21(月)

◎葉牡丹祭(文化祭)
9/7(土)

※詳細は本校ホームページをご確認ください。

編集部注一本書の内容は2024年5月現在のものであり，変更されている場合があります。正確な情報は，学校のホームページ等で必ずご確認ください。

出題傾向と今後への対策

出題内容

	2024	2023	2022
大問数	5	5	5
小問数	29	29	29
リスニング	○	○	○

◎例年大問５題で小問数30問程度である。出題構成は毎年ほぼ同じで，英問英答形式の放送問題１題，長文読解２題，適語(句)・適文選択１題，整序結合１題となっている。

2024年度の出題状況

1 放送問題
2 適語(句)選択
3 整序結合
4 長文読解総合—エッセー
5 長文読解総合—物語

解答形式

2024年度	記　述／マーク／併　用

出題傾向

問題数，出題形式はほぼ決まっている。難易度は基本的な問題が多いが，教科書には出てこないレベルの高度な問題が散見される。長文のジャンルは説明文と物語が多く，分量は標準的である。設問は内容把握中心で，正確な読解力が要求される。適語・適文選択は基本的な問題が目立つ。整序結合は日本語つきで５語程度の並べかえ。

今後への対策

教科書で単語・熟語，文法を総復習し，基本例文は全文覚えてしまうこと。文法問題と読解は，それぞれ問題集を１冊決めて繰り返し解くとよい。定期テストや模試で間違えた問題の見直しも必須。放送問題はラジオ講座などを利用して毎日英語を聴くようにしよう。仕上げに過去問で問題形式と時間配分を確認しておくこと。

◆◆◆◆◆ 英語出題分野一覧表 ◆◆◆◆◆

分野			2022	2023	2024	2025 予想※
音声	放送問題		●	●	●	◎
	単語の発音・アクセント					
	文の区切り・強勢・抑揚					
語彙・文法	単語の意味・綴り・関連知識					
	適語(句)選択・補充		■	■	■	◎
	書き換え・同意文完成					
	語形変化					
	用法選択					
	正誤問題・誤文訂正					
	その他					
作文	整序結合		●	●	●	◎
	日本語英訳	適語(句)・適文選択				
		部分・完全記述				
	条件作文					
	テーマ作文					
会話文	適文選択					
	適語(句)選択・補充					
	その他					
長文読解	内容把握	主題・表題			●	△
		内容真偽	●	●	●	◎
		内容一致・要約文完成				
		文脈・要旨把握	●	●	●	◎
		英問英答				
	適語(句)選択・補充		●	●	●	◎
	適文選択・補充		●	●	●	◎
	文(章)整序			●	●	◎
	英文・語句解釈(指示語など)		●	●	●	◎
	その他(適所選択)					

●印：１～５問出題，■印：６～10問出題，★印：11問以上出題。
※予想欄　◎印：出題されると思われるもの。　△印：出題されるかもしれないもの。

出題傾向と今後への対策

出題内容

2024年度

大問５題，20問の出題。1は計算問題が３問。2は小問集合で，５問。方程式の計算と応用，数の性質，平面図形の計量題，データの活用からの出題。3は関数で，放物線と直線に関するもの。等積変形や回転体の体積などの図形の知識を要する問題もある。4は２つのさいころの出た目を座標とする座標平面を利用した確率に関する問題。5は空間図形の計量題４問。正四面体をについて問うもの。

2023年度

大問５題，20問の出題。1は計算問題が３問。2は小問集合で，５問。関数，データの活用，数の性質，方程式の計算と応用，平面図形の計量題からの出題。3は数字の書かれた６枚のカードを使って３けたの整数をつくる場合の数に関する問題。4は関数で，放物線と直線に関するもの。対称な点や等積変形などの図形の知識を要する問題もある。5は空間図形の計量題４問。正四角錐と立方体の容器について問うもの。

作…作図問題　証…証明問題　グ…グラフ作成問題

解答形式

2024年度	記　述／マーク／併　用

出題傾向

大問５題，20問程度の出題。1，2は小問集合で合わせて８問前後。計算問題のほか，数の性質や方程式の応用，図形などが出題されている。3以降は，関数，図形，場合の数・確率となることが多い。ややレベルの高い問題や考えにくい問題が数問含まれている。

今後への対策

まずは，基礎力の定着。教科書にある問題は全て解けるようにしよう。そのうえで，少しずつレベルアップを。少しレベルの高い問題集で演習を積み，いろいろな解法を習得していくようにしよう。やや複雑な計算にも対応できるよう計算練習もおろそかにしないように。

数学出題分野一覧表

分野		2022	2023	2024	2025 予想※
数と式	計算，因数分解	★	★	★	◎
	数の性質，数の表し方	●	●	●	◎
	文字式の利用，等式変形				
	方程式の解法，解の利用	●		●	△
	方程式の応用	●	●	●	◎
関数	比例・反比例，一次関数				
	関数$y=ax^2$とその他の関数	★	★	★	◎
	関数の利用，図形の移動と関数				
図形	（平面）計量		●	●	◎
	（平面）証明，作図				
	（平面）その他				
	（空間）計量	★	★	★	◎
	（空間）頂点・辺・面，展開図				
	（空間）その他				
データの活用	場合の数，確率	★	★	★	◎
	データの分析・活用，標本調査	●	●	●	◎
その他	不等式				
	特殊・新傾向問題など				
	融合問題				

●印：１問出題，■印：２問出題，★印：３問以上出題。
※予想欄　◎印：出題されると思われるもの。　△印：出題されるかもしれないもの。

出題傾向と今後への対策

出題内容

2024年度

論説文　小　説　古　文

課題文

一池内　了『科学と社会へ望むこと』
二壁井ユカコ
　『2.43清陰高校男子バレー部』
三『今昔物語集』

2023年度

論説文　随　筆　古　文

課題文

一川田順造
　『コトバ・言葉・ことば』
二江國香織『いくつもの週末』
三『古今著聞集』

2022年度

論説文　小　説　古　文

課題文

一前田英樹『愛読の方法』
二五木寛之『第三演出室』
三『宇治拾遺物語』

解答形式

2024年度	記　述／マーク／併　用

出題傾向

設問は，各大問に10問程度付されており，全体で30問強の出題となっている。そのうち，7割程度が内容理解に関するものとなっている。設問のレベルは，比較的高度である。課題文については，現代文は，論説文・随筆・小説いずれも古いものから新しいものまで，幅広く選択されている。古文は，平安・鎌倉期の作品から出されることが多い。

今後への対策

読解問題が中心で，しかも全体としては分量が多めなので，文章を速く正確に読みこなす力をつけておかなければならない。そのためには，問題集で勉強するのがよい。問題集は，比較的レベルの高い，応用力養成用のものを選ぶこと。国語の知識については，漢字・語句関連を中心に，参考書を使って知識をノートに整理しておくとよいだろう。

◆◆◆◆ 国語出題分野一覧表 ◆◆◆◆

分野		年度	2022	2023	2024	2025予想※
現代文	論説文 説明文	主題・要旨	●	●		◎
		文脈・接続語・指示語・段落関係		●	●	◎
		文章内容	●	●	●	◎
		表現		●	●	◎
	随筆 日記 手紙	主題・要旨				
		文脈・接続語・指示語・段落関係		●		△
		文章内容		●		△
		表現		●		△
		心情		●		△
	小説	主題・要旨				
		文脈・接続語・指示語・段落関係	●			△
		文章内容	●		●	◎
		表現	●		●	◎
		心情	●		●	◎
		状況・情景				
韻文	詩	内容理解				
		形式・技法				
	俳句 和歌 短歌	内容理解				
		技法				
古典	古文	古語・内容理解・現代語訳	●	●	●	◎
		古典の知識・古典文法	●	●	●	◎
	漢文	（漢詩を含む）				
国語の知識	漢字 語句	漢字	●	●	●	◎
		語句・四字熟語	●	●	●	◎
		慣用句・ことわざ・故事成語	●			△
		熟語の構成・漢字の知識				
	文法	品詞				
		ことばの単位・文の組み立て				
		敬語・表現技法				
	文学史					
作文・文章の構成・資料						
その他						

※予想欄　◎印：出題されると思われるもの。　△印：出題されるかもしれないもの。

合格を勝ち取るための

本書の使い方

本書に掲載されている過去問をご覧になって,「難しそう」と感じたかもしれません。でも,大丈夫。ほとんどの受験生が同じように感じるのです。高校入試の出題範囲は中学校の定期テストに比べて広いですし,残りの中学校生活で学ぶはずの,まだ習っていない内容からも出題されているかもしれません。
ですから,初めて本書に取り組む際には,点数を気にする必要はありません。点数は本番で取れればいいのです。

過去問で重要なのは「間違えること」です。自分の弱点を知るために,過去問に取り組むのです。当然,間違った問題をそのままにしておいては意味がありません。
本書には,長年にわたって高校受験に関わってきたベテランスタッフによる詳細な解説がついています。間違えた問題は重点的に解説を読み,何度も解きなおしてください。時にはもう一度,教科書で復習するのもよいでしょう。

別冊として,抜き取って使える解答用紙を収録しました。表示してあるように拡大コピーをとれば,実際の入試と同じ条件で,何度でも過去問に取り組むことができます。特に記述問題では解答欄の大きさがヒントになる場合があります。そうした,本番で使える受験テクニックの練習ができるのも,本書の強みです。

前のページにある「出題傾向と今後への対策」もよく読んで,本校の出題傾向に慣れておきましょう。

2025 年度 高校受験用

成田高等学校　5 年間スーパー過去問

をご購入の皆様へ

お詫び

本書、成田高等学校の入試問題につきまして、誠に申し訳ございませんが、以下の問題文は著作権上の問題により掲載することができません。設問と解説、解答は掲載してございますので、よろしくお願い申し上げます。

記

2022 年度　英語　5　の問題文

以上

株式会社　声の教育社　編集部

2024年度 成田高等学校

【英　語】（50分）〈満点：100点〉

■リスニングテストの音声は，当社ホームページで聴くことができます。(実際の入試で使用された音声です)
再生に必要なユーザー名とアクセスコードは「収録内容一覧」のページに掲載してます。

1　対話とナレーションを聞き，それぞれの質問に対する答えとして最も適切なものを次の①～④から一つずつ選びなさい。

(1) What did the man do yesterday? [1]

① He went to the music festival in the park.
② He listened to music in his room.
③ He played some sports with his friends.
④ He enjoyed the music festival in the hall.

(2) What will the boy do next? [2]

① Talk to the man wearing a blue T-shirt.
② Teach math to the girl.
③ Ask his brother to come to the library.
④ Tell the man to put on a hat.

(3) How long did it take for the boy to make the cake? [3]

① Half an hour.　② An hour.
③ One and a half hours.　④ Two and a half hours.

(4) Which sentence is true? [4]

① Haruna's school will go on a school trip for two days.
② Haruna will buy something for her family in Kyoto.
③ The students will enjoy the amusement park on the last day.
④ Haruna is looking forward to eating Japanese food the most.

(5) Which sentence is NOT true? [5]

① Saki stayed at a hotel in America during her stay there.
② Saki visited some museums in America with Diana.
③ Diana hopes to study in Japan next year.
④ If Diana comes to Japan, she can stay at Saki's house.

※　リスニングテスト放送文は，英語の問題の終わりに付けてあります。

2 ［　　］に入る最も適切なものを次の①～④から一つずつ選びなさい。

(1) We need [6] money to join the event next month.

① a　② lot　③ some　④ many

(2) When I looked out of the window this morning, the ground [7] with snow.

① was covered　② covered　③ is covering　④ covering

(3) Daichi swims [8] any other student at his school.

① fast　② faster than　③ fastest in　④ fastest of

(4) A：[9] did you find the test yesterday?
B：I found it very hard.

① Why　② What　③ Where　④ How

(5) A：Can you help [10] the house before going out?
B：Sure.

① me clean　② to be cleaning　③ me with clean　④ cleaning

(6) A：Do you know the movie that [11] the actor famous?
B：Yes. It is my favorite.

① liked　② caught　③ watched　④ made

(7) I want to ask Kate about today's homework. I wish I [12] her phone number.

① know　② knows　③ knew　④ have known

(8) My parents are farmers and they produce delicious vegetables. I'm [13] them.

① away from　② proud of　③ ready to　④ good at

3 次の各文において，日本語の意味に合うようにそれぞれ下の①～⑤の語句を並べ替えて空所を補い，文を完成させなさい。解答は［14］～［21］に入るもののみを答えなさい。

(1) 私の誕生日に，母が私にこの靴を買ってくれました。

My mother _____ ［14］ _____ ［15］ _____ my birthday.

① me　② these　③ bought　④ on　⑤ shoes

(2) このかばんはあのかばんほど重くありません。

This bag is not _____ ［16］ _____ ［17］ _____.

① that　② heavy　③ as　④ so　⑤ one

(3) 私たちは昨年できたお店に行きました。

We _____ ［18］ _____ ［19］ _____ year.

① last　② to　③ built　④ the store　⑤ went

(4) 多くの人は一日にどのくらい運動すべきかについて関心がありません。

Many people are not interested in _____ ［20］ _____ ［21］ _____ in a day.

① they　② how　③ should　④ do　⑤ much exercise

4 次の英文を読んで，後の問いに答えなさい。*の付いている語句には注があります。

Traveling is my passion. It's wonderful to explore new places, meet people, and experience different cultures. I come from a town that's popular with tourists. With its rich history and attractive *landmarks, I can easily understand why so many visitors come to my hometown to experience its beauty. In fact, I've found a unique way to *combine my love for travel and my community. You see, I often volunteer as a tour guide. It's a wonderful feeling to show travelers around, share interesting stories and local secrets, and tell them how they can ア<u>make the most of their time</u> here.

Being a volunteer guide has really made my love for my hometown stronger. Working as a volunteer guide is a lot of fun. First of all, meeting new people is a great experience. I *interact with visitors from all over the world and learn about different *backgrounds and cultures. I also enjoy being able to *take pride in my community. It is wonderful to see the smiles and excitement on the faces of visitors as I share the *charms of historic sites and tourist spots.

[イ], being a volunteer guide comes with some challenges. For example, you have to learn a lot of information and communicate it *accurately. It is important to be careful that you do not give the wrong facts. There is also the physical challenge of being on your feet and walking for long periods of time. There are also language *barriers and communication challenges. You will need to improve your language and communication skills to interact *comfortably with foreign visitors.

When I was traveling in Japan for the first time ten years ago, there was one event that *impressed me. [ウ] It provided information on nearby attractions, roads, and *transportation options. The map was really helpful when we planned our trips and the order of the tourist attractions for the day. I was most impressed by the fact that this volunteer tour guide really understands tourists. She understood my interests and needs, guided me, and answered all my questions. For example, when I asked her how to get to a tourist spot, she not only told me that I could take the bus or the train, but also *recommended taking the train. The train was designed for tourists, and she wanted me to enjoy the views on my way there. I thought I wanted to use my experience of being impressed by *hospitality in Japan for my own activities as a volunteer tour guide.

Volunteering as a guide is a wonderful activity that *strengthens your connection to your hometown. It also allows you to discover new attractions in your hometown that you have not noticed before. [エ]

注　landmark：歴史的建造物　combine：結びつける　interact：交流する
background：背景　take pride：誇りに思う　charm：魅力
accurately：正確に　barrier：壁　comfortably：快適に　impress：感動させる
transportation option：交通手段の選択肢　recommend：薦める
hospitality：おもてなし　strengthen：強める

(1) 下線部アの意味として最も適切なものを次の①～④から一つ選びなさい。 22

① waste time　② check the time　③ buy time　④ have a great time

(2) イ に入るものとして最も適切なものを次の①～④から一つ選びなさい。 23

① On the other hand　② Therefore　③ In this way　④ In addition

(3) ウ に補うあ～うの三つの文を文脈に合うように並べ替えたときの順序として最も適切なものを下の①～④から一つ選びなさい。 24

あ She smiled and introduced me to some interesting local places.
い Then, she took out a map.
う I asked a volunteer tour guide to give me recommendations on places to visit.

① あ → い → う
② あ → う → い
③ う → あ → い
④ う → い → あ

(4) [エ] に入るものとして最も適切なものを次の①～④から一つ選びなさい。[25]

① Please travel around and enjoy sightseeing.
② Why don't you become a volunteer tour guide?
③ Tourists to your town may know about your town better than you.
④ I want many people to work for a travel company like me.

(5) 本文の内容に合うものを次の①～⑥から**二つ**選びなさい。解答の順序は問いません。
[26] [27]

① The writer doesn't know why many tourists come to her hometown.
② The writer has worked as a volunteer guide in Japan for some years.
③ The writer learns about different cultures by meeting new people.
④ The language barriers are not a problem for tour guides.
⑤ The tour guide the writer met in Japan wanted the writer to enjoy the views from the train.
⑥ The writer had nothing to learn as a tour guide during her trip in Japan.

5

次の英文を読んで，後の問いに答えなさい。*の付いている語句には注があります。

It is September. It is an exciting time of year at a high school in a small English town as a new school year begins. The *campus is filled with students and energy as a *crisp autumn breeze blows through the air. In the middle of it all, Luke, a senior, *is about to take his first steps with a special mission in mind. He was *assigned to work as a guide to show *middle school students around the school and give them a chance to see what the high school has to offer.

The classrooms and hallways of the high school are filled with posters and information decorated for the *Open Day. The *entire school is ready to welcome the middle school students. At 10:00 a.m., Luke's group of middle school students gathered together. They were full of excitement and hope. Their eyes were shining as if they were ready to see a new world. Luke smiled at the middle school students and said, "Good morning, everyone. Welcome to our Open Day! ア<u>We're going to take a tour of our school facilities in the order of the classrooms, (A), (B), and (C)</u>. At the end of the tour, I'll answer your questions, so feel free to ask me then. The tour will last for about 30 minutes. Along the way, I'll share lots of information with you."

Luke *led the middle school students through the school while explaining the school facilities and programs. When Luke and his group of students came to the gym, he remembered his good friend, Sam. When Luke was in middle school, he attended an Open Day at this school with Sam. When they came to the gym, Sam asked a question to a high school student who was guiding his group. He asked, "Does this school have a swimming pool? I like swimming." The high school student answered, イ"Actually, no. When we have swimming classes, we need to take the bus to the pool." As a result, Sam entered a school with a swimming pool. Luke remembered that and told his students about his memory and the importance of the school facilities in choosing a school.

After Luke and the group visited the art room, they went to the school library. He had another memory of his Open Day. At that time, he liked reading books. So, in choosing a school, a large library was attractive to him. He remembered how the time he spent in that library shaped his high school experience. He told the middle school students that he felt the decisions he made at that time were helpful for him to grow and learn in a very meaningful way. [ウ]

The 30-minute-long tour came to an end. Each member of Luke's group thanked him, asked him a few questions and left. Luke felt the *anticipation and excitement in the group of middle school students for moving on to a new world. He realized that next year, he, too, would experience the joy of moving on to a new world through going to college. He was filled with courage for new challenges.

注 campus：構内　crisp autumn breeze：爽やかな秋の風
be about to：～しようとしている　assign：任命する
middle school student：中学生　Open Day：一般公開日　entire：全体の
led：lead（案内する）の過去形　anticipation：期待

(1) 下線部アの空所（ A ）～（ C ）に入る場所の組み合わせとして最も適切なものを次の①～④から一つ選びなさい。[28]

① （A）library　（B）swimming pool　（C）gym
② （A）library　（B）art room　（C）music room
③ （A）gym　（B）swimming pool　（C）music room
④ （A）gym　（B）art room　（C）library

(2) 下線部イについて，この言葉を聞いたSamの気持ちに最も近いものを次の①～④から一つ選びなさい。[29]

① 落胆　② 喜び　③ 緊張　④ 尊敬

(3) ［ウ］に入るものとして最も適切なものを次の①～④から一つ選びなさい。［30］

① They kept talking with him for half an hour there.

② They listened to his story very carefully.

③ They were too excited to continue the tour.

④ They finished looking for books to read there.

(4) 本文全体の主旨を最もよく表しているものを次の①～④から一つ選びなさい。［31］

① Autumn is the best season to choose a good school.

② Thinking about others is the most important in our life.

③ Knowing what we want will help us choose the right school.

④ Memories of school days are our treasures.

(5) 本文の内容に合うものを次の①～⑥から**二つ**選びなさい。解答の順序は問いません。

［32］［33］

① A new school year at Luke's high school starts in September.

② When Luke's group of middle school students gathered together, they looked nervous.

③ Luke showed the middle school students around the school for more than an hour.

④ After attending an Open Day at a high school with his friend, Luke chose a different school.

⑤ Luke thinks there are much more important things in his school life than the school facilities.

⑥ Luke will go to college next year, and he is excited about that.

＜リスニングテスト放送文＞

M　男性　　W　女性

(1) W: What did you do yesterday?

M: I went to the music festival. It was a lot of fun.

W: Nice. I remember it's held in the park every year. Was it so yesterday, too?

M: No. It was rainy yesterday, so it was held in the hall.

Question: What did the man do yesterday? [1]

① He went to the music festival in the park.

② He listened to music in his room.

③ He played some sports with his friends.

④ He enjoyed the music festival in the hall.

(2) W: This math problem is too difficult. Can you solve it?

M: No, I can't, but I think my brother can teach us how to solve it. He is a math teacher. He is in this library, too. That tall man is my brother.

W: The man wearing a hat?

M: No. My brother is standing next to the man. He is wearing a blue T-shirt. I'll ask him to help us. Wait a minute.

W: Thank you.

Question: What will the boy do next? [2]

① Talk to the man wearing a blue T-shirt.

② Teach math to the girl.

③ Ask his brother to come to the library.

④ Tell the man to put on a hat.

(3) W: Thank you for inviting me to the party.
M: My pleasure. Did you enjoy our dinner?
W: Yes, very much. The cake was especially good.
M: Really? I made it this morning.
W: That's great. Is making a cake easy for you?
M: No. I made it for the first time. It took a long time.
W: What time did you start?
M: At 8:00 in the morning, and I finished it at 10:30.
W: I see. Do you want to make cake again?
M: Yes. I'll try chocolate cake next time.

Question: How long did it take for the boy to make the cake? [3]

① Half an hour.
② An hour.
③ One and a half hours.
④ Two and a half hours.

(4) Haruna's school will go on a school trip next month. On the first day of the trip, the students are going to go to Kyoto and visit some famous temples and shrines in the morning. In the afternoon they will have free time. Haruna wants to enjoy Japanese food and buy souvenirs for her family then. On the second day, the students are going to go to Osaka and enjoy the amusement park. On the last day, they are going to go to a theater. Haruna is in the drama club, so she is looking forward to that the most.

Question: Which sentence is true? [4]

① Haruna's school will go on a school trip for two days.
② Haruna will buy something for her family in Kyoto.
③ The students will enjoy the amusement park on the last day.
④ Haruna is looking forward to eating Japanese food the most.

(5) Dear Diana,

How are you doing? I'm back in Japan now.

Staying at your house with you and your family was a great experience. Thank you very much. We enjoyed a lot of things together. We studied together at your school, visited some museums, and had a good time at your friend's house. Thanks to you, I learned a lot about the culture and people's lives in America. I became more interested in them. I want to visit your country again someday. During my stay, you said you want to study in Japan next year, right? I asked my parents about that. They said you can stay at our house. If you decide when to come to Japan, please let me know.

Your friend,

Saki

Question: Which sentence is NOT true? [5]

① Saki stayed at a hotel in America during her stay there.

② Saki visited some museums in America with Diana.

③ Diana hopes to study in Japan next year.

④ If Diana comes to Japan, she can stay at Saki's house.

【数　学】（50分）〈満点：100点〉

解答上の注意

1. 選択形式「①～④のうちから1つ選びなさい。」という場合，選んだ番号をマークしなさい。

　（例）［ア］で③を選択したとき

ア	⊖	⓪	①	②	●	④	⑤	⑥	⑦	⑧	⑨

2. 選択形式以外の場合

⑴ ［ア］，［イ］，［ウ］……の一つ一つには，それぞれ「0」から「9」までの数字，または「－（マイナス）」のいずれか一つが対応します。それらを［ア］，［イ］，［ウ］……で示された解答欄にマークしなさい。　（例）［イウ］に－8と答えるとき

イ	●	⓪	①	②	③	④	⑤	⑥	⑦	⑧	⑨
ウ	⊖	⓪	①	②	③	④	⑤	⑥	⑦	●	⑨

⑵ 分数形で解答が求められているときは，もっとも簡単な分数で答えます。符号は分子につけ，分母につけてはいけません。

（例）$\dfrac{［エオ］}{［カ］}$に$-\dfrac{4}{5}$と答えるときは，$\dfrac{-4}{5}$として

エ	●	⓪	①	②	③	④	⑤	⑥	⑦	⑧	⑨
オ	⊖	⓪	①	②	③	●	⑤	⑥	⑦	⑧	⑨
カ	⊖	⓪	①	②	③	④	●	⑥	⑦	⑧	⑨

⑶ 式の係数や指数を答えるときは，係数や指数の数字をそのまま答えます。

（例）［キ］$x^{［ク］}$に$3x^2$と答えるとき

キ	⊖	⓪	①	②	●	④	⑤	⑥	⑦	⑧	⑨
ク	⊖	⓪	①	●	③	④	⑤	⑥	⑦	⑧	⑨

⑷ 根号を含む形で解答する場合は，根号の中に現れる自然数が最小となる形で答えます。

（例）［ケ］$\sqrt{［コ］}$，$\dfrac{\sqrt{［サシ］}}{［ス］}$に$4\sqrt{2}$，$\dfrac{\sqrt{13}}{2}$と答えるところを，$2\sqrt{8}$，$\dfrac{\sqrt{52}}{4}$のように答えてはいけません。

1 次のア～サの□に当てはまる数や符号を答えなさい。

(1) $-8+\{8+(2-13)\times 4\}\div(-3)^2=$ アイウ

(2) $\dfrac{5}{6}xy\div\left(-\dfrac{8}{27}x^4y^3\right)\times\left(-\dfrac{4}{3}x^3y^2\right)^2=$ エオ $x^{\text{カ}}y^{\text{キ}}$

(3) $7\sqrt{2}-\dfrac{9}{\sqrt{5}}-\dfrac{\sqrt{2}+2\sqrt{5}}{\sqrt{10}}=$ ク $\sqrt{\text{ケ}}-$ コ $\sqrt{\text{サ}}$

2 次のア～ツの□に当てはまる数や符号を答えなさい。

(1) 2次方程式 $(x-3)(x+7)+x(x-10)=0$ の解は，$x=\dfrac{\text{ア}\pm\sqrt{\text{イウ}}}{\text{エ}}$ である。

(2) 最大公約数が5で，最小公倍数が330である2つの自然数がある。この2数の和が125であるとき，この2数は オカ と キクケ である。

(3) ある中学校の昨年度の男子と女子の生徒数の比は5：3であった。今年度は昨年度と比べて男子は4％減少し，女子は25％増加したので，男子は女子より63人多くなった。このとき，今年度の男子の生徒数は コサシ 人，女子の生徒数は スセソ 人である。

(4) 図のように，平行な2つの直線 ℓ，m がある。直線 ℓ 上に3点A，B，C，直線 m 上に3点D，E，Fがあり，AD＝BD＝DEである。また，線分BE上に点Gがあり，BE⊥CGである。∠GCE＝46°，∠CEF＝84°のとき，∠ADB＝ タチ °である。

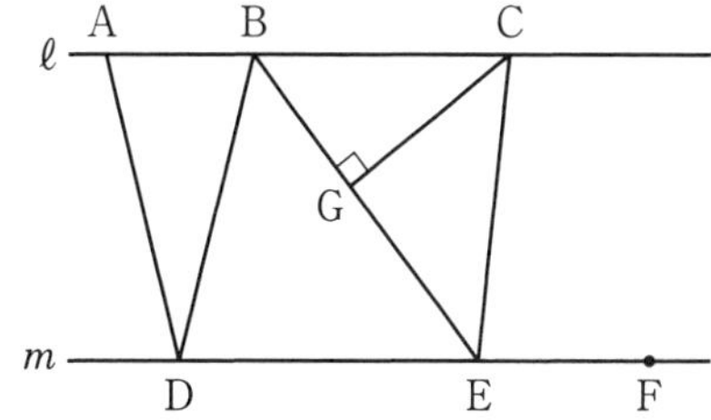

(5) ある中学校の3年生93人の通学時間のデータを箱ひげ図に表すと，図のようになる。通学時間が20分未満の生徒が41人いるとき，通学時間が20分以上27分以下の生徒は少なくとも ツ 人いる。

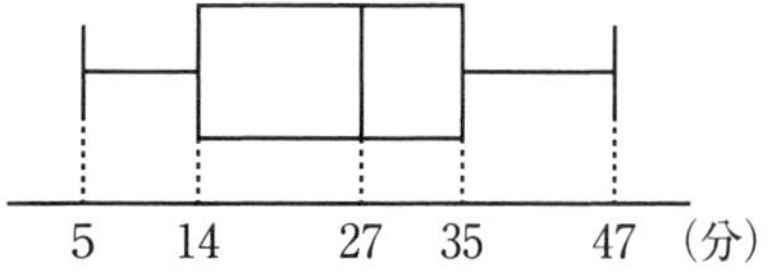

3 図のように，放物線①：$y=\frac{1}{4}x^2$ がある。2点A，Bは放物線①上にあり，x座標はそれぞれ-4，6である。このとき，次の**ア**～**サ**の□に当てはまる数や符号を答えなさい。ただし，円周率はπとする。

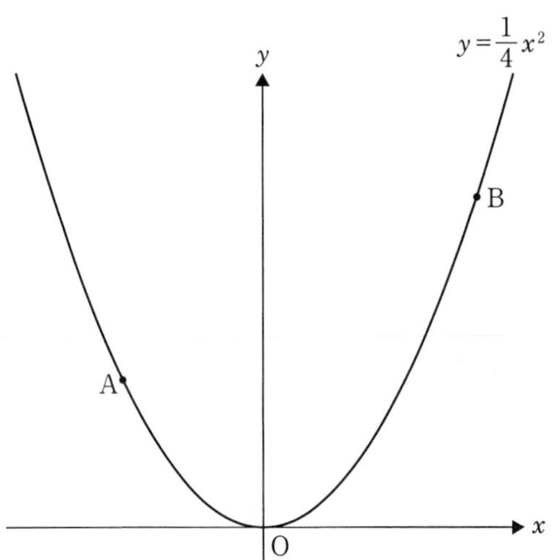

(1) 直線ABの式は$y=\frac{\boxed{ア}}{\boxed{イ}}x+\boxed{ウ}$である。

(2) △OABの面積は$\boxed{エオ}$である。

(3) △OABと△ABCの面積が等しくなるように，放物線①上の点Oとは一致しない部分に点Cをとる。点Cのx座標として考えられる値は小さい順に，$\boxed{カキ}$，$\boxed{ク}$，$\boxed{ケ}$である。

(4) 直線ABとy軸の交点をDとする。△OADをx軸を軸として1回転させてできる立体の体積は$\boxed{コサ}\pi$である。

4 大小2つのさいころを同時に投げ，大きいさいころの出た目の数をa，小さいさいころの出た目の数をbとして，点Oを原点とする座標平面上に点P(a，b)をとる。このとき，次の**ア**～**サ**の［　］に当てはまる数や符号を答えなさい。

(1) 点Pが関数$y=\frac{12}{x}$のグラフ上にある確率は$\frac{\boxed{ア}}{\boxed{イ}}$である。

(2) 線分OPの長さが$\sqrt{5}$以下になる確率は$\frac{\boxed{ウ}}{\boxed{エオ}}$である。

(3) 座標平面上に3点A(3，1)，B(4，4)，C(4，2)をとる。

① △AOPがAO＝APの二等辺三角形になる確率は$\frac{\boxed{カ}}{\boxed{キク}}$である。

② 直線OPが線分BCと交わる確率は$\frac{\boxed{ケ}}{\boxed{コサ}}$である。

5 図のように，1辺の長さが4cmの正四面体ABCDがあり，辺BCの中点をMとする。頂点Aから底面BCDに垂線を引くと線分DMと交わる。このとき，次の**ア**～**サ**の□に当てはまる数や符号を答えなさい。

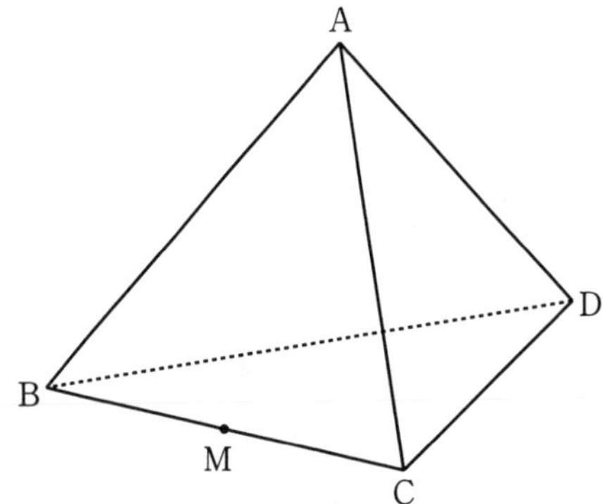

(1) AMの長さは $\boxed{ア}\sqrt{\boxed{イ}}$ cmである。

(2) △AMDの面積は $\boxed{ウ}\sqrt{\boxed{エ}}$ cm^2 である。

(3) 正四面体ABCDの体積は $\dfrac{\boxed{オカ}\sqrt{\boxed{キ}}}{\boxed{ク}}$ cm^3 である。

(4) 正四面体ABCDの表面に，点Mから辺AC，AD，BD上の点を通って点Cまで糸をかける。かける糸の長さが最も短くなるときの糸の長さは $\boxed{ケ}\sqrt{\boxed{コサ}}$ cmである。

問七　傍線部F「食しつれば」を単語に分けたものとして最も適当なものを次の①～④から一つ選びなさい。解答番号は 34 。

①　食　しつれ　ば
②　食　しつ　れば
③　食し　つれ　ば
④　食しつ　れ　ば

問八　次は、この文章の内容について、ある生徒がまとめたものである。 Ⅰ ・ Ⅱ に入れるのに最も適当なものをそれぞれ後の①～④から一つずつ選びなさい。解答番号は順番に 35 ・ 36 。

> 文章中の波線部には、「風流」という言葉が使われている。女の行動に注目すると、この「風流」という言葉は、 Ⅰ ことを意味しているとわかる。
> この話は、「風流」な女の様子や、女がのちにどうなったかを描くことで、 Ⅱ ということを伝えているのだと考えられる。

Ⅰ
①　清らかで美しい
②　よい趣味がある
③　豊かで若々しい
④　強い意志がある

Ⅱ
①　金銭では得られない豊かさがあり、生活を楽しむことが大切である
②　人間は、自分にはない不思議な力をもつ存在に救われながら生きている
③　仏法の修行をしていなくても、仏法を深く信じていればよいことが訪れる
④　内面がよく人を傷つけない人間に対しては、天からの働きかけがある

問三　傍線部B「これを以て常の事として有りける」とあるが、これはどういうことか。最も適当なものを次の①～④から一つ選びなさい。解答番号は30。

①　女は日頃から、自分の身や家の中を清潔にし、野に行って菜をつんで調理するような日々を過ごしていたということ。

②　女は日頃から、好きなときに自分の身を清めて野に行って菜をつむような、自由な暮らし方に憧れていたということ。

③　女は家にいるときは常に、家の中を清潔にしたりつんできた菜を調理したりして、忙しく過ごしていたということ。

④　女は貧しく、いつも野に行って菜をつんだりさまざまな場所を掃除したりして、なんとか暮らしていたということ。

問四　傍線部C「つひにこころすぐなるゆゑに」とあるが、現代仮名遣いに直したものとして正しいものを次の①～④から一つ選びなさい。解答番号は31。

①　つひにこころすぐなるゆへに

②　ついにこころすぐなるゆえに

③　つひにこころすぐなるゆるに

④　ついにこころすぐなるゆいに

問五　傍線部D「神仙に仕ふ」とあるが、その理由として最も適当なものを次の①～④から一つ選びなさい。解答番号は32。

①　神仙に仕えることで正直でよい心を得たいと、女が望んだから。

②　正直でよい心をもつのに貧しい女を、神仙があわれんだから。

③　女が正直でよい心をもっていることを、神仙に認められたから。

④　女は正直でよい心をもっているので、心が神仙と通じたから。

問六　傍線部E「服薬仙」とあるが、このように呼ぶのはなぜか。最も適当なものを次の①～④から一つ選びなさい。解答番号は33。

①　仙人になれなくても、不思議な力をもつ仙草を食べることで空を飛ぶことができるようになったから。

②　仙人に仕えて、自分も仙人となることによって仙草を食べたり空を飛んだりするようになったから。

③　野に行って神仙と菜を食べているうちに自分も仙人になって、天にも昇るような気持ちになったから。

④　野に行って仙草を食べることによって、仙人となって空を飛ぶことができるようになったから。

三　次の文章を読んで後の問いに答えなさい。

今は昔、大和国宇陀郡に住む女人有りけり。本より心風流にして、永く凶害（注1）を離れたり。七人の子生ぜり。家貧しくして食物無し。然れば、子どもを養ふ便無し（x）。

而るに、この女日々に沐浴し身を浄め、綴を着て、常に野に行きて、菜を採むを業とす。また家に居たる時は、家を浄むるを以て役とす。また菜をば調へ盛りて、咲みを含みて人（A）にこれを食せしむ。これを以て常の事として有りける間に（B）、その女つひにこころすぐなるゆゑに（C）、神仙（注2）これを哀び（注3）て、神仙に仕ふ（D）。つひにおのづから（y）その感応有りて、春の野に出でて、菜を採み食する程に、おのづから仙草（注4）を食して、天を飛ぶ事を得たり。

心風流なる者は、仏法を修行せずと云へども、仙薬を食して、かく仙と成りけり。これを服薬仙（E）と云ふなるべし。心直くして仙薬を食しつれば（F）、女なりと云へども仙に成りて、空を飛ぶ事かくの如し。

然れば、人なほ心を風流にして、凶害を離るべきなりと、語り伝へたりとや。

（『今昔物語集』より）

注1　凶害……人をだましたり傷つけたりすること。
注2　神仙……超人的な力をもった仙人。
注3　哀びて……しみじみと感じてほめたたえて。
注4　仙草……仙人が食べる薬草。

問一　二重傍線部x・yの本文中の意味として最も適当なものをそれぞれ次の①～④から一つずつ選びなさい。解答番号は順番に 27 ・ 28 。

x　便無し
①　知らせがない　　②　手段がない
③　縁がない　　④　経験がない

y　おのづから
①　自分から　　②　突然に
③　自然と　　④　まれに

問二　傍線部A「人」とあるが、誰のことか。最も適当なものを次の①～④から一つ選びなさい。解答番号は 29 。
①　夫
②　客
③　神仙
④　子ども

問九　次の会話は、この文章を読んだ生徒の話し合いの様子である。これを読んで後の問いに答えなさい。

生徒1　この文章の表現について、気づいたことを挙げてみよう。
生徒2　敗退して打ちひしがれている弓掛の気持ちが、痛いほどに伝わってくる文章だよね。浅野が、弓掛の姿をいつもとは違うものに感じていることが、間接的に表現されている部分があるよ。
生徒3　表現は、登場人物の気持ちを読み取る手がかりになることがあるよね。この文章では、［Ⅰ］が、弓掛の気持ちを読み取るための助けになっていると思う。
生徒1　そうだね。それから、この文章中には［Ⅱ］表現している部分があって、効果的な表現だと思ったよ。

(1)　会話中の生徒2の発言は、文章中の波線部①～④のどの箇所について述べているか。最も適当なものを①～④から一つ選びなさい。解答番号は**24**。

(2)　会話中の［Ⅰ］・［Ⅱ］に入れるのに最も適当なものをそれぞれ次の①～④から一つずつ選びなさい。解答番号は順番に**25**・**26**。

Ⅰ
①　弓掛の心の中の言葉
②　弓掛自身による感情の説明
③　弓掛が見ている景色の描写
④　弓掛の手や表情の変化の描写

Ⅱ
①　短文を連続して用いて描写して、臨場感が高まるように
②　浅野と弓掛の視点から、場面が客観的に伝わるように
③　比喩を用いて、人物の様子が印象的に伝わるように
④　反復を用いて、人物の緊張感がはっきり伝わるように

問七　傍線部Ｆ「……十センチでよかった……」とあるが、このように言った弓掛の様子として最も適当なものを次の①～④から一つ選びなさい。解答番号は**22**。

①　浅野から自分の問題点を指摘されたことで、自分の中にある正直な気持ちを自覚し、言い訳だと思われそうだと感じながらも思い切って口にしている。

②　自分を思いやり慰めようとする浅野の気持ちを理解しながらも、自分の望みはどうにもできないという諦めがあり、ためらいながら口にしている。

③　浅野の言葉を受けて今まで自分の中に秘めていた感情を捉え直し、ずっと抑え込んできた気持ちが一気にあふれ出して、思わず言葉をもらしている。

④　自分を探しにきて必ず勝つと断言した浅野に頼もしさを感じて、言い訳すまいと堪えていた気持ちが緩み、弱音を吐かずにはいられなくなっている。

問八　傍線部Ｇ「しばらくのあいだ弓掛の隣で膝を抱えていた」とあるが、このときの浅野の心情として最も適当なものを次の①～④から一つ選びなさい。解答番号は**23**。

①　本人の力ではどうにもできない苦しみを抱える弓掛に対してどのように共感すればよいのかわからず、途方に暮れている。

②　今まで言い訳をしないで努力してきた弓掛の強い精神を改めて感じ、弓掛が敗退したことにいっそうの悔しさが込み上げている。

③　いつも前を向いて戦っているように見えた弓掛が、本当は葛藤を抱えながら練習や試合に臨んでいたことを知って困惑している。

④　弓掛が自分にはどうにもできないことを克服するために人一倍の努力をしてきたことを思い知り、やるせない気持ちになっている。

問四　傍線部C「浅野は明答した」とあるが、その理由として最も適当なものを次の①〜④から一つ選びなさい。解答番号は 19 。

① 浅野は弓掛たちの様子に戸惑いながらも試合はきちんと分析していたし、絶対に勝つという信念をもっているから。

② 浅野とチームメイトは、自分たちが今後の試合で勝利するために、私情を排除して試合の内容を冷静に観察していたから。

③ 弓掛とそのチームメイトの悔しさを間近で感じ取ったことで、彼らの悔しさを自分が晴らすのだと気負っているから。

④ 弓掛たちは友人であると同時に勝利を目指す選手という同じ立場であり、弱気な姿を見せることには抵抗があるから。

問五　傍線部D「力強い激励の言葉を弓掛は浅野の目を見て言わなかった」とあるが、その理由として最も適当なものを次の①〜④から一つ選びなさい。解答番号は 20 。

① 浅野の言葉を頼もしく感じてはいるが、気が抜けていて他の高校のことなど真剣に考えることはできないから。

② 勝つと言い切った浅野の力強い返事を聞いて、浅野と敗退した自分との立場の違いを感じて気おくれしたから。

③ 浅野の発言は慰めに過ぎないとわかっているので、感謝はしているものの心から激励することはできないから。

④ 浅野の力強い言葉を聞いて友人として希望を託しつつも、敗退という辛い現実からは立ち直れていないから。

問六　傍線部E「メインアリーナで今も続いている熱戦のくぐもった音が無表情な灰色の壁に反響している」とあるが、この表現の説明として最も適当なものを次の①〜④から一つ選びなさい。解答番号は 21 。

① 「熱戦」の音が反響してよく聞こえるという表現によって、先ほどまで弓掛がいた舞台で別の熱戦が続いていることを示し、主役が目まぐるしく変わる勝負の世界の残酷さを描いている。

② 「熱戦のくぐもった音」という表現によって、熱戦が続いている場所と浅野たちがいる場所が遠く離れていることを強調し、熱戦の舞台から引き離された選手たちの孤独な姿を描いている。

③ 「くぐもった音」「無表情な灰色の壁」という、華やかで熱気に満ちた表舞台と対比する表現によって、表舞台から去った者たちの存在を浮き上がらせ、春高の舞台を多面的に描いている。

④ 「無表情な灰色の壁」がメインアリーナの「熱戦」を引き立てているという表現によって、熱戦が続く舞台を幻想的に描き、敗退していった選手たちの春高の舞台への未練を暗示している。

問一　二重傍線部x・yの本文中の意味として最も適当なものをそれぞれ次の①～④から一つずつ選びなさい。解答番号は順番に15・16。

x　おざなりの

①　言い訳がましい　　②　見下した

③　あわれんだ　　④　その場逃れの

y　無雑作な

①　何の配慮もなく気楽な　　②　明るくて活気がある

③　勢いがあって荒々しい　　④　無気力でなげやりな

問二　傍線部A「玉澤が語調を強くしたが、スルーして小走りで出入り口へ向かった」とあるが、このときの浅野の様子として最も適当なものを次の①～④から一つ選びなさい。解答番号は17。

①　絶対に弓掛に声をかけにいくべきだと信じているので、弓掛のチームメイトに申し訳ないと思いながらも、迷いなく行動している。

②　敗戦直後である弓掛のチームメイトよりも、自分の方が弓掛としっかり向き合えるという自負があり、使命感に突き動かされている。

③　弓掛のチームメイトの考えを尊重すべきだと思いながらも、弓掛のことがあまりにも心配で、自分の行動を抑えられなくなっている。

④　弓掛のチームメイトたちの辛そうな姿を見て、弓掛を心配に思う気持ちが強まり、他のことを何も考えられなくなっている。

問三　傍線部B「浅野は衝撃を受けた」とあるが、このときの浅野の心情の説明として最も適当なものを次の①～④から一つ選びなさい。解答番号は18。

①　弓掛が敗者としてあまりにもみじめな姿をしていたので、弓掛は自分の姿を他人に見せたくなかっただろうと察し、慰めようなどと安易に考えるべきではなかったと思っている。

②　弓掛の姿からは、辛い気持ちをすべて自分一人だけで処理しているように感じられて、このままでは何も解決しないし心を晴らすことにもつながらないと思っている。

③　自分が想像していたよりもはるかに弓掛が苦しんでいることがわかり、まだ試合が残っている自分がどのような言葉をかけても弓掛が立ち直れないかもしれないと思っている。

④　敗退したことをほかの誰のせいにもしないで、人に気づかれないようにしながら泣いている弓掛の責任感の強さを感じ取って、これ以上自分を責めないでほしいと思っている。

ンアリーナで今も続いている熱戦のくぐもった音が無表情な灰色の壁に反響している。トーナメントの進行につれ応援の熱気がいっそう凝縮されていくのと反比例してバックヤードが物寂しくなっていくことに、どれだけの人が思い至っているだろうか。

　ちょうどメインアリーナのほうから現れた人影があった。長い脚をちょっともてあましたように交互におろしてメインアリーナへ通じる階段をおりてきたのは、チノパンにブレザー姿がこの会場内では目を引く自分たちの監督、若槻（わかつき）だ。

　十メートルほど距離があったので気づかずに通り過ぎてくれることを期待したが、ふと若槻が首を横に向けたので見つかってしまった。廊下の途中で膝を抱えてしゃがんでいる浅野とうずくまっている他チームの選手という構図に若槻がなにやってんだという顔をし、もう一人が弓掛だと気づくと軽く目をみはった。

　箕宿の敗戦は若槻も会場のどこかで見ていたはずだ。浅野が目礼がてら目で乞うと、若槻は溜（た）め息（いき）をついて顔を背け、そのままサブアリーナへ姿を消した。y無雑作な足取りで現れたときに比べて立ち去るときは足音が聞こえなかった。

F「……十センチでよかった……」

　隣で聞こえた小さな声に意識を戻した。

「あと十センチ欲しかったって思うんは……贅沢（ぜいたく）か……?」

　喉につかえた塊を時間をかけて抉（えぐ）りだしたように、初めて恨み言がこぼれた。両の拳が床の上で握りしめられた。指の骨が軋（きし）む音がした。

「篤志……」

「あと十センチあったら、絶対おれが日本を変えてやるのにっ……!」

　本気で箕宿を高校日本一にする気でいた弓掛が有言実行してみせたように、弓掛は本気で〝日本を救う〟つもりなのだ。弓掛なら一七〇センチ台でも世界と戦えると浅野は思っている。だが人と同じ高さで戦うために、全身全霊を費やして茨の道を行かねばならないのもたしかだ。

　あと十センチあれば……と、弓掛自身が何百回とその壁にぶつかっては、言い訳にすまいと自分にすら言い聞かせ、傷だらけになりながらさらなる高みを目指してきたのだ。

　〝持たざること〟を言い訳にせず、この世代を引っ張っていつも前を向いて戦い続けてきたこの素晴らしいプレーヤーが、自分ではままならない現実にただ一つ、どれだけの思いをもって、たった十センチを望んだのか。

　メインアリーナの活気が遠く響く中、途切れ途切れの嗚咽がようやく声になって聞こえはじめた。手回し式のサイレンのように揺らぎながら低く、かぼそく聞こえる嗚咽に浅野は胸を締めつけられながら、Gしばらくのあいだ弓掛の隣で膝を抱えていた。

（壁井ユカコ著『2．43　清陰高校男子バレー部　春高編』集英社より）

注1　菊川……景星学園高校の選手。

注2　佐々尾……景星学園高校の元エースで、浅野の二学年上の先輩。弓掛と同郷の友人である。

トで対したときに感じる頑強な存在感とうらはらに、こうして隣で見ると一七五センチの背中は脆いほどに細い。

床につけていた額が浮いた。肩にかけたタオルの端を口に突っ込んで嗚咽を殺していたことに気づいてB浅野は衝撃を受けた。なんでそこまでして……。

一人でしばらく時間を与えられたら、必ずまた立ちあがって強い姿に戻って、仲間の中へ帰っていくつもりに違いない。でも、こんな泣き方してもどこにも流れていかない。体内で解毒しきれずに嘔吐したものを結局また口で啜って飲み込んでるのと同じだ。もしかしたら弓掛は負けるたびにずっとこんなことを繰り返してきたのか……？

③こもった咳とともに弓掛が口の中からタオルを抜き取った。唾でべたべたになったタオルで口の端を拭い、

「……最後まで見とったか」

濡れた唇が紡いだ声はすっかり嗄れていた。

「うん……。見てたよ」

最初は様子を見たら途中でサブコートに引きあげる予定だった。しかし二階スタンドで見ていた景星の部員の誰も途中で席を立つことができなくなった。第三セットが終わるまで全員がコートに目を凝らし、そこで起こっている現実を目に焼きつけていた。二冠王者の早い敗退――それは今年順調に順位をあげてきた景星にも起こりえないことではないのだ。この舞台に「絶対」はない。

「じゃ、清陰のデータも頭に入ったんやな」

「うん。レギュラー全員の頭にね」

「勝てると？」

単刀直入な問いに、しかしC浅野は明答した。

「勝つよ。問題ない」

Xおざなりの慰めで言ったわけではない。箕宿が清陰に負けた理由は一つだ。その一つだけの敗因が、景星には当てはまらない。

絶対はなくても、「絶対に」勝つしかない。

④そっか……と弓掛がすこし柔らかく息を抜いた。

「景星に優勝旗を持って帰りよ、直澄。注2佐々尾が見れんかった頂点を、おまえが必ず見てから卒業しろ」

D力強い激励の言葉を弓掛は浅野の目を見て言わなかった。相手の目をまっすぐに射ぬく瞳はずっと床に向けられている。

「篤志はさ、いつも絶対に逃げないで立ち向かっていく。だけど、逆にさ、わざと見ないようにしてることがあるんじゃないの……？」

床を映した瞳がわずかに見開かれた。

「自分の力でどうにかできることばっかりじゃないよ。どうにもできないことも現実にはあるよ。それを認めるのは、言い訳することとは違うんじゃないかな……。篤志は強いけど、そこまで自分で全部呑み込まなくても、いいと思うよ」

膝を抱え、視界の端に弓掛の背中を入れながら廊下の先を眺める。Eメイ

二 次の文章を読んで後の問いに答えなさい。

〈あらすじ〉

舞台は、春高（全日本バレーボール高等学校選手権大会）である。箕宿(みぼし)高校が敗れた三回戦の試合を、主将の浅野直澄(あさのなおずみ)をはじめとする景星(けいせい)学園高校の選手たちはスタンドで見ていた。試合終了後、しばらくして箕宿の選手たちがサブコートに引き上げてきたが、主将の弓掛篤志(ゆみかけあつし)の姿は見当たらなかった。

浅野はサブアリーナの出入り口のほうを見やった。すこし迷ってからそちらへ足を向けると、

「浅野。やめとき」

と壁際(かべぎわ)から制止する声があった。

「ほっといてやりーよ」

足を投げだして壁にもたれた玉澤(たまさわ)がかぶったタオルの下で言った。玉澤から二人ぶんほどあけてシューズの紐(ひも)を解いている伊賀(いが)に浅野は視線を送る。一年時から弓掛と二人三脚で箕宿を強くしてきた弓掛の相棒だ。靴紐に目を落としたまま伊賀も玉澤に同意するように首を振った。

弓掛のチームメイトの判断だ。浅野は一度は諦めて自分のチームのほうへ足を戻した。

けれど、戻ってこない弓掛がどこで、なにを思っているのか……。

「……ごめん、すぐ戻る。揃(そろ)ったら先はじめてて」

注1 菊川(きくかわ)に声をかけて浅野はきびすを返した。「浅野。おい」玉澤が語調を強くしたが、スルーして小走りで出入り口へ向かった。A

メインアリーナと別棟にあるサブアリーナとを行き来するルートはいくつかある。二日目まではいつ通ってもどこかしらのチームの選手がなにかしらの目的を持って忙しく通路や階段を走っていく姿があった。各チームのカラーで揃えられたエナメルバッグが通路脇のそこここに並べられて陣地を主張していた。

①それらの風景がすっかり消えて閑散とした通路の途中に、白と青のユニフォームがうずくまっているのを見つけた。

小柄な背中を引き攣(ひきつ)ったように不自然に震わせ、声を立てずにしゃくりあげている姿に、浅野は息を呑(の)んで立ち竦(すく)んだ。

伊賀も玉澤も、自分たちのエースがこんな姿になっていることまで想像して引きとめたとは思えなかった。

一人にしておいたほうがいいときもたしかにあるだろう。誰にも見せたくない姿の一つや二つあるだろう。でも……これは駄目だ。浅野は友人をこんなふうに一人きりで泣かせておくことはできない。

「篤志」

あえて先に呼びかけ、足音を立てて歩み寄った。

②「そんな泣き方するなよ……。頼むから……」

弓掛の横に並んでしゃがむと、丸まった背中がぴくりと固まった。コー

問八　この文章の展開を説明したものとして最も適当なものを次の①〜④から一つ選びなさい。解答番号は**12**。

① まず言葉の習得とともに人間に可能になることを具体例を挙げながら説明し、それをふまえて高校生の学びについて見解を述べ、さらに論を発展させて教育の意味について述べている。
② まず言葉に焦点を当てて人間の成長の過程を説明し、ついで成人するまでに身につけておくべき言葉について詳しく述べたあと、最後に言葉の話題から教育の話題へと転換している。
③ まず言葉と教育にまつわる問いを立てて具体例をもとに答えを推測し、ついで高校生の教育を根拠に答えを改めて示し、最後に教育のあるべき姿について筆者の主張をまとめている。
④ まず具体例をもとに言葉と学問の関係について要点をまとめ、それをふまえて高校生の教育の問題点について考察を進め、さらに教育において重要な点について見解を示している。

問九　次は、この文章を読んだ生徒が書いた感想である。文章の内容をふまえて、［Ⅰ］・［Ⅱ］に入れるのに最も適当なものをそれぞれ後の①〜④から一つずつ選びなさい。解答番号は順番に**13**・**14**。

> 私は今まで、自分の将来のために勉強していると思っていた。しかし筆者は、私たちが学んでいるのは、［Ⅰ］なのだと述べている。このように考えると、勉強に対する意識が変わって楽しみも増すように思う。
> また、筆者によると、国語を学ぶということは［Ⅱ］を得るということである。学んだことは、私たちが思っている以上に様々な場面で役に立つ。このことを、筆者は私たちに伝えたいのだと思う。

Ⅰ
① 今後の人生で、学びを充実させるための基礎となる内容
② 過去の人々も学んできた内容で、全ての時代に通じるもの
③ 学問だけではなく、身近な日常生活においても必要な内容
④ 人間が発見し受け継いできた内容で、市民文化を支えるもの

Ⅱ
① 学問で得たことを社会の中で直接的に生かす力
② 他者と考えや主張をやりとりして学問を深める力
③ 自己と他者の関係をより円滑にする力
④ 多様な人とのコミュニケーションを楽しむ力

問五　傍線部B「高校の段階」について、本文中で筆者が述べている内容として、最も適当なものを次の①～④から一つ選びなさい。解答番号は**9**。

① 自分の感情や考えを自分の言葉を使って具体的に表現する術を獲得することで、各分野の学問の大事さを理解できるようになる段階。

② 広い世界を認識できるような科目構成を通して、言葉を使いながら自分の力で各学問を結び合わせて新しい世界を広げていく段階。

③ 言葉によって思想や哲学などの具体的な学問を理解するとともに、抽象的な感情や倫理感なども経験して理解できるようになる段階。

④ 言葉を結び合わせることで、それぞれの学問の基本や学問どうしの関連を理解し、自分の考えや主張を表現する術を獲得する段階。

問六　傍線部C「社会人として基本的に求められる言語技量をマスターする」とあるが、それはどのようなことか。最も適当なものを次の①～④から一つ選びなさい。解答番号は**10**。

① 社会や政治について考えるうえで困らない程度の言語を身につけておくこと。

② 社会人らしい言葉を使えるように、仕事に必要な言葉の使い方を身につけること。

③ 他者と理解しあうために、言葉の意味や働きを深く理解して身につけること。

④ 言葉の意味を表面的に知るよりも、言葉の使い方の技術を身につけること。

問七　傍線部D「『ファウスト』にある言葉」を引用して、筆者が伝えたかったのはどのようなことか。最も適当なものを次の①～④から一つ選びなさい。解答番号は**11**。

① 人類は迷信や憶説、偏見など自分たちをおとしいれる多くのものに囲まれているので、はっきりしない事柄はいったん疑ってかかるべきであると教育の現場で伝えていく必要があるということ。

② 世の中には気づきにくく解決しにくい人類史的な難問があるが、それらに惑わされず自由でいるためには、教育によって学問を身につけて自分の思考法を確立することが必要であるということ。

③ 人類は簡単に解決できない難問によく直面するが、年を取るとそれらの問題を乗り越えることが難しくなるので、若いうちから教育によって物事の解決方法を学ぶことが必要であるということ。

④ 年を取って人類史的な難問に直面するようになると、教育を受けて学問や思考法を身につけることの重要性を理解できるようになるが、若い人は教育の利点になかなか気づかないということ。

b　ジョウキョウ

①　野球のジッキョウ中継。　②　皆でキョウリョクする。

③　隣接地とのキョウカイ線。　④　幸福をキョウジュする。

c　キノウ

①　親睦会をキカクする。　②　人生のキロに立つ。

③　惑星が公転するキドウ。　④　彼のキビに触れる。

d　ケンイ

①　イゲンに満ちた態度。　②　出来事のケイイを語る。

③　現状をイジする。　④　イジンの伝記を読む。

e　サク

①　予算をサクゲンする。　②　野山をサンサクする。

③　感情がコウサクする。　④　図書館で本をケンサクする。

問二　ア・イに入るものとして最も適当な組み合わせを次の①～④から一つ選びなさい。解答番号は**6**。

①　**ア**　ゆえに　**イ**　例えば

②　**ア**　あるいは　**イ**　つまり

③　**ア**　しかも　**イ**　なぜなら

④　**ア**　ただし　**イ**　すなわち

問三　Xに入れるのに最も適当なものを次の①～④から一つ選びなさい。解答番号は**7**。

①　原則　②　肝要　③　可能　④　必然

問四　傍線部**A**「人間の成長というのは、言葉の世界の拡大である」とあるが、これはどのようなことを言っているのか。最も適当なものを次の①～④から一つ選びなさい。解答番号は**8**。

①　人間は成長する過程の中で、教育を受けたり生活の中で自然と身につけたりして言葉による表現を豊かにしていくことによって、自分の成長を周囲の人たちに示せるということ。

②　人間は言葉を身につけると、人類が感情や概念、論理を得たことでどのように進化してきたかを追体験するように捉えることができるようになるので、成長できるということ。

③　人間は成長するに従って、多くの言葉を覚えていくとともに、人類が言葉を通して得てきた感情や概念、論理を把握したり表現したりすることができるようになるということ。

④　人間は多くの言葉を身につけるほど、多くの感情や概念、論理を理解できるようになって考え方や主張をうまく表現できるようになり、自分の成長を自覚できるということ。

十八歳選挙権が得られることになりました。［イ］、日本では十八歳で社会的に一人前として位置づけられ、社会に送り出されるわけです。そういうときに、スキルとしての言葉の使い方と共に、言葉の持っている意味付けや、色々なものをつないでいくキノウ(c)があるのだということをきちんと体得していくことが重要です。そのために、高校時代は(C)社会人として基本的に求められる言語技量をマスターする段階と言えるでしょう。その場合、スキルとしての技量の獲得のみならず人間としての相互理解のための、言葉のより深い把握が不可欠です。

子供達が基本的に学んでいる部分は本当に基礎の部分なのですが、それは実は営々たる人間の活動の中で見出（みいだ）されてきた文化遺産なのです。そういうものを、私は「基層力」と呼びたいですね。市民が持つ文化に対する基層の力の源泉でもあり、基盤的に持っている力のことです。その基礎的な力をいかに充実させていくかということです。それが受け継がれ、次の世代、そしてさらに次の世代へと受け継がれ、豊かになっていくのですから。

これはゲーテ[注1]の(D)「ファウスト」にある言葉ですが、「気を付けろ、悪魔は年を取っている。だから悪魔を凌駕（りょうが）[注2]するためには、おまえも年を取っていなければならない」というメフィストフェレス[注3]の台詞（せりふ）があります。

悪魔というのは、人類が直面する様々な迷信とか、ケンイ(d)、社会的憶説、習慣、偏見、世にはびこる様々な悪などの、人類史的な難問のことです。人類史的な難問というのは、簡単に一筋縄では解決できません。悪魔は様々なサク(e)を弄しており簡単に姿を表さず、容易に解決させない。まさに年を取っていて老獪（ろうかい）[注4]なのです。それを私たちは凌駕していくことが求められています。そのための教育であり、学問なのです。凌駕するためには私達自身も年を取っていなければなりません。年を取るというのは、それらから自由であるということ、どのような事柄もいったん疑ってかかるということです。さらに、知性とか論理性とか合理性という知の作業を通じて、自分としてはどう考えるかの思考法を確立する必要があります。それが教育と言えるのではないでしょうか。

（池内了著『科学と社会へ望むこと』而立書房より）

注1　ゲーテ……（一七四九―一八三二）ドイツの詩人、劇作家、小説家。「ファウスト」は、ドイツの伝説を題材とした戯曲。

注2　凌駕する……他のものを越えて、その上に出る。

注3　メフィストフェレス……「ファウスト」に登場する悪魔。

注4　老獪……経験を積んでいてずる賢いこと。

問一　二重傍線部a～eのカタカナで書かれている語と同じ漢字を含むものをそれぞれ次の①～④から一つずつ選びなさい。解答番号は順番に［1］・［2］・［3］・［4］・［5］。

a　セイギ

①　テキギ休憩を取る。　　②　ギシキが執り行われる。

③　国民の権利とギム。　　④　キョギを述べる。

二〇二四年度 成田高等学校

【国語】（五〇分）〈満点：一〇〇点〉

一 次の文章を読んで後の問いに答えなさい。

A人間の成長というのは、言葉の世界の拡大であるというふうに言えるのではないでしょうか。人間は二十万年という時間をかけて言葉を豊かにしてきました。現代の私たちは、幼い頃、高校あるいは大学など、育っていく時期に応じて人としての成長段階を辿（たど）りながら、時間をかけて進化するという道を歩んでいます。言い換えると、ホモサピエンス二十万年の言葉の拡大の歴史を、私たちは十年なり十五年なりの学習で追体験して言葉を豊かにしていると言えそうです。そういう風な見方ができるのではないかと思っています。

例えば、小学校に入って一年生から成長するに従い、会話の意味の深さなどを学んでいくのですが、同時に物の名前を覚え、その性質を覚える作業も並行していきます。それから、少しずつ抽象性がある数量、空間、時間の表現を知っていきます。やがて中学になると、今度は悲しみとか喜びとか、そうした抽象概念が心の中で生まれます。［ア］、抽象的な感覚や倫理、愛とか神とかaセイギとか平等とか平和とか利己とかの概念です。さらには、利他的というようなより高度な倫理感の基本を成すような感情表現を経験するようになります。B高校の段階になってくると、言葉を結び合わせることによる思想や哲学、そして諸学の理解という段階に進みます。

様々なbジョウキョウの中で色々な言葉を使いながら、その言葉で表せるものを具体的に、全然違うものであろう言葉と結び合わせて、共通のある種のまとまった考え方や主張を具体的に表現し把握していきます。こういうふうに、年齢とともに二十万年の人類の言葉の歴史を追体験していくのです。

高校時代は言葉を使って哲学とか宗教とか歴史とか社会など、あらゆる学問の基本的概念を獲得する世代・段階であると言えるでしょうか。従って、より広い世界を認識できるような科目構成になっています。もう一つ大事なことは、言葉を使うことによって色々な学問の関連を知る時代でもあるということです。要するに各学問が独立して別個にあるのではなく、それらを結び合わせることによって互いに関連しあっていることがわかってくるということです。それがわかってくるからこそ、それぞれの大事さみたいなものも理解できるようになるのです。それを通じて、今度は自分で感情とか論理、あるいは概念といったものを表現する術（すべ）を獲得する、そういう段階であるのです。

ここで、国語が全科目の架け橋となるということ、つまり言葉を主体にした科目としての国語が、読み、書き、理解し、学習し、表現し、主張し、納得し、という全科目に共通する技量の基礎になるのは［X］です。それぞれの言葉を通じて、その中身を表現したり、主張したりするのですから。それを自己と他者の関係、つまり他の人との間でやりとりすることによって深めていくということこそが、生きる力ではないかというふうに思っています。

英語解答

1 (1) ④　(2) ①　(3) ④　(4) ②
(5) ①

2 (1) ③　(2) ①　(3) ②　(4) ④
(5) ①　(6) ④　(7) ③　(8) ②

3 (1) 14…①　15…⑤
(2) 16…②　17…①
(3) 18…②　19…③
(4) 20…⑤　21…③

4 (1) ④　(2) ①　(3) ③　(4) ②
(5) ③，⑤

5 (1) ④　(2) ①　(3) ②　(4) ③
(5) ①，⑥

1〔放送問題〕解説省略

2〔適語(句)選択〕

(1)money「お金」は‘数えられない名詞’で，これを1語で修飾できるのはここでは some「いくらかの，いくつかの」だけである。　「来月のイベントに参加するにはいくらかのお金が必要だ」

(2)be covered with ～「～に覆われている」　「私が今朝窓から外を見たとき，地面は雪に覆われていた」

(3)‘比較級＋than any other＋単数名詞’「ほかのどの～より…」　「ダイチは学校のほかのどの生徒よりも速く泳ぐ」

(4)How did you find ～? で「～をどう思いましたか，～はどうでしたか」と，相手の感想を尋ねることができる。　A：昨日のテストはどうでしたか？／B：僕はとても難しいと思いました。

(5)‘help＋人(＋to)＋動詞の原形’で「〈人〉が～するのを助ける」，‘help＋人＋with＋物事’で「〈人〉が〈物事〉をするのを助ける」を表せる。　A：出かける前に僕が家を掃除するのを手伝ってくれますか？／B：はい。

(6)‘make＋目的語＋形容詞’「～を…(の状態)にする」　famous「有名な」　A：その俳優を有名にした映画を知っていますか？／B：はい。それは私の大好きな映画です。

(7)‘I wish＋主語＋動詞の過去形...’「〈主語〉が～したらいいのに」で，‘実現困難な現在の願望’を表せる(仮定法過去)。　「ケイトに今日の宿題のことを聞きたい。彼女の電話番号がわかればいいのに」

(8)be proud of ～「～を誇りに思う」　「私の両親は農家で，おいしい野菜をつくっている。私は彼らのことを誇りに思う」

3〔整序結合〕

(1)「母が私にこの靴を買ってくれました」は‘buy＋人＋物’「〈人〉に〈物〉を買う」の形を過去形にして表す。「誕生日」という‘日’につく前置詞は on。　My mother bought <u>me</u> these <u>shoes</u> on my birthday.

(2)‘not as〔so〕＋原級＋as ～’「～ほど…ない」の形にする。one は代名詞で，bag の繰り返しを避けるために用いられている。　This bag is not so <u>heavy</u> as <u>that</u> one.

(3)「昨年できたお店」は，the store「お店」を built last year「昨年できた」という‘過去分詞＋語句’のまとまりが後ろから修飾する形で表せる(過去分詞の形容詞的用法)。　We went <u>to</u> the store built last year.

(4)「どのくらい運動すべきか」を‘疑問詞＋主語(＋助動詞)＋動詞...’の間接疑問で表す。‘疑問詞’の部分は how much exercise とし，運動の量を問う形にする。‘主語’は they で，これに‘必要・義務’を表す助動詞 should と動詞の原形 do を続ける。　Many people are not interested in how much exercise they should do in a day.

4〔長文読解総合―エッセー〕

≪全訳≫❶旅は私を夢中にさせる。新しい場所を探検し，人々と出会い，異文化を体験するのはすばらしいことだ。私は観光客に人気のある町の出身だ。豊かな歴史と魅力的な歴史的建造物があるので，その美しさを体験しようと私の故郷を訪れる観光客がなぜそんなにも多いのかは容易に理解できる。実際，私は自分が旅行好きなことと自分の地域社会とを結びつけるユニークな方法を見つけた。そう，私はよくボランティアでツアーガイドをやっているのだ。旅行者を案内し，興味深い話や地元の秘話を伝え，ここでの時間を最大限に生かせる方法を彼らに説明するのはとてもよい気分だ。❷ボランティアガイドをすることで，私の故郷への愛着は本当に強くなっている。ボランティアガイドとして働くのはとても楽しい。何よりもまず，新しい人々と出会うことはすばらしい経験だ。私は世界中から来る観光客と交流し，さまざまな背景や文化を学んでいる。また，自分の地域社会に誇りを持てるのも楽しい。私が史跡や観光地の魅力を伝えているときに観光客の顔に浮かぶ笑みや興奮を見るのはすばらしいことだ。❸一方で，ボランティアガイドをすることには試練も伴う。例えば，多くの情報を覚えてそれを正確に伝えなければならない。誤ったことを伝えないように注意することが重要だ。また，長時間立ち続けたり歩いたりするという肉体的な試練もある。言葉の壁やコミュニケーションの難しさもある。外国人観光客と快適に交流するためには，言語とコミュニケーションの技術を向上させる必要があるだろう。❹10年前，初めて日本を旅していたとき，私を感動させた出来事があった。／→う．私はボランティアのツアーガイドに，訪れるべき場所を推薦してほしいと頼んだ。／→あ．彼女は笑顔で地元の興味深い場所をいくつか私に紹介してくれた。／→い．次に彼女は地図を取り出した。／その地図には，近くの名所，道路，交通手段の選択肢についての情報が掲載されていた。この地図は，私たちがその日にどう移動してどの順番で名所を巡るかという計画を立てるときに本当に役に立った。私は，このボランティアガイドが観光客のことを本当に理解しているという事実に最も感銘を受けた。彼女は私の興味や要求を理解して私を案内してくれたし，私の質問に全て答えてくれた。例えば，私が観光名所への行き方を尋ねたとき，彼女はバスか鉄道で行けると私に伝えただけでなく，鉄道を使うことを勧めてくれた。その鉄道は観光客向けにデザインされており，彼女はそこへ行く途中の景色を私に楽しんでほしかったのだ。日本での親切なおもてなしに感動した自分の経験を，ボランティアのツアーガイドとしての自分自身の活動に生かしたいと私は思った。❺ガイドとしてボランティアをすることは，故郷とのつながりを強めるすばらしい活動だ。また，それによって以前は気づかなかった故郷の新しい魅力を発見できる。あなたもボランティアのツアーガイドになってはどうだろうか。

(1)<**語句解釈**>make the most of ～は「～を最大限に生かす」という意味。旅行者が時間を最大限に生かすという内容に最も近いのは，have a great time「すばらしい時間を過ごす」である。ツアーガイドの筆者がよい気分になれるということから意味を推測することもできる。

(2)<**適語(句)選択**>第２段落ではガイドとして働くことの喜びを述べているが，第３段落ではその大変さが話題になっているので，‘逆接’のはたらきを持つ語句が入るとわかる。 on the other hand「一方で」

(3)<**文整序**>あ.とい.の she はう.の a volunteer tour guide を指すと考えられるので，う.を最初に置く。また，空所ウの直後の It は a map「地図」を指すと考えられるので，い.を最後に置く。

(4)<**適文選択**>最終段落で筆者は，ボランティアのツアーガイドとして働くことの魅力や利点を述べている。その締めくくりとして，同じ活動を読者に勧める②が適切。

(5)<**内容真偽**>①「筆者は，なぜ多くの観光客が彼女の故郷にやってくるのかわかっていない」…× 第1段落第4文参照。 ②「筆者は数年間日本でボランティアガイドとして働いている」…× このような記述はない。 ③「筆者は新しい人々と出会うことによって異文化を学んでいる」…○ 第2段落第3，4文に一致する。 ④「言葉の壁はツアーガイドにとって問題ではない」…× 第3段落最後から2文目参照。 ⑤「筆者が日本で出会ったツアーガイドは，筆者に列車からの景色を楽しんでほしいと思っていた」…○ 第4段落最後から2文目に一致する。 ⑥「筆者が日本での旅行中にツアーガイドとして学んだことは何もなかった」…× 第4段落最終文参照。

5 〔長文読解総合―物語〕

≪**全訳**≫**1** 9月だ。新年度が始まるので，9月はイギリスの小さな町の高校において，1年の中でもわくわくする時期だ。爽やかな秋の風が吹き抜ける中，構内は生徒たちと活気で満たされる。その中心にあって，上級生のルークは心の中の特別な使命とともに，最初の一歩を踏み出そうとしている。彼は中学生の校内見学の案内をし，この高校が彼らに何を提供することになるかを知る機会を与えるため，ガイドとして働くよう命じられたのだ。**2**高校の教室や廊下は，一般公開日のために取りつけられたポスターや案内でいっぱいだ。学校全体で中学生を歓迎する用意ができている。午前10時，ルークが担当する中学生のグループが集まった。彼らは興奮と希望に満ちていた。彼らの目はまるで，すぐにでも新しい世界を見られるといった様子で輝いていた。ルークは中学生にほほ笑むとこう言った。「おはようございます，皆さん。本校の一般公開日にようこそ！ これから，教室，体育館，美術室，図書館の順に僕たちの学校の施設の見学を行います。見学の最後で，僕が皆さんの質問にお答えしますので，そのときは遠慮なく質問してください。見学時間は約30分です。その間，皆さんにいろいろな情報をお伝えします」**3**ルークは学校の施設やプログラムについて説明しながら，校内で中学生の案内をした。ルークと彼のグループの生徒たちが体育館に来たとき，彼は親友のサムを思い出した。中学生のとき，ルークはサムと一緒にこの学校の一般公開日に参加したのだ。彼らが体育館に来たとき，サムはグループを案内していた高校生に質問した。「この学校にプールはありますか？ 僕は水泳が好きなんです」 高校生は答えた。「実は，ないんです。水泳の授業があるときは，バスに乗ってプールに行く必要があります」 その結果，サムはプールのある学校に入学した。ルークはそのことを思い出し，自分の思い出と，学校選びにおける学校の施設の重要性を生徒たちに話した。**4**ルークとそのグループは美術室を訪れた後，学校の図書館に行った。彼には一般公開日の思い出がもう1つあった。当時，彼は本を読むのが好きだった。だから，学校選びにおいて，大きな図書館は彼にとって魅力的だった。その図書館で過ごした時間が，彼の高校生活をどのように形づくったかを彼は思い出した。そのときに彼が下した決断は，自分の成長や非常に有意義な学びの助けになったと感じていると，彼は中学生に話した。生徒たちは彼の話をとても真剣に聞いていた。**5**30分にわたる見学は終了した。ルークのグループのメンバーは皆，彼にお礼を言い，いくつかの質問をして帰った。中学生のグループの中にあった新しい世界に進むことへの期待と興奮を，ルークは感じていた。来年，自分も大学への進学を通じて，新しい世界に進む喜びを経験するのだと彼は気がついた。彼は新たな挑戦への勇気で満ちあふれていた。

(1)<**要旨把握**>第３段落第２文で体育館を訪れた後，第４段落第１文で美術室，図書館の順に進んでいる。

(2)<**文脈把握**>水泳が好きだったサムは，学校にプールがないと聞いて落胆し，結局この学校を選ばなかったのである。

(3)<**適文選択**>前の文でルークは自分が高校を決めたときの経験を話している。ここから，高校選びという大きな課題に直面している中学生たちは，ルークの話を真剣に聞いていたのだと考えられる。また，第５段落第２文で，中学生はルークに感謝している。

(4)<**主題**>第３，第４段落でサムとルークは自分の好きなことを追求するのに役に立つかという基準で高校を選び，特にルークの場合はそれが有意義であったと述べている。よって③「自分が何を欲しているかを知ることは，私たちがふさわしい学校を選ぶのに役立つだろう」が適切。

(5)<**内容真偽**>①「ルークの高校の新年度は９月に始まる」…○　第１段落第１，２文に一致する。　②「ルークが担当する中学生のグループが集まったとき，彼らは緊張しているように見えた」…×　第２段落第３～５文参照。　③「ルークは校内で中学生を１時間以上にわたって案内した」…×　第２段落最後から２文目および第５段落第１文参照。　④「友人と一緒に高校の一般公開日に参加した後，ルークは別の学校を選んだ」…×　第３段落第３～９文参照。別の学校を選んだのはサム。　⑤「ルークは学校の施設よりも，学校生活においてはるかに大切なことがあると考えている」…×　第３段落最終文から，学校の施設が重要だと考えていることは読み取れるが，それ以上に大切なものについての記述はない。　⑥「ルークは来年大学に進学する予定で，彼はそのことを楽しみにしている」…○　最終段落最後の２文に一致する。

数学解答

1 (1) ア…－　イ…1　ウ…2
(2) エ…－　オ…5　カ…3　キ…2
(3) ク…6　ケ…2　コ…2　サ…5

2 (1) ア…3　イ…5　ウ…1　エ…2
(2) オ…1　カ…5　キ…1　ク…1　ケ…0
(3) コ…2　サ…8　シ…8　ス…2　セ…2　ソ…5
(4) タ…2　チ…8　(5) 6

3 (1) ア…1　イ…2　ウ…6
(2) エ…3　オ…0
(3) カ…－　キ…6　ク…2　ケ…8
(4) コ…8　サ…0

4 (1) ア…1　イ…9
(2) ウ…1　エ…1　オ…2
(3) ①　カ…1　キ…1　ク…8
②　ケ…5　コ…1　サ…2

5 (1) ア…2　イ…3
(2) ウ…4　エ…2
(3) オ…1　カ…6　キ…2　ク…3
(4) ケ…2　コ…2　サ…1

1〔独立小問集合題〕

(1)＜数の計算＞与式$=-8+\{8+(-11)\times4\}\div9=-8+\{8+(-44)\}\div9=-8+(8-44)\div9=-8+(-36)\div9=-8+(-4)=-8-4=-12$

(2)＜式の計算＞与式$=\frac{5}{6}xy\times\left(-\frac{27}{8x^4y^3}\right)\times\frac{16}{9}x^6y^4=-\frac{5xy\times27\times16x^6y^4}{6\times8x^4y^3\times9}=-5x^3y^2$

(3)＜数の計算＞$\frac{9}{\sqrt{5}}=\frac{9\times\sqrt{5}}{\sqrt{5}\times\sqrt{5}}=\frac{9\sqrt{5}}{5}$，$\frac{\sqrt{2}+2\sqrt{5}}{\sqrt{10}}=\frac{\sqrt{2}}{\sqrt{10}}+\frac{2\sqrt{5}}{\sqrt{10}}=\frac{1}{\sqrt{5}}+\frac{2}{\sqrt{2}}=\frac{1\times\sqrt{5}}{\sqrt{5}\times\sqrt{5}}+\frac{2\times\sqrt{2}}{\sqrt{2}\times\sqrt{2}}=\frac{\sqrt{5}}{5}+\frac{2\sqrt{2}}{2}=\frac{\sqrt{5}}{5}+\sqrt{2}$ だから，与式$=7\sqrt{2}-\frac{9\sqrt{5}}{5}-\left(\frac{\sqrt{5}}{5}+\sqrt{2}\right)=7\sqrt{2}-\frac{9\sqrt{5}}{5}-\frac{\sqrt{5}}{5}-\sqrt{2}=6\sqrt{2}-\frac{10\sqrt{5}}{5}=6\sqrt{2}-2\sqrt{5}$ となる。

2〔独立小問集合題〕

(1)＜二次方程式＞$x^2+4x-21+x^2-10x=0$，$2x^2-6x-21=0$ として，解の公式を用いると，$x=\frac{-(-6)\pm\sqrt{(-6)^2-4\times2\times(-21)}}{2\times2}=\frac{6\pm\sqrt{204}}{4}=\frac{6\pm2\sqrt{51}}{4}=\frac{3\pm\sqrt{51}}{2}$ である。

(2)＜数の性質＞最大公約数が5より，2つの自然数に共通する素因数は，5のみとなる。最小公倍数が330であり，$330=5\times2\times3\times11$ だから，2つの自然数として考えられるのは，5と$5\times2\times3\times11$，5×2 と $5\times3\times11$，5×3 と $5\times2\times11$，5×11 と $5\times2\times3$ である。それぞれにおいて，2つの自然数の和は，$5+5\times2\times3\times11=5+330=335$，$5\times2+5\times3\times11=10+165=175$，$5\times3+5\times2\times11=15+110=125$，$5\times11+5\times2\times3=55+30=85$ だから，和が125となる2数は，15と110である。

(3)＜一次方程式の応用＞昨年度の男子と女子の生徒数の比が5：3より，昨年度の男子の人数は$5x$人，女子の人数は$3x$人とおける。今年度は，昨年度と比べ，男子は4％減少したので，$5x\times\left(1-\frac{4}{100}\right)=\frac{24}{5}x$(人)となり，女子は25％増加したので，$3x\times\left(1+\frac{25}{100}\right)=\frac{15}{4}x$(人)となる。男子は女子より63人多くなったので，$\frac{24}{5}x=\frac{15}{4}x+63$ が成り立つ。これを解くと，$96x=75x+1260$，$21x=$

1260，$x=60$ となるので，今年度の男子の生徒数は $\frac{24}{5}x=\frac{24}{5}\times60=288$(人)，女子の生徒数は $\frac{15}{4}x=\frac{15}{4}\times60=225$(人)である。

(4)**＜平面図形─角度＞**右図で，△CEG の内角の和は180°だから，∠CEG＝180°－∠CGE－∠GCE＝180°－90°－46°＝44°である。これより，∠BED＝180°－∠CEF－∠CEG＝180°－84°－44°＝52°となる。BD＝DE より，△BDE は二等辺三角形だから，∠DBE＝∠BED＝52°となり，∠BDE＝180°－∠DBE－∠BED＝180°－52°－52°＝76°となる。$l /\!/ m$ より錯角は等しいので，∠ABD＝∠BDE＝76°となる。さらに，AD＝BD より，△ABD は二等辺三角形だから，∠BAD＝∠ABD＝76°となり，∠ADB＝180°－∠BAD－∠ABD＝180°－76°－76°＝28°である。

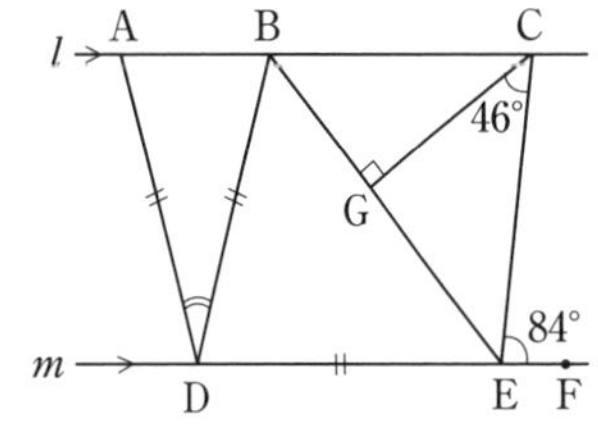

(5)**＜データの活用＞**93人のデータなので，中央値は，小さい方から47番目の通学時間である。中央値が27分より，小さい方から47番目は27分である。20分未満の生徒が41人いるとき，小さい方から41番目は20分未満，42番目は20分以上である。よって，20分以上27分以下の生徒は，最も少ない場合で，48番目の生徒の通学時間が27分より長いときだから，小さい方から，42番目から47番目であり，少なくとも，47－42＋1＝6(人)いる。

3 〔関数─関数 $y=ax^2$ と一次関数のグラフ〕

≪基本方針の決定≫(3)　直線 AB より下側，上側に分けて考える。

(1)**＜直線の式＞**右図1で，2点 A，B は放物線 $y=\frac{1}{4}x^2$ 上にあり，x 座標はそれぞれ－4，6だから，y 座標は $y=\frac{1}{4}\times(-4)^2=4$，$y=\frac{1}{4}\times6^2=9$ より，A(－4，4)，B(6，9)となる。よって，直線 AB の傾きは $\frac{9-4}{6-(-4)}=\frac{1}{2}$ である。これより，直線 AB の式は $y=\frac{1}{2}x+b$ とおけ，点 A を通ることより，$4=\frac{1}{2}\times(-4)+b$，$b=6$ となるので，直線 AB の式は $y=\frac{1}{2}x+6$ である。

図1

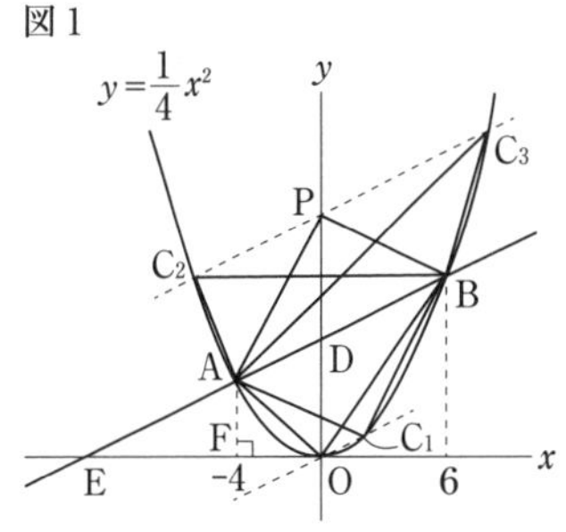

(2)**＜面積＞**右上図1で，直線 AB と y 軸の交点を D とすると，(1)より直線 AB の切片が6だから，D(0，6)であり，OD＝6となる。△OAD，△OBD において，OD を底辺と見ると，2点 A，B の x 座標がそれぞれ－4，6より，△OAD の高さは4，△OBD の高さは6となる。よって，△OAD＝$\frac{1}{2}\times6\times4=12$，△OBD＝$\frac{1}{2}\times6\times6=18$ となり，△OAB＝△OAD＋△OBD＝12＋18＝30である。

(3)**＜x 座標＞**右上図1で，△OAB＝△ABC となる点 C は，直線 AB より下側では C_1 の1個，直線 AB より上側では C_2，C_3 の2個考えられる。△OAB，△ABC_1 の底辺を AB と見ると，△OAB＝△ABC_1 より，この2つの三角形の高さは等しいから，AB$/\!/$OC_1 となる。(1)より直線 AB の傾きは $\frac{1}{2}$ だから，直線 OC_1 の傾きも $\frac{1}{2}$ であり，直線 OC_1 の式は $y=\frac{1}{2}x$ である。これより，点 C_1 は，放物線 $y=\frac{1}{4}x^2$ と直線 $y=\frac{1}{2}x$ の交点だから，$\frac{1}{4}x^2=\frac{1}{2}x$，$x^2-2x=0$，$x(x-2)=0$ より，$x=0$，2

となり，点 C_1 の x 座標は 2 である。次に，$\triangle PAB=\triangle OAB=30$ となる点 P を y 軸上の点 D より上側にとると，$\triangle OAB=\triangle ABC_2=\triangle ABC_3$ より，$\triangle PAB=\triangle ABC_2=\triangle ABC_3$ となる。AB を底辺と見ると，$\triangle PAB$，$\triangle ABC_2$，$\triangle ABC_3$ の高さは等しくなるので，3 点 P，C_2，C_3 は一直線上にあり，$C_2C_3 /\!/ AB$ となる。よって，直線 C_2C_3 の傾きは $\frac{1}{2}$ である。また，$DP=m$ とおくと，$\triangle PAB=\triangle PAD+\triangle PBD=\frac{1}{2}\times m\times4+\frac{1}{2}\times m\times6=5m$ と表せるから，$5m=30$ が成り立ち，$m=6$ である。したがって，点 D の y 座標が 6 より，点 P の y 座標は $6+6=12$ となるので，直線 C_2C_3 の切片は 12 であり，その式は $y=\frac{1}{2}x+12$ である。2 点 C_2，C_3 は放物線 $y=\frac{1}{4}x^2$ と直線 $y=\frac{1}{2}x+12$ の交点となるので，$\frac{1}{4}x^2=\frac{1}{2}x+12$，$x^2-2x-48=0$，$(x+6)(x-8)=0$ より，$x=-6$，8 となり，点 C_2 の x 座標は -6，点 C_3 の x 座標は 8 である。以上より，求める点 C の x 座標は，小さい順に，-6，2，8 である。

(4)＜**体積―回転体**＞前ページの図 1 で，直線 AB と x 軸の交点を E とし，点 A から x 軸に引いた垂線と x 軸との交点を F とする。$\triangle OAD$ を x 軸を軸として 1 回転させてできる立体は，右図 2 のように $\triangle EDO$ を 1 回転させてできる円錐から，$\triangle EAF$，$\triangle OAF$ を 1 回転させてできる円錐を除いた立体である。点 E は直線 $y=\frac{1}{2}x+6$ と x 軸の交点だから，$y=0$ を代入して，$0=\frac{1}{2}x+6$，$-\frac{1}{2}x=6$，$x=-12$ となり，$E(-12,\ 0)$ である。これより，$EO=12$ である。$OD=6$ だから，$\triangle EDO$ を 1 回転させてできる円錐の体積は，$\frac{1}{3}\times\pi\times OD^2\times EO=\frac{1}{3}\times\pi\times6^2\times12=144\pi$ である。また，$A(-4,\ 4)$ だから，$FA=4$，$EF=-4-(-12)=8$，$OF=4$ であり，$\triangle EAF$，$\triangle OAF$ を 1 回転させてできる円錐の体積は，それぞれ，$\frac{1}{3}\times\pi\times FA^2\times EF=\frac{1}{3}\times\pi\times4^2\times8=\frac{128}{3}\pi$，$\frac{1}{3}\times\pi\times FA^2\times OF=\frac{1}{3}\times\pi\times4^2\times4=\frac{64}{3}\pi$ となる。以上より，求める立体の体積は，$144\pi-\frac{128}{3}\pi-\frac{64}{3}\pi=80\pi$ となる。

図 2

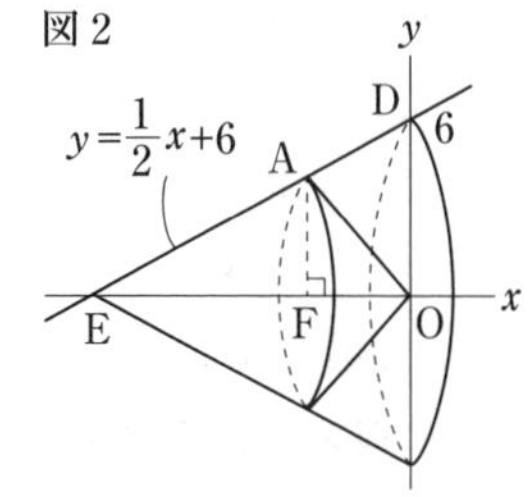

4〔データの活用―確率―さいころ〕

≪基本方針の決定≫(2)　線分 OP の長さを a，b を用いて表してみよう。　(3)①　線分 AO を対角線とし，辺が座標軸に平行である長方形を考えてみよう。　②　傾きの範囲を考える。

(1)＜**確率**＞大小 2 つのさいころを同時に投げるとき，それぞれ 6 通りの目の出方があるから，目の出方は全部で $6\times6=36$（通り）あり，$P(a,\ b)$ も 36 通りある。このうち，点 P が関数 $y=\frac{12}{x}$ のグラフ上にあるのは，$b=\frac{12}{a}$ を満たすときである。このようになる点 P は，(2，6)，(3，4)，(4，3)，(6，2) の 4 通りあるので，求める確率は $\frac{4}{36}=\frac{1}{9}$ である。

(2)＜**確率**＞右図 1 で，点 P から x 軸に垂線 PH を引くと，$P(a,\ b)$ より，$OH=a$，$PH=b$ である。$\triangle OPH$ で三平方の定理より，$OP=\sqrt{OH^2+PH^2}=\sqrt{a^2+b^2}$ と表せる。よって，$OP\leqq\sqrt{5}$ となるとき，$\sqrt{a^2+b^2}\leqq\sqrt{5}$，$a^2+b^2\leqq5$

図 1

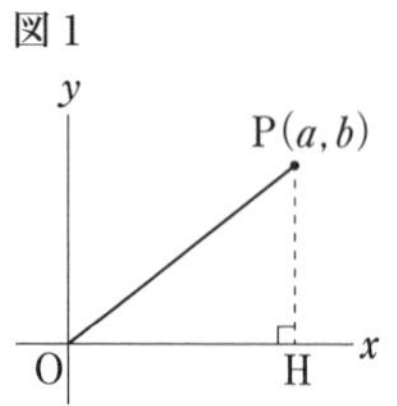

である。これを満たすのは，$a=1$ のとき，$1^2+b^2 \leqq 5$，$1+b^2 \leqq 5$ だから，$b=1$，2の2通りある。$a=2$ のとき，$2^2+b^2 \leqq 5$，$4+b^2 \leqq 5$ だから，$b=1$ の1通りある。$a=3$ のとき，$3^2+b^2 \leqq 5$，$9+b^2 \leqq 5$ となり，適する b はない。$a=4$，5，6のときも適する b はない。したがって，36通りのP$(a,\ b)$ のうち，$\mathrm{OP} \leqq \sqrt{5}$ となるのは $2+1=3$(通り)あるから，求める確率は $\dfrac{3}{36}=\dfrac{1}{12}$ である。

(3)＜確率＞①右図2で，線分AOを対角線とし，辺が座標軸に平行である長方形は，A(3，1)より，縦と横の長さが1，3となる。AO＝APだから，線分APは，点Aを1つの頂点として，辺が座標軸に平行で，縦と横の長さが1，3である長方形の対角線となる。このようになる線分APは，図2のように，$\mathrm{AP_1}$，$\mathrm{AP_2}$，$\mathrm{AP_3}$ が考えられる。点 $\mathrm{P_1}$ は，$3-1=2$，$1+3=4$ より，$\mathrm{P_1}(2,\ 4)$ である。点 $\mathrm{P_2}$ は，$3+1=4$，$1+3=4$ より，$\mathrm{P_2}(4,\ 4)$ である。点 $\mathrm{P_3}$ は，$3+3=6$，$1+1=2$ より，$\mathrm{P_3}(6,\ 2)$ である。

図2

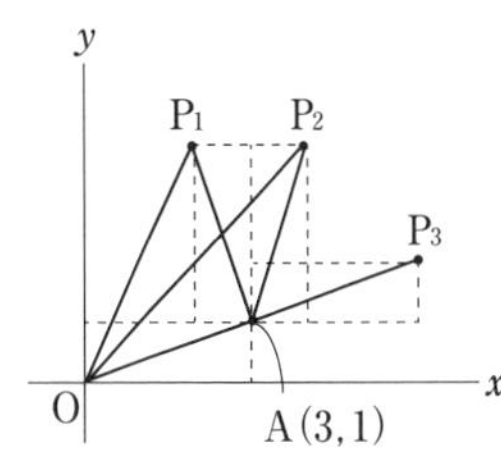

このとき，直線OAの傾きは $\dfrac{1}{3}$，直線 $\mathrm{OP_3}$ の傾きは $\dfrac{2}{6}=\dfrac{1}{3}$ となり，傾きが等しいから，3点O，A，$\mathrm{P_3}$ は一直線上にある。このことから，3点O，A，$\mathrm{P_3}$ を結んで三角形はできない。よって，36通りのP$(a,\ b)$ のうち，△AOPがAO＝APの二等辺三角形となるのは，(2，4)，(4，4)の2通りだから，求める確率は $\dfrac{2}{36}=\dfrac{1}{18}$ である。　②右図3で，B(4，4)，C(4，2)より，直線OBの傾きは $\dfrac{4}{4}=1$，直線OCの傾きは $\dfrac{2}{4}=\dfrac{1}{2}$ だから，直線OPが点Bを通るとき，傾きは1であり，直線OPが点Cを通るとき，傾きは $\dfrac{1}{2}$ である。P$(a,\ b)$ より，直線OPの傾きは $\dfrac{b}{a}$ と表せるので，直線OPが線分BCと交わるとき，$\dfrac{1}{2} \leqq \dfrac{b}{a} \leqq 1$ である。これを満たすのは，

図3

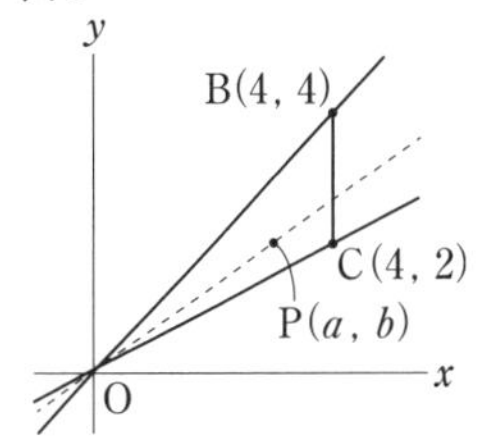

$a=1$ のとき，$\dfrac{1}{2} \leqq \dfrac{b}{1} \leqq 1$，$\dfrac{1}{2} \leqq b \leqq 1$ だから，$b=1$ の1通りある。$a=2$ のとき，$\dfrac{1}{2} \leqq \dfrac{b}{2} \leqq 1$ だから，$b=1$，2の2通りある。$a=3$ のとき，$\dfrac{1}{2} \leqq \dfrac{b}{3} \leqq 1$ だから，$b=2$，3の2通りある。以下同様にして，$a=4$ のとき $b=2$，3，4の3通り，$a=5$ のとき $b=3$，4，5の3通り，$a=6$ のとき $b=3$，4，5，6の4通りある。よって，36通りのP$(a,\ b)$ のうち，直線OPが線分BCと交わる点Pは $1+2+2+3+3+4=15$(通り)あるから，求める確率は $\dfrac{15}{36}=\dfrac{5}{12}$ である。

5〔空間図形―正四面体〕

≪基本方針の決定≫(2)　△AMDは二等辺三角形である。　(4)　糸が通る面を展開して考える。

(1)＜長さ―特別な直角三角形＞右図1で，立体ABCDが正四面体より，△ABCは正三角形である。点Mは辺BCの中点なので，△ABMは3辺の比が $1:2:\sqrt{3}$ の直角三角形であり，$\mathrm{AM}=\dfrac{\sqrt{3}}{2}\mathrm{AB}=\dfrac{\sqrt{3}}{2}\times 4=2\sqrt{3}$ (cm)となる。

図1

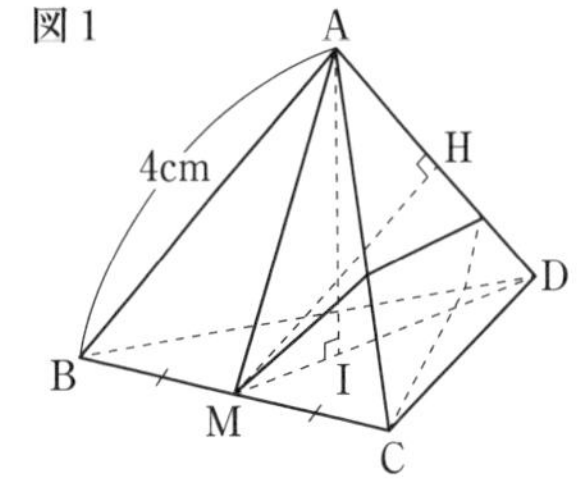

(2)＜面積―三平方の定理＞右図1で，△ABCと△BCDは合同な正三角形だから，(1)と同様に，$\mathrm{DM}=2\sqrt{3}$ である。よって，AM＝DM＝

$2\sqrt{3}$ となり，△AMD は二等辺三角形であるから，点Mから辺 AD に垂線 MH を引くと，点Hは辺 AD の中点となる。AH $=\frac{1}{2}$AD $=\frac{1}{2}\times4=2$ だから，△AMH で三平方の定理を利用すると，MH $=\sqrt{\mathrm{AM}^2-\mathrm{AH}^2}=\sqrt{(2\sqrt{3})^2-2^2}=\sqrt{8}=2\sqrt{2}$ より，△AMD $=\frac{1}{2}\times$AD$\times$MH $=\frac{1}{2}\times4\times2\sqrt{2}=4\sqrt{2}$ (cm²) である。

(3)<**体積**>前ページの図１で，点Aから底面 BCD に引いた垂線は線分 DM と交わるので，その交点をＩとすると，AI は，△AMD の底辺を DM と見たときの高さとなる。(2)より，△AMD の面積は $4\sqrt{2}$ cm² だから，$\frac{1}{2}\times$DM$\times$AI $=4\sqrt{2}$ である。DM $=2\sqrt{3}$ なので，$\frac{1}{2}\times2\sqrt{3}\times$AI $=4\sqrt{2}$ が成り立ち，AI $=\frac{4\sqrt{6}}{3}$ となる。また，DM⊥BC だから，△BCD $=\frac{1}{2}\times$BC$\times$DM $=\frac{1}{2}\times4\times2\sqrt{3}=4\sqrt{3}$ である。よって，正四面体 ABCD の体積は，$\frac{1}{3}\times$△BCD$\times$AI $=\frac{1}{3}\times4\sqrt{3}\times\frac{4\sqrt{6}}{3}=\frac{16\sqrt{2}}{3}$ (cm³) となる。

≪別解≫図１で，AM⊥BC，DM⊥BC より，BC⊥〔平面 AMD〕である。これより，立体 ABDM，立体 ACDM は，底面を△AMD と見ると，高さがそれぞれ BM，CM の三角錐である。BM＝CM $=\frac{1}{2}$BC $=\frac{1}{2}\times4=2$ だから，〔立体 ABDM〕＝〔立体 ACDM〕$=\frac{1}{3}\times$△AMD$\times$BM $=\frac{1}{3}\times4\sqrt{2}\times2=\frac{8\sqrt{2}}{3}$ となり，正四面体 ABCD の体積は，2〔立体 ABDM〕$=2\times\frac{8\sqrt{2}}{3}=\frac{16\sqrt{2}}{3}$ (cm³) である。

(4)<**長さ—三平方の定理**>前ページの図１で，点Mから辺 AC，辺 AD，辺 BD 上の点を通って点Ｃまでかけた糸は，面 ABC，面 ACD，面 ABD，面 BCD を通る。この４つの面を右図２のように展開し，図１の正四面体 ABCD において，点Ｂ，Ｃと重なる点をそれぞれ点 B′，C′ とする。糸の長さが最も短くなるとき，図２で，Ｍと C′ が一直線上にあるように糸をかけるから，糸は線分 MC′ となる。４つの面は全て正三角形だから，∠CDA＋∠ADB′＋∠B′DC′＝60°＋60°＋60°＝180° となり，３点Ｃ，Ｄ，C′ は一直線上の点となる。これより，CC′＝CD＋DC′＝4＋4＝8 である。また，点 C′ から辺 BC の延長に垂線 C′J を引くと，∠C′CJ＝180°－∠ACB－∠ACD＝180°－60°－60°＝60° となる。よって，△C′CJ は３辺の比が $1:2:\sqrt{3}$ の直角三角形となるから，CJ $=\frac{1}{2}$CC′ $=\frac{1}{2}\times8=4$，C′J $=\sqrt{3}$CJ $=\sqrt{3}\times4=4\sqrt{3}$ となり，MJ＝CM＋CJ＝2＋4＝6 となる。したがって，求める糸の長さは，△C′MJ で三平方の定理より，MC′ $=\sqrt{\mathrm{MJ}^2+\mathrm{C'J}^2}=\sqrt{6^2+(4\sqrt{3})^2}=\sqrt{84}=2\sqrt{21}$ (cm) である。

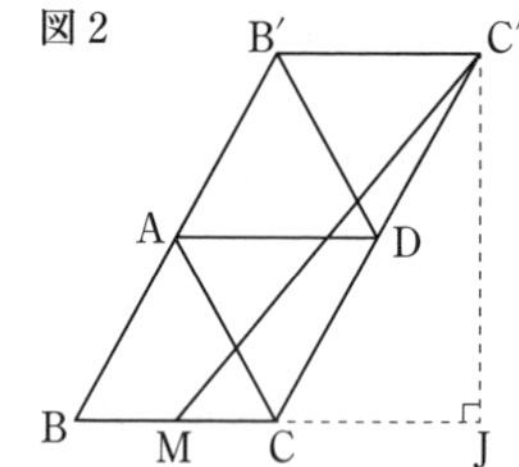

＝読者へのメッセージ＝

関数で用いる座標を発明したのは，フランスの哲学者，数学者のルネ・デカルト(1596～1650)です。彼は，部屋にいるハエの位置を表すのに座標を思いついたといわれています。また，彼は，「我思う，ゆえに我あり」などの名言を残しています。

国語解答

一	問一	a…③	b…①	c…④	d…①
		e…②			
	問二 ②	問三 ④	問四 ③		
	問五 ④	問六 ③	問七 ②		
	問八 ①	問九 Ⅰ…④ Ⅱ…②			
二	問一	x…④	y…①	問二 ③	
	問三 ②	問四 ①	問五 ④		
	問六 ③	問七 ③	問八 ④		
	問九	(1)…②	(2) Ⅰ…④	Ⅱ…③	
三	問一	x…②	y…③	問二 ④	
	問三 ①	問四 ②	問五 ③		
	問六 ④	問七 ③			
	問八	Ⅰ…①	Ⅱ…④		

一〔論説文の読解─教育・心理学的分野─教育〕出典：池内了『科学と社会へ望むこと』。

≪本文の概要≫人間は，二十万年という時間をかけて，言葉を豊かにしてきた。現代の我々は，教育の過程を経て，時間をかけて進化するという道を歩んでいる。いわば，我々は，人類の言葉の拡大の歴史を十年なり十五年なりの学習で追体験して，言葉を豊かにしているのである。高校時代は，言葉を使って，あらゆる学問の基本的概念を獲得する段階であるといえる。また，言葉を使うことによって，いろいろな学問の関連を知る時代でもある。日本では，十八歳で社会的に一人前と位置づけられる。そういうときに，スキルとしての言葉の使い方とともに，言葉の意味づけや，言葉にはいろいろなものをつなぐ機能があるということを体得していくことが重要である。子どもたちが学ぶのは，基礎の部分であるが，それは営々たる人間の活動の中で見出されてきた文化遺産である。「私」は，そういうものを「基層力」と呼びたい。その基礎的な力をいかに充実させていくかが，大切である。我々は，人類史的な難問に立ち向かわなければならず，そのために教育や学問があるのである。

問一＜漢字＞a．「正義」と書く。①は「適宜」，②は「儀式」，③は「義務」，④は「虚偽」。　b．「状況」と書く。①は「実況」，②は「協力」，③は「境界」，④は「享受」。　c．「機能」と書く。①は「企画」，②は「岐路」，③は「軌道」，④は「機微」。　d．「権威」と書く。①は「威厳」，②は「経緯」，③は「維持」，④は「偉人」。　e．「策」と書く。①は「削減」，②は「散策」，③は「交錯」，④は「検索」。

問二＜接続語＞ア．人間は，中学生になると，「悲しみとか喜びとか，そうした抽象概念」，または，「抽象的な感覚や倫理，愛とか神とか正義とか平等とか平和とか利己とかの概念」が心の中で生まれる。　イ．「十八歳選挙権が得られること」になったということは，すなわち，「日本では十八歳で社会的に一人前として位置づけられ，社会に送り出される」ということである。

問三＜文章内容＞国語は「言葉を主体にした科目」だが，「言葉を通じて，その中身を表現したり，主張したりする」ことは，「全科目に共通する技量」である。したがって，国語がそういう「技量の基礎になる」のは，必ずそうなるに決まっているのである。

問四＜文章内容＞人間は，成長とともに，さまざまな言葉の意味や使い方を覚えていくと同時に，「二十万年の人類の言葉の歴史を追体験していく」のである。それによって，人間は，人類が言葉を用いることによって獲得してきた「感情とか論理，あるいは概念といったもの」を理解し，自分でも表現できるようになっていくのである。

問五＜文章内容＞高校時代は，「あらゆる学問の基本的概念を獲得する世代・段階」であり，同時に，「言葉を使うことによって色々な学問の関連を知る時代」でもある。各学問を「結び合わせることによって互いに関連しあっていることがわかってくる」ので，「それぞれの大事さみたいなものも理解できるようになる」のである。高校時代は，各学問の関連を通じて，「今度は自分で感情とか論理，あるいは概念といったものを表現する術を獲得する」段階なのである。

問六＜文章内容＞日本では，高校を卒業すると一人前の社会人と見なされる。だから，高校卒業までに，「スキルとしての言葉の使い方と共に，言葉の持っている意味付けや，色々なものをつないでいく機能があるのだということをきちんと体得していくことが重要」である。その場合，「スキルとしての技量の獲得のみならず人間としての相互理解のための，言葉のより深い把握」を身につけることが重要である。

問七＜文章内容＞メフィストフェレスが言う「悪魔」とは，人類が直面するさまざまな迷信や，権威，社会的憶説など「人類史的な難問のこと」である。人間は，そうした難問に立ち向かっていかなければならないのであり，それらの難問を乗り越えるためには，難問にとらわれずに「自由」でなければならず，「どのような事柄もいったん疑ってかかる」必要がある。そして，教育によって，「自分としてはどう考えるかの思考法を確立する必要がある」と「私」は伝えているのである。

問八＜表現＞人間が年齢とともにしだいに多くの言葉を習得し，それによって抽象的な感覚や倫理を経験したり，考え方を表現し把握したりできるようになっていくことが，小学校や中学校段階などの例を挙げながら，まず指摘されている。それをふまえて，高校時代には，相互理解のための言葉のより深い把握を養っておくことが述べられ，さらに，人間にとって教育とは，人類の難問を乗り越えるためのものであり，自分の思考法を確立するために必要であることが述べられている。

問九＜文章内容＞Ⅰ．子どもたちが「基本的に学んでいる部分」は，「営々たる人間の活動の中で見出されてきた文化遺産」である。それは，「市民が持つ文化に対する基層の力の源泉でもあり，基盤的に持っている力」でもある。　Ⅱ．さまざまな科目は「それぞれの言葉を通じて，その中身を表現したり，主張したりする」ものなので，国語は，「全科目の架け橋となる」のである。言葉を学んでその表現や主張を「他の人との間でやりとりする」ことによって，人間は，さまざまな学問への理解を深めていくことができる。国語を学ぶということは，そのような力を手に入れることである。

二〔小説の読解〕出典：壁井ユカコ『2.43　清陰高校男子バレー部　春高編』。

問一＜語句＞x．「おざなり」は，表面的に形ばかりを取り繕うさま。　y．「無造作」は，特に注意を払ったり，技巧を凝らしたりせず，念入りではないこと。

問二＜文章内容＞弓掛のチームメイトである玉澤に「ほっといてやりーよ」と言われて，浅野は，いったんは，弓掛を探しにいくのをやめようとした。しかし，サブコートに戻ってこない弓掛のことが気にかかり，浅野は，玉澤の言葉を無視する形で，弓掛を探しにいった。

問三＜心情＞弓掛が「タオルの端を口に突っ込んで嗚咽を殺していた」ことに，浅野は「衝撃」を受けた。弓掛の泣き方は，「体内で解毒しきれずに嘔吐したものを結局また口で啜って飲み込んでるのと同じ」であり，その泣き方では，悲しみや悔しさは「どこにも流れていかない」のである。浅野は，弓掛が負けた苦しさを自分一人で抱え込んでいるのを気の毒に感じ，そんなことをしていても何にもならないと思った。

問四＜文章内容＞浅野をはじめとする景星の部員たちは，箕宿の「早い敗退」に意外な思いを抱きながらも，「そこで起こっている現実を目に焼きつけて」いた。そして，箕宿が清陰に負けた「一つだけの敗因が，景星には当てはまらない」し，「『絶対に』勝つしかない」と思っているので，浅野は，弓掛の問いに「勝つよ。問題ない」と「明答した」のである。

問五＜文章内容＞自分たちが清陰に勝つという浅野の言葉を受けて，弓掛は，浅野に，優勝旗を景星に持って帰れという「力強い激励の言葉」を返した。しかし，まだ敗退というつらい現実を受け入れられずにいたので，弓掛は，浅野の目を見て，その言葉を言うことはできなかった。

問六＜表現＞メインアリーナでは今も熱戦が続いていたが，その音は，通路では「くぐもった音」として，浅野と弓掛がいる通路の「無表情な灰色の壁」に響いていた。「くぐもった音」や「無表情な灰色の壁」という光が当たる表舞台とは対照的な表現によって，敗北した弓掛をはじめ敗者の置かれているつらい状況が表されている。

問七＜文章内容＞浅野に「自分の力でどうにかできることばっかり」ではなく「どうにもできないことも現実にはある」し，それを認めることは「言い訳することとは違う」と言われて，弓掛は，自分の気持ちを抑えきれなくなり，身長があと十センチ欲しかったと，「初めて恨み言」を口にした。

問八＜心情＞弓掛の身長が一七五センチしかなかったことは，彼にとって，「どうにもできないこと」だった。弓掛が身長のことを「言い訳にすまいと自分にすら言い聞かせ，傷だらけになりながらさらなる高みを目指してきた」ことを思って，浅野は，どうしようもない悲しさや切なさを感じた。

問九＜表現＞(1)浅野は，いつもコートで対するときの弓掛からは「頑強な存在感」を感じていた。しかし，試合に敗れて声を立てずに泣く弓掛の隣にしゃがんだときは，いつもとは違って弓掛の背中を「脆いほどに細い」と感じた。　(2)Ⅰ．浅野が清陰に勝つと言うと，弓掛の心に多少の余裕が生まれて，弓掛は「すこし柔らかく」息を抜き，その表情は少し緩んだ。また，浅野が「わざと見ないようにしてることがあるんじゃないの…」と言うと，弓掛は，思い当たったのか，「瞳がわずかに見開かれ」た。さらに，あと十センチだけ身長が欲しかったと「恨み言」が口から漏れたとき，その思いの切実さとどうにもならないことへの悔しさから，弓掛は，「指の骨が軋む音」がするほど両手を握りしめた。　Ⅱ．「小柄な背中を引き攣ったように不自然に震わせ」「喉につかえた塊を時間をかけて抉りだしたように」「手回し式のサイレンのように揺らぎながら低く，かぼそく聞こえる嗚咽」など，比喩表現を用いて登場人物の様子や感情が描かれ，読者の印象に残るように工夫されている。

三〔古文の読解―説話〕出典：『今昔物語集』巻第二十ノ第四十二。

≪現代語訳≫今となっては昔のことだが，大和国の宇陀郡に住む女がいた。生まれつき心が清らかで，ずっと人をだましたり傷つけたりすることはなかった。七人の子を産んだ。家は貧しくて食べ物はなかった。そのため，子どもを養う手段がなかった。

しかし，この女は毎日沐浴して身を清め，粗末な衣服を着て，いつも野に行って，菜を摘み取って仕事にしていた。また家にいるときには，家をきれいにすることを自分の役目にしていた。また菜を調理して盛りつけ，笑顔を浮かべて子どもたちにこれを食べさせた。このようなことを日常のこととして過ごしている間に，その女は心がまっすぐだったので，神仙はこの女をしみじみと感じて褒めたたえて，神仙に奉仕させた。とうとう自然と(神仏の)報いがあって，春の野に出て，菜を取って食べているうちに，自然と仙人が食べる薬草を食べて，空を飛ぶことができるようになった。

心が清らかな者は，仏法を修行しなくても，仙薬を口にして，このように仙人となるのである。これを服薬仙というのである。心がまっすぐで仙薬を口にしたので，女であっても仙人になって，空を飛んだのはこのような事情によるのである。

だから，人はやはり心を清らかにして，人をだましたり傷つけたりしないようにするべきであると，語り伝えられているとか。

問一＜古語＞x.「便(り)」は，ここでは，よりどころのこと。女の家は貧しく，食べ物もなかったので，子どもを養ううえでのよりどころとなる手段がなかった。　y.「おのづから」は，自然に，ひとりでに，という意味。

問二＜古文の内容理解＞家が貧しくて食べ物がなかったので，女は，野で菜を取ってきて，調理して盛りつけて，笑顔を浮かべて，子どもたちに食べさせていた。

問三＜古文の内容理解＞女は，自分の体や家を清潔にし，野に出ては菜を取ってきて調理するという生活を，いつものこととして行っていた。

問四＜歴史的仮名遣い＞歴史的仮名遣いの語頭以外のハ行は，原則として現代仮名遣いでは「わいうえお」になる。また，歴史的仮名遣いの「ゑ」は，現代仮名遣いでは「え」になる。

問五＜古文の内容理解＞女が心がまっすぐだったので，神仙は，それを褒めたたえて，女が自分に仕えることを認めたのである。

問六＜古文の内容理解＞女は，野で菜を取って食べているうちに，自然と仙草を食べて，空を飛べるようになった。このように，薬草を服用して仙人になった者は，「服薬仙」と呼ばれた。

問七＜古典文法＞単語に区切ると，「食し(動詞)／つれ(助動詞)／ば(助詞)」となる。

問八＜古文の内容理解＞Ⅰ.「風流」は，みやびやかなさま。振り仮名の「みさを(操)」は，心や行いが超俗的で清らかなこと。女は心がまっすぐで，人をだましたり傷つけたりすることはなかったことから，本文では，振り仮名の意味に近い。　Ⅱ. 女は神仏の報いがあって仙人になることができた。だから，人は心を清らかにして，人をだましたり傷つけたりしないようにすべきなのである。

2023年度 成田高等学校

【英　語】（50分）〈満点：100点〉

■リスニングテストの音声は，当社ホームページで聴くことができます。（実際の入試で使用された音声です）
再生に必要なユーザー名とアクセスコードは「収録内容一覧」のページに掲載してます。

1 対話とナレーションを聞き，それぞれの質問に対する答えとして最も適切なものを次の①～④から一つずつ選びなさい。

(1) What will the woman do next? [1]

① Go to the convenience store.

② Go to the supermarket.

③ Buy what she needs.

④ Send a message to the man.

(2) Why did the girl want to leave the restaurant? [2]

① She was too full for the dessert.

② She was nervous about her father.

③ She was in a hurry for the train.

④ She was scared by the stranger.

(3) What time will they leave home? [3]

① 8:15.　② 9:15.　③ 10:15.　④ 11:15.

(4) Which sentence is true? [4]

① Keita has been to Australia three times.

② Keita could not hold a koala in Cairns three years ago.

③ If a tourist pays a lot of money in Sydney, he can hold a koala.

④ Keita is going to give some money to support koalas.

(5) Which sentence is <u>NOT</u> true? [5]

① Jun has never written a letter to Olivia before.

② Jun watches Olivia's dancing before work.

③ Olivia has just finished making her new album.

④ Olivia has been to Japan before.

※ リスニングテスト放送文は，英語の問題の終わりに付けてあります。

2 [　　]に入る最も適切なものを次の①～④から一つずつ選びなさい。

(1) Many [6] are working in this office.

① woman　② womans　③ women　④ womens

(2) Visiting his homepage always [7] me happy.

① gives　② makes　③ shows　④ looks

(3) Pete [8] be in bed with a cold. He is eating at McDonald's right now.

① will　② cannot　③ must　④ shouldn't

(4) A：I heard you got a dog last week. Who takes care of it?
B：My two brothers and I share the work. We take [9].

① turns　② changes　③ works　④ hands

(5) A：[10] have you visited Kyoto?
B：Twice.

① How far　② How long　③ How about　④ How many times

(6) It will take us thirty minutes [11] the airport.

① get　② to get　③ to get to　④ to getting to

(7) My grandfather [12] the city's 50th anniversary ceremonies to be held next month.

① invites to　② will invite by　③ is invited by　④ was invited to

(8) A：Did you listen to her new song?
B：Yes. It's perfect. The whole world's going to find out [13] she has!

① what a beautiful voice　② what beautiful a voice
③ how beautiful a singer　④ how a beautiful singer

3 次の各文において，日本語の意味に合うようにそれぞれ下の①～⑤の語句を並べ替えて空所を補い，文を完成させなさい。解答は [14] ～ [21] に入るものの番号のみを答えなさい。

(1) 今年は，あなたに文化祭に来ていただきたいですね。

I ＿＿ [14] ＿＿ [15] ＿＿ to the school festival this year.

① come　② like　③ you　④ would　⑤ to

(2) さくらの山公園に行けば，空港から飛び立つ大きな飛行機の写真が撮れるよ。

You can take pictures ＿＿ [16] ＿＿ [17] ＿＿ the airport if you go to Sakura-no-yama Park.

① off　② of　③ from　④ taking　⑤ big airplanes

(3) ダニエルは親切にも私が読みたかった本を貸してくれた。

Daniel was ＿＿ [18] ＿＿ [19] ＿＿ the book I wanted to read.

① to　② me　③ enough　④ lend　⑤ kind

(4) アシュリーが何のことを話していたかわかった？

Did you catch ＿＿ [20] ＿＿ [21] ＿＿ ?

① Ashley　② talking　③ what　④ about　⑤ was

4 次のシンガポール人女性の書いた文章を読んで，後の問いに答えなさい。*の付いている語句には**注**があります。

"See you at the train station at 15:02," I said to Jenny, a Singaporean friend who was visiting me in Kyoto.

She laughed and said, "15:02? Just say three or three-fifteen!"

I smiled feeling sorry. I've already become the kind of person who wants to be perfectly clear about what time to meet.

In addition, just like how trains usually ア<u>arrive on the dot</u> in Japan, my Japanese friends are *seldom late.

In Singapore, it is common to be five or even 15 minutes late when we meet someone close to us. Also, we usually *round off the meeting time to the nearest 15 minutes. If I say, "Let's meet at 15:02," or some other *random time, my friends will laugh because they will think I am trying to be funny.

I think one reason for the difference is that trains, and usually even buses, run *like clockwork in Japan. If your train is scheduled to arrive at 15:02 and there is little reason to believe it will be late, it's natural to be *specific about the meeting time.

In Singapore, [イ], the subway, which we call the Mass Rapid Transit, does not show its time schedule. How many trains arrive in an hour depends on the subway line, as well as the time of the day. Trains could come as soon as in two minutes, or sadly, in eight minutes or more. Buses are even more difficult to *predict than trains. Sometimes, three buses running on the same route may arrive at once after no buses for thirty minutes.

Since it is hard to tell what time the train or bus will come — and who knows how many over-crowded trains or buses will *pass by before you can get into one — we don't expect our friends to appear exactly on time.

I talked about how poor Singapore's public transport services are to a Japanese friend once. He lived in Singapore for several years before moving back to Japan, and I thought he would agree with me. To my surprise, he smiled and said, "[ウ]"

He felt that because trains and buses were not always on time, Singaporeans were thus more relaxed than Japanese.

"It's very stressful to feel that you always have to be on time!" he said.

Then again, the idea about "on time" is different from culture to culture. In Japan, being on time may mean arriving five minutes before the scheduled time. In Singapore, you are "on time" as long as you are not more than 10 minutes late. To an American friend of mine, being "on time" for a party means being at least 10 minutes late.

When I was in junior college (the same as high school in Japan), a teacher *scolded my class for our "rubber-band time" when we were late for her lessons. [エ] The question is, how long do you want it to be?

出典：The Japan Time ST (May 10, 2013) "Being late" by Tan Yiug Zhen　一部改変

注 seldom ： めったに～ない　round off ： 切りのよい時間にする
random time ： 中途半端な時間　like clockwork ： 正確に　specific ： 厳密な
predict ： 予想する　pass by ： 通過する　scolded ： 叱った

(1) 下線部アの意味として最も適切なものを次の①～④から一つ選びなさい。[22]

① arrive early　② arrive on time　③ arrive late　④ arrive at once

(2) [イ] に入るものとして最も適切なものを次の①～④から一つ選びなさい。[23]

① at first　② in other words　③ on the other hand　④ in the same way

(3) [ウ] に入るものとして最も適切なものを次の①～④から一つ選びなさい。[24]

① That's really what I liked about Singapore!
② That's really what I didn't like about Singapore!
③ That's really how I liked Singapore!
④ That's really how I didn't like Singapore!

(4) [エ] に補う**あ**～**う**の三つの文を文脈に合うように並べ替えたときの順序として最も適切なものを下の①～④から一つ選びなさい。[25]

あ But now I realize how correct her phrase is.
い Time is a rubber band that we stretch to various *lengths.
う I didn't understand what she meant.

① **あ** → **い** → **う**
② **あ** → **う** → **い**
③ **う** → **あ** → **い**
④ **う** → **い** → **あ**

注 length ： 長さ

(5) 本文の内容に合うものを次の①～⑥から**二つ**選びなさい。解答の順序は問いません。

26 27

① The writer was so kind that she waited for her friend for a long time.

② Jenny laughed at the writer's joke about the meeting time.

③ The writer's idea of time is different from Jenny's.

④ Singaporeans become relaxed when buses and trains are on time.

⑤ In Japan, more and more people feel stressed when someone is late.

⑥ Every culture and person has a different idea about time.

5 次の英文を読んで，後の問いに答えなさい。* の付いている語句には**注**があります。

Wanda graduated from cooking school and got a job in the kitchen of a new café in her town. She was very happy. She has been working in the café for six weeks. She likes her job. The café is new and very small. The café belongs to Gregor. He makes coffee and looks after the customers. Wanda does all the cooking.

Wanda thinks Gregor is very nice, but he is also a tough boss. He wants everything to be perfect.

Today Wanda is having a very bad day. She has been in the kitchen since six in the morning. Last night, she *broke up with her boyfriend. She was very sad so she went to visit her friend Janet. They drank a lot of wine.

Today she feels very ill. *Why did I drink so much? I feel terrible, my head hurts and I went to bed so late! I am so tired!*

Today Gregor is very excited. "Wanda, we must try very hard today. Look at the man sitting by the window. Do you know who that is?"

Wanda looks at the man. "No. I don't know him. Who is he?"

"His name is Anton Wesley-Brown. He writes about food and restaurants for the newspaper! If he likes the food here, he will write a good report about this café!"

Wanda understands. ア

*But why today? Why did this *restaurant critic come today?*

Gregor goes out of the kitchen to talk to the customers. It is only 11:15 so there are not many people in the café. Most people are drinking coffee and eating muffins and cakes.

Wanda is busy making salads. Today's special is very simple — *a grilled pork chop, with cream and mustard sauce and salad.

I can't! I can't cook anything more wonderful. I didn't know that man was coming.

I could cook something wonderful if it were not today. I am too ill to cook.

Gregor comes back into the kitchen. "Mr Wesley-Brown wants the pork chop!"

"OK," says Wanda. She takes a pork chop from the refrigerator. She reaches up to the shelf and takes down the *seasonings. She *sprinkles salt and pepper on the chop and puts it under the grill. She makes the sauce and puts salad on the plate.

イ When the meal is ready, (**A**) puts it out near the door of the kitchen. (**B**) hurries over and takes the meal to (**C**).

Wanda turns back to the kitchen. She *stares at the counter. *Why is there brown sugar on the counter? I used salt, pepper, mustard. I didn't use brown sugar. There is the pepper and the mustard. Where is the salt? Oh, no! I put brown sugar on the pork chop! Mr Wesley-Brown will hate it! Gregor will be very angry! I will lose my job!*

Wanda doesn't know what she should do, so she keeps on working. She finishes all the food *preparation. It is almost noon and many customers are coming in for lunch. It will be a busy day.

Gregor comes into the kitchen. ウ "Wanda! Mr Wesley-Brown wants to talk to you."

The restaurant critic comes into the kitchen. "This is Wanda. She does all the cooking," says Gregor.

"I know you are very busy," says Mr Wesley-Brown. "But I just have one question. Did you put brown sugar on my chop?"

Wanda looks at the floor. *This is it,* she thinks. *I am going to lose my job. Gregor will *fire me.*

"Ur, yes," she says.

I will have to explain, she thinks. But Mr Wesley-Brown is speaking.

"It is a very good idea. The chop was very tasty. I like the way the sugar turned to *caramel under the grill. Keep up the good cooking."

He smiles and goes out. Gregor looks very happy.

Wanda smiles too and goes back to work.

Adapted by I Talk You Talk Press (www.italk youtalk.com)

注 broke up with ：(パートナーと)別れた　restaurant critic ：レストラン批評家
a grilled pork chop ：豚肉のグリル　seasonings ：調味料　sprinkle ：ふりかける
stare ：見つめる　preparation ：準備　fire ：解雇する　caramel ：カラメル

(1) [ア] に入るものとして最も適切なものを次の①～④から一つ選びなさい。[28]

① Gregor wants to give the same comments as Mr Wesley-Brown.

② Gregor wants the café to be a success.

③ Mr Wesley-Brown wants to learn how to cook well.

④ Mr Wesley-Brown wants to write a good report about the café.

(2) 下線部イの空所（ A ）～（ C ）に入る人物の組み合わせとして最も適切なものを次の①～④から一つ選びなさい。[29]

① (A) Wanda　(B) Gregor　(C) Mr Wesley-Brown

② (A) Wanda　(B) Mr Wesley-Brown　(C) Gregor

③ (A) Gregor　(B) Wanda　(C) Mr Wesley-Brown

④ (A) Gregor　(B) Mr Wesley-Brown　(C) Wanda

(3) 下線部ウについて，この言葉を聞いたWandaの気持ちに最も近いものを次の①～④から一つ選びなさい。[30]

① 期待　② 満足　③ 不安　④ 怒り

(4) 本文全体の内容を最もよく表している英文を次の①～④から一つ選びなさい。[31]

① Where there is a will, there is a way.

② A little knowledge is a dangerous thing.

③ Laughter is the best medicine.

④ Sometimes bad luck can be good.

(5) 本文の内容に合うものを次の①～⑥から**二つ**選びなさい。解答の順序は問いません。

[32] [33]

① More than a month has passed since Wanda began to work in the café.

② Wanda felt very sad because she broke up with Janet last night.

③ Gregor and Wanda knew that Mr Wesley-Brown would come to the café.

④ When Gregor found Mr Wesley-Brown, the café was already crowded.

⑤ Wanda used salt, pepper, and mustard to cook the pork chop.

⑥ Mr Wesley-Brown was satisfied with the dish Wanda made.

<リスニングテスト放送文>

M　男性　　W　女性

(1)　W: Where are you going?

M: Just to the convenience store.　Do you want anything?

W: I need a pack of eggs, two liters of milk, and the usual yogurt.

M: Wa...wait. I can't remember everything. Text me what you want. I'd better go to the supermarket.

Question: What will the woman do next? [1]

① Go to the convenience store.

② Go to the supermarket.

③ Buy what she needs.

④ Send a message to the man.

(2)　W: You worry too much. I think he's just looking at the kitchen behind you.

M: Well, if you say so… No! The man at the table just by the entrance seems strange. He has been looking at us since he sat there.

W: OK, OK. The man sitting near the entrance? I'll look. Oh no! He is my dad. He always said that he wanted to see my boyfriend.

M: That's why. I'm happy to know that he's not a stranger, but your father. Anyway, would you like something sweet?

W: No. Let's leave here soon.

Question: Why did the girl want to leave the restaurant? [2]

①She was too full for the dessert.

②She was nervous about her father.

③She was in a hurry for the train.

④She was scared by the stranger.

(3) W: What time does your plane leave?

M: It leaves at 12:15.

W: When do you have to be at the airport?

M: I must be there two hours early. So we have to be at the airport at 10:15.

W: That means we should leave the house at 9:15.

M: Well, it's an hour to get there, if there are no traffic problems.

W: So maybe we should leave at 8:15?

M: Yes, it's better to get there too early than too late.

W: I agree.

M: You never know what might happen! There's at least one huge accident every day.

Question: What time will they leave home? [3]

① 8:15.

② 9:15.

③ 10:15.

④ 11:15.

(4) Keita is going to Cairns, Australia next month. This will be his second visit to Australia. When he visited Sydney three years ago, he went to a wildlife park and enjoyed seeing many animals. However, he was not happy because he could not hold a koala in his arms. In Sydney, tourists can touch koalas, but they cannot hold them. This time he chose Cairns because he can hold a koala there.

In Australia, a lot of money is spent on wildlife protection activities. This time he wants to hold a koala, and donate some money to help protect koalas.

Question: Which sentence is true? [4]

① Keita has been to Australia three times.

② Keita could not hold a koala in Cairns three years ago.

③ If a tourist pays a lot of money in Sydney, he can hold a koala.

④ Keita is going to give some money to support koalas.

(5) Dear Olivia,

I am Jun, your fan from Japan. This is my first time writing to you. I really love your sweet voice and dancing. Your songs always cheer me up at the start of the day. Your dancing always encourages me before I leave home for work. Your music video "Love Your Life" especially gives me enough power to try again. Your live performance in Japan two years ago was amazing! I know you're busy working on your new album, but please take good care of yourself. I'm looking forward to your next concert in Japan. I will always support you.

Sincerely yours,

Jun

Question: Which sentence is <u>NOT</u> true? [5]

① Jun has never written a letter to Olivia before.

② Jun watches Olivia's dancing before work.

③ Olivia has just finished making her new album.

④ Olivia has been to Japan before.

【数　学】（50分）〈満点：100点〉

1 次の**ア**～**サ**の□に当てはまる数や符号を答えなさい。

(1) $(4-11)-(3\times2-8)\times13=$ **アイ**

(2) $3(2x-5y)^2-2(x+3y)(4x-y)=$ **ウ** x^2- **エオ** $xy+$ **カキ** y^2

(3) $\sqrt{3}(\sqrt{6}-2)-\sqrt{2}(2\sqrt{6}-5)=$ **ク** $\sqrt{\text{ケ}}-$ **コ** $\sqrt{\text{サ}}$

2 次の**ア**～**セ**の□に当てはまる数や符号を答えなさい。

(1) 双曲線 $y=\dfrac{8}{x}$ と直線 $y=\dfrac{1}{3}x-\dfrac{2}{3}$ の交点のうち，x座標が正である点の座標は $\left(\text{ア},\ \dfrac{\text{イ}}{\text{ウ}}\right)$ である。

(2) 6つのデータを小さい順に並べたとき，中央値が14で，最頻値が13であった。全てのデータが整数のとき，小さい方から3番目の値は **エオ**，4番目の値は **カキ** である。

(3) $-3<-\sqrt{\dfrac{a}{3}}<-\dfrac{2}{3}$ を満たす自然数 a は，全部で **クケ** 個ある。

(4) 時速60 kmで走っている4両編成の上り電車と，時速90 kmで走っている8両編成の下り電車がトンネルの両側から同時に進入した。下り電車の先頭がトンネルに進入してから，最後尾がトンネルを抜けるまでに50秒かかり，その10秒後に上り電車の最後尾がトンネルを抜けた。両方の電車の車両の長さが全て同じとき，トンネルの長さは **コサシ** mである。

(5) 下図のように，中心Oの円周上に5点A, B, C, D, Eがあり，線分BDと線分CEの交点をFとする。∠BFE＝114°のとき，∠CAD＝ **スセ** °である。

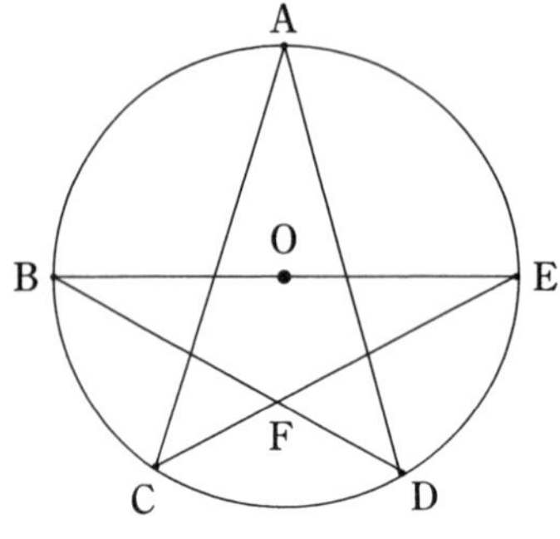

3 1つの数字が書かれた6枚のカードがある。このカードを箱に入れてよくかき混ぜる。このとき，次の**ア**～**ク**の□に当てはまる数や符号を答えなさい。

(1) 6枚のカードに書かれた数字を，1，2，3，4，5，6とする。箱からカードを1枚ずつ引いていき，1枚目に引いたカードに書かれた数字を百の位，2枚目に引いたカードに書かれた数字を十の位，3枚目に引いたカードに書かれた数字を一の位として3桁の整数をつくる。ただし，引いたカードは元に戻さない。

① 3桁の整数のつくり方は全部で**アイウ**通りである。

② 3桁の整数が3の倍数になるのは全部で**エオ**通りである。

(2) 6枚のカードに書かれた数字を，1，2，2，3，3，3とする。A君が箱から同時に3枚のカードを取り出す。箱に残った3枚のカードをB君に渡す。

① A君のカードの取り出し方は全部で**カ**通りである。

② A君，B君がそれぞれ，自分の持っているカードで3桁の整数をつくる。A君が1のカードを持っているとき，A君のつくった3桁の整数の方が，B君のつくった3桁の整数より小さくなるのは全部で**キク**通りである。

4 図のようにx軸上に点 A(a, 0) をとる。ただし，$a>0$とする。点Aを通りy軸に平行な直線と，放物線①：$y=\frac{1}{2}x^2$ の交点をBとし，点Bを通りx軸に平行な直線と放物線①の交点のうち，点Bと異なる点をCとする。点Cを通りy軸に平行な直線とx軸の交点をDとして，四角形 ABCD をつくる。このとき，次の**ア**～**シ**の□に当てはまる数や符号を答えなさい。

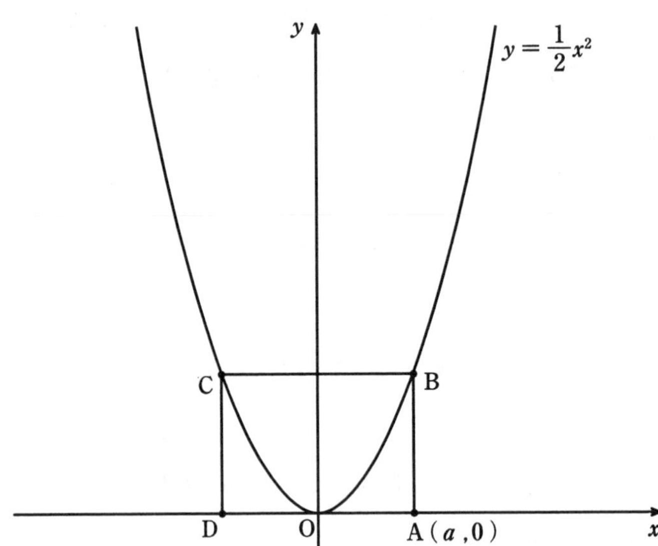

(1) 直線 OB の式は $y=\frac{\boxed{ア}}{\boxed{イ}}ax$ である。

(2) 四角形 ABCD が正方形のとき，$a=\boxed{ウ}$ である。

以下，$a=\boxed{ウ}$ とする。

(3) △OCE と △OBC の面積が等しくなるように，放物線①上に点Bと異なる点Eをとると，点Eの座標は（$\boxed{エオ}$, $\boxed{カキ}$）である。

(4) (3)で求めた点 E に関して，四角形 OBEC と △OCF の面積が等しくなるように，放物線①上に点Fをとる。点Fのx座標が正のとき，点Fのx座標は $\boxed{クケ}+\boxed{コ}\sqrt{\boxed{サシ}}$ である。

5 $PQ = QR = RS = SP = 8$ cm, $OP = OQ = OR = OS = 2\sqrt{89}$ cm の正四角錐O－PQRSの容器と，1辺の長さが8 cmの立方体ABCD－EFGHの容器がある。立方体の容器に水を満杯まで入れ，正四角錐の容器に水を移す操作をする。このとき，次の**ア**～**サ**の□に当てはまる数や符号を答えなさい。ただし，容器の厚さは考えないものとする。

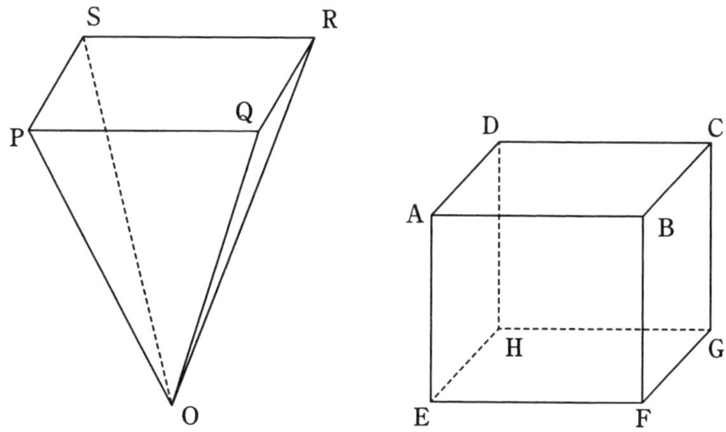

(1) 正四角錐の容器の容積は **アイウ** cm³ である。

(2) 水を正四角錐の容器に移すとき，水をこぼしてしまった。正四角錐の容器には満杯の水が入っており，立方体の容器には水が残った。立方体の容器を水平な地面に置いたところ，地面から水面までの高さは1 cmであった。こぼしてしまった水の量は **エオ** cm³ である。

(3) 水をこぼすことなく正四角錐の容器に満杯まで水を移したところ，立方体の容器に水が残った。この状態で立方体の辺EHを水平な地面につけ，下図のように水をこぼすことなく45°傾けた。図は面AEFBを正面として立方体を見た図である。

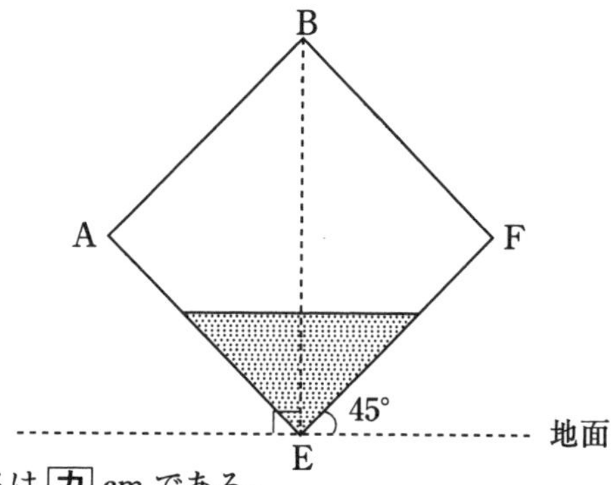

地面から水面までの高さは **カ** cm である。

(4) (3)の操作のあとにできた立方体の中の，水が入った部分がつくる立体の表面積は，

キク + **ケコ** $\sqrt{\text{サ}}$ cm² である。

解答上の注意

1．選択形式「①～④のうちから1つ選びなさい。」という場合，選んだ番号をマークしなさい。

（例）　ア で③を選択したとき

2．選択形式以外の場合

(1)　ア，イ，ウ ……. の一つ一つには，それぞれ「0」から「9」までの数字，または「－（マイナス）」のいずれか一つが対応します。それらを ア，イ，ウ ……. で示された解答欄にマークしなさい。（例）　イウ に－8と答えるとき

イ	● ⓪ ① ② ③ ④ ⑤ ⑥ ⑦ ⑧ ⑨
ウ	⊖ ⓪ ① ② ③ ④ ⑤ ⑥ ⑦ ● ⑨

(2)　分数形で解答が求められているときは，もっとも簡単な分数で答えます。符号は分子につけ，分母につけてはいけません。

（例）　$\dfrac{\boxed{エオ}}{\boxed{カ}}$ に $-\dfrac{4}{5}$ と答えるときは，$\dfrac{-4}{5}$ として

エ	● ⓪ ① ② ③ ④ ⑤ ⑥ ⑦ ⑧ ⑨
オ	⊖ ⓪ ① ② ③ ● ⑤ ⑥ ⑦ ⑧ ⑨
カ	⊖ ⓪ ① ② ③ ④ ● ⑥ ⑦ ⑧ ⑨

(3)　式の係数や指数を答えるときは，係数や指数の数字をそのまま答えます。

（例）　$\boxed{キ}x^{\boxed{ク}}$ に $3x^2$ と答えるとき

キ	⊖ ⓪ ① ② ● ④ ⑤ ⑥ ⑦ ⑧ ⑨
ク	⊖ ⓪ ① ● ③ ④ ⑤ ⑥ ⑦ ⑧ ⑨

(4)　根号を含む形で解答する場合は，根号の中に現れる自然数が最小となる形で答えます。

（例）　$\boxed{ケ}\sqrt{\boxed{コ}}$，$\dfrac{\sqrt{\boxed{サシ}}}{\boxed{ス}}$ に $4\sqrt{2}$，$\dfrac{\sqrt{13}}{2}$ と答えるところを，$2\sqrt{8}$，$\dfrac{\sqrt{52}}{4}$ のように答えてはいけません。

問十　二つの［　］には同じ語句が入る。最も適当なものを次の①〜④から一つ選びなさい。解答番号は34。

①　手羽　②　くちばし　③　足　④　首

問十一　傍線部Ⅰ「かくつかうまつりたりけり」とあるが、むつるは結局どのような結果を残したのか。最も適当なものを次の①〜④から一つ選びなさい。解答番号は35。

①　魚は生かすことができたが、みさごは生け捕りにはしたものの、結局は死なせてしまったのでむつるの評判は地に落ちた。

②　みさごは生きたまま追い払ったが、魚はみさごの爪で腹を破られ、結局死なせてしまったのでむつるの失敗は明らかだった。

③　みさごを生きたまま追い払い、みさごにも魚にも傷を負わせたにせよ、両者を死なせなかったのでむつるの面目躍如となった。

④　みさごを生きたまま追い払えたものの、みさごにも魚にも傷を負わせてしまったので一応の成功だったが、一院は認めなかった。

問十二　本文中の内容に合うものを次の①〜④から一つ選びなさい。解答番号は36。

①　一院は鳥羽殿に来る前から、池にいる多くの魚をみさごが捕ってしまうことに心を痛めていた。

②　武者所にはむつるの他に腕の立つ武者がいなかったので、一院はしかたなくむつるを起用した。

③　むつるは凡人の域を出ない人物だったが、信心深きゆえ、神仏のご加護により成功を収めた。

④　一院はむつるのあげた成果に感心することはなはだしく、ほうびの品を与えたほどだった。

問三　傍線部B「これ」は何を指しているか。最も適当なものを次の①～④から一つ選びなさい。解答番号は27。

①　一院　②　みさご　③　魚　④　むつる

問四　傍線部C「候ふ」の読み方として正しいものを次の①～④から一つ選びなさい。解答番号は28。

①　のたもう　②　まいろう　③　はべろう　④　そうろう

問五　傍線部D「御尋ね有りける」の動作の主体として最も適当なものを次の①～④から一つ選びなさい。解答番号は29。

①　一院　②　武者　③　むつる　④　凡夫

問六　傍線部E「魚をもころさじと思し召すなり」の現代語訳として最も適当なものを次の①～④から一つ選びなさい。解答番号は30。

①　魚も殺さないで食べようと考えているのだ
②　魚も殺さないようにしようと考えているのだ
③　魚も殺したり飼ったりしてはいけないと考えているのだ
④　魚も殺さないで逃がす方法を考えているのだ

問七　傍線部F「あひはからひてつかうまつるべし」とあるが、現代仮名遣いにしたものとして正しいものを次の①～④から一つ選びなさい。解答番号は31。

①　あひはからいてつかうまつるべし
②　あいわからいてつかふまつるべし
③　あいはからいてつこうまつるべし
④　あひわからひてつこふまつるべし

問八　傍線部G「即罷り立ちて弓矢を取りて参りたりけり」とあるが、その理由として最も適当なものを次の①～④から一つ選びなさい。解答番号は32。

①　一院からの命令であったので、断ることができなかったから。
②　実現可能な話であったので、簡単に成し遂げられると思ったから。
③　誰の命令でも武士の本分を尽くすのがむつるの信条だったから。
④　命令の有無に関係なく、殺生（せっしょう）は武士の業（ごう）であると覚悟したから。

問九　傍線部H「鯉は池に落ちて腹白にてうきたりけり」とあるが、この後の鯉の状況として最も適当なものを次の①～④から一つ選びなさい。解答番号は33。

①　すぐに死んでしまい、一院にそのまま送り届けられた。
②　少し生きていたが、一院に見せる時には死んでいた。
③　生きていたので、一院のための鯉の活き造りにされた。
④　死なずに、一院に生きている証拠として提出された。

三

次の文章を読んで後の問いに答えなさい。ただし、設問の都合上、一部表記を改変したところがある。

一院[注1]、鳥羽殿[注2]に<u>わたらせおはしましける</u>(A)ころ、みさご[注3]日ごとにいできて池の魚を取りけり。ある日、「<u>これを射させん</u>(B)」とおぼしめして「武者所に<u>誰か候ふ</u>(C)」と<u>御尋ね有りけるに</u>(D)、折節むつる[注4]候ひけり。<u>召し</u>(X)にしたがひてまゐりたりけるに、「この池にみさごのつきて、おほくの魚をとる。射とどむべし。但射ころさん事は無慙[注5]なり。鳥もころさず、<u>魚をもころさじ</u>(E)と思し召すなり。<u>あひはからひてつかうまつるべし</u>(F)」と勅定[注6]有りければ、いなみ申すべき事なくて<u>即罷り立ちて弓矢を取りて参りたりけり</u>(G)。矢は狩俣[注7]にてぞ侍りける。池の汀の辺に候ひてみさごをあひ待つところに、<u>案のごとく</u>(Y)来て鯉を取りてあがりけるを、よく引いて射たりければ、みさごは射られながらなほ飛び行きけり。<u>鯉は池に落ちて腹白にてうきたりけり</u>(H)。則とりあげて叡覧[注8]にそなへければ、みさごの魚をつかみたる□を射きりたりけり。鳥は□はきれたれどもただちにしなず、魚もみさごの爪たちながらしなず。魚も鳥も殺さぬやうに勅定有りければ、<u>かくつかうまつりたりけり</u>(I)。「凡夫のしわざにあらず」とて、叡感のあまりに禄を給ひけるとなん。

（『中世説話集』「古今著聞集」角川書店より）

注1　一院……鳥羽上皇のこと。
注2　鳥羽殿……鳥羽上皇が滞在していた離宮。
注3　みさご……鳶ぐらいの大きさの鳥で、爪が鋭く、魚類を捕食する。
注4　むつる……源むつる。鳥羽殿を警護する武士であった。
注5　無慙……残酷なこと。
注6　勅定……天皇や上皇のご命令。
注7　狩俣……刃付きの矢じりの矢。
注8　叡覧……天皇や上皇がご覧になること。

問一　二重傍線部**X**・**Y**の本文中の意味として最も適当なものをそれぞれ①～④から一つずつ選びなさい。解答番号は順番に**24**・**25**。

X　召し
①　お呼び出し　②　言いつけ　③　規則　④　ご指名

Y　案のごとく
①　身を隠すように　②　予期した通りに
③　いつも通りに　④　案内されたように

問二　傍線部**A**「わたらせおはしましける」を単語に分けたものとして最も適当なものを次の①～④から一つ選びなさい。解答番号は**26**。

①　わた　らせ　おはし　ましける
②　わたら　せ　おはしまし　ける
③　わたらせ　おはし　ましけ　る
④　わたらせおは　し　まし　ける

問八　傍線部Ｇ「私の声は、自分の耳にさえ嬉しそうに響く」とあるが、このときの「私」の気持ちはどのようなものか。最も適当なものを次の①～④から一つ選びなさい。解答番号は22。

① 結婚してからも我儘ばかりで、全く妻らしいことができていない自分を最終的には受け入れてくれる夫に安心している。

② 一般的には良い妻とは言えない私と私の我儘をやむを得ないことであると、夫が受け入れてくれることに喜びを感じている。

③ 最終的には私の我儘を許してくれる夫の姿を見て、夫婦間においての優位性を実感することができ充実感を得ている。

④ 夫がしぶしぶではあるが、私の一人旅行を了承してくれたことによって、一人旅に対する期待が膨らみ気分が高揚している。

問九　この作品の特徴を説明したものとして最も適当なものを次の①～④から一つ選びなさい。解答番号は23。

① 私と夫の些細(ささい)なすれ違いと同時に、二人の共通点を描くことによって、お互いを認め合い、許しあう大切さを説いている。

② 私と夫の「ごはん」を介したやりとりを客観的に描くことによって、私と夫の関係性を活き活きと表現することに成功している。

③ 私の視点を通して夫の行動や仕草が描かれることにより、私が夫に対していだく感情が読者に伝わるように書かれている。

④ 生活に欠かせない「ごはん」を中心に夫婦間の交流を描くことによって、幸福を求める夫婦の関係を読者に自慢している。

問五　傍線部D「逆効果になってしまった」とあるが、どういうことか。最も適当なものを次の①～④から一つ選びなさい。解答番号は19。

① 夫に対していつでも「ごはん」が用意されているとは限らないということをわからせたかったのに、逆に夫の「ごはん」に対しての信奉心を生み出すことになってしまったということ。

② 私にも「ごはん」を作りたくない日はあるということをわからせたかったのに、作らなかった日以来、「ごはん」を作らなければならないという使命感が芽生えてきてしまったということ。

③ 毎日、夜ご飯を作らなければならない苦しさを夫にわからせたかったのに、夫は全く意に介さず、前にも増してより良い「ごはん」を要求するようになってしまったということ。

④ 夫に、「ごはん」が毎日用意されているのは当たり前のことではないとわからせたかったのに、「ごはん」の用意があるのかという不安を助長させることになってしまったということ。

問六　傍線部E「これは私をほんとうにかなしくさせた」とあるが、その理由として最も適当なものを次の①～④から一つ選びなさい。解答番号は20。

① 夫にとって、私の存在の第一義は「ごはん」なのではないかという疑念が芽生え始めたから。

② 夫にとって、私の存在は二の次で、「ごはん」の存在が何よりも重要であるということに気付いたから。

③ 夫にとって、私は、ただ「ごはん」をつくるための存在なのではないかという思いが強まったから。

④ 夫にとって、私の「ごはん」は何よりも必要で、大切なものであるというプレッシャーに戸惑ったから。

問七　傍線部F「私も彼というひとを学習してしまっている」とあるが、どういうことか。最も適当なものを次の①～④から一つ選びなさい。解答番号は21。

① 夫が私の質問にどう答えれば私が喜ぶのかを知っているように、私も夫の純粋さを知っているため、夫の回答をそのまま受け取ることはないということ。

② 夫が私の質問に対する「傾向と対策」を全て把握しているように、私も夫からの理解を得られないと気づいているため、夫からの答えはあてにしていないということ。

③ 夫が私の質問にどう答えれば良いのかを知っているように、私も夫の人柄を理解しているため、夫からの返事を一切受け入れないようにしているということ。

④ 夫が私の質問に対する「傾向と対策」を理解しているように、私も夫の性格を把握しているので、夫の受け答えをそのまま受け取ることはないということ。

問二　傍線部Ａ「今度は私が、ぽかんとする番だった」とあるが、その理由として最も適当なものを次の①～④から一つ選びなさい。解答番号は16。

① 夫からの返事は、私の理解の範疇を超えており、夫からのさらなる説明を欲したから。

② 夫からの返事は、私が予想していた旅行の内容等とかけ離れており、あきれたから。

③ 夫からの返事は、私の存在自体を否定するかのようなものであり、悲しくなったから。

④ 夫からの返事は、自分のことしか頭にない夫の思考を表すものであり、失望したから。

問三　傍線部Ｂ「そのこと」とあるが、どういうことか。最も適当なものを次の①～④から一つ選びなさい。解答番号は17。

① 「ごはん」は家庭生活の中で、夫婦の仲を崩す要因となるものであるということ。

② 「ごはん」は家庭生活の中で、常に気を遣い準備をすべきものであるということ。

③ 「ごはん」は家庭生活の中で、場合によっては油断ならないものになるということ。

④ 「ごはん」は家庭生活の中で、必要不可欠な存在であり続けるということ。

問四　傍線部Ｃ「妙に真剣な様子」とあるが、この時の夫の様子として最も適当なものを次の①～④から一つ選びなさい。解答番号は18。

① 要領を得ない妻の返事に戸惑い、妻の真意を聞き出そうとしている。

② 妻とのやり取りのなかで、妻の怒りに気付き、なだめようと言葉を必死に探している。

③ 家に帰ったら「ごはん」のことばかり気にする自分自身の行動を後悔している。

④ 自分の質問に受け答えをしない妻に対していら立ちを覚えている。

一方で、私は勿論夫と食べるごはんが大好きだ。我が家の小さなダイニングテーブルで食べる日々のごはんだけじゃなく、競技場でサッカーをみながらほおばるおむすびも、公園で食べるサンドイッチも、夜遊びのあとで啜る立ち食いそばも。

実際、私たちはかなりしばしば外食する。二人ともくいしんぼうであるせいと、私が良妻ではないせいだ。よく日のあたる近所の香港料理屋さんとか、私の脂身嫌いをなおしてしまったとんかつ屋さんとか、土の匂いのワイルドなマッシュルームサラダが食べられる、青いひさしのテラスレストランとか。

気に入ったものは、ときどき真似をしてつくってみる。おいしくできるととても嬉しい。

いつもおなじひとごはんを食べるというのは素敵なことだ。ごはんの数だけ生活が積み重なっていく。

「九月の旅行、私の我儘なのは知ってるわ」

数日後に私は言った。ごく一般的にいって、結婚したら、みんなそうそう気軽に一人旅になどいかないものであるらしいことも知っていた。

「でも私はその我儘をなおすわけにはいかないの」

ほかに言い様がなかった。

「そのこと、ほんとうはわかっているんでしょう?」

夫はしぶしぶうなずいてそれを認めた。

「やっぱりね」

G私の声は、自分の耳にさえ嬉しそうに響く。

「旅行中は外食してね。上野さんやたくろうさんと飲みにいったら?」

私は夫の友人の名前をあげた。

「旅行中、しょっちゅうあなたのことを考えるわ。約束する」

私が言うと、夫は一瞬疑わしそうな顔をしたけれど、不承不承、うん、と言ってうなずく。

「あなたも私のことを考えてね」

うん、と即座にこたえた夫の横顔をみながら、ほんとなの? ごはんじゃなく私をよ、と、y釘をさしたくなるのを辛うじておさえた。

(江國香織著『いくつもの週末』集英社文庫より)

注　書くも……原文のままの表記。

問一　二重傍線部**x**・**y**の本文中の意味として最も適当なものをそれぞれ次の①～④から一つずつ選びなさい。解答番号は順番に**14**・**15**。

x　陳腐

①　ばかげている　　②　おくゆかしい
③　やすっぽい　　④　ありふれている

y　釘をさしたくなる

①　念を押したくなる　　②　刻み込みたくなる
③　訴えかけたくなる　　④　約束したくなる

私は、自分の存在の第一義がごはんであると言われたような気がしてかなしくなった。

このてのことはしょっちゅうおこる。

ごはん

これはくせものだ。結婚して二、三カ月たつと、いやでもBそのことに気がつく。会社から帰ってごはんを食べて眠る、という一連の行動にあまりにも無駄のない夫をみていると、あの、書くもX陳腐[注]な新妻の疑問――このひとは、ごはんのためだけに私と結婚したんじゃないかしら――を心のなかから追い払うのは至難の業だ。

それで、ある日ごはんをつくらずにおいてみた。会社から帰った夫は、空っぽのテーブルや整然とした台所をみて不思議そうな顔をして、ごはんは？　と訊いた。背広やネクタイ、ワイシャツやズボンや靴下を脱ぎ散らかしながら。

「ないの」

私はこたえた。

「どうして？」

「つくらなかったから」

私は夫の背広やズボンを拾いあつめながらこたえる。夫はしばらく黙ってから、C妙に真剣な様子で、どうして、と、もう一度訊いた。

「つくりたくなかったから」

私はこたえ、おそばでもとりましょう、と提案した。

「おそば!?」

夫は変な声をだした。

「そば屋なんてもうやってないよ」

十時半くらいだったと思う。結局、私たちはその日、夫の車でデニーズにいって夜ごはんを食べたのだった。

そして、そのことがD逆効果になってしまった。毎日ごはんがあるとは限らない、と知った夫は、あの忌まわしいセリフ、「ごはんは？」を、しばしば玄関で発するようになったのだ。不安に駆られるのだろう。ドアをあけるやいなや、ごはんは？　と。

いうまでもなく、Eこれは私をほんとうにかなしくさせた。これを読んだ人の多くは夫に同情するのかもしれないが、ドアをあけ、ひとの顔をみて最初に言う言葉が「ごはんは？」だなんて、途方もなく失礼な話だと私は思う。

もし私が、もう一生涯ごはんをつくらないと言ったら、あなた私と離婚する？

一度そう訊いてみたことがある。お風呂のなかで新聞を読んでいた夫は、しないよ、とこたえる程度には私の質問に対する「傾向と対策」を学習していたが、その返事を鵜呑みにしない程度には、F私も彼というひとを学習してしまっている。

私は食べることが好きなので、料理そのものは苦にならない。でも、料理のために行動が制限されるというのは大いに苦になるのだ。

問八　傍線部E「文字を用い～まっている」とあるが、どういうことか。最も適当なものを次の①～④から一つ選びなさい。解答番号は**12**。

① 文字を使用しないことによる表現のきらめきや豊かさが、学校での標準語教育によって失われてしまう可能性に無自覚でいること。

② 円滑に意思疎通するための方法が、文字教育の枠からはみ出てしまっているため、人々の記憶から失われる点に気が付かないこと。

③ 識字率を重視している学校制度によって、図像などを用いる表現方法の素朴さが失われるかもしれないことを知らないでいること。

④ 文字を重視している教育によって、視覚情報に頼らないコミュニケーション方法が消滅してしまうことの深刻さに無理解でいること。

問九　この文章の内容に合うものを次の①～④から一つ選びなさい。解答番号は**13**。

① ヨーロッパ諸語の擬声語や擬態語に比べると、サバンナの人たちの言葉は貧困であると言わざるを得ない。

② 現在の日本の言語教育では、太鼓ことばなどの音声言語よりも標準語の文字言語が重視されている。

③ 文字を必要としない社会では、抽象的な概念を伝達することが難しく、上手く話すことの価値は絶対である。

④ 現代社会になるにつれて、文字や身体表現などの重要性に目が向けられるようになってきた。

二

次の文章を読んで後の問いに答えなさい。

しばらく一人旅をしていない。

そう思ったら、とても旅にでたくなった。

私は、こういうときだけ行動がはやい。手帖(てちょう)をひらき、仕事のスケジュールを考えて、旅行は九月ということに決めた。パスポートが切れていたので、その日、散歩のとちゅうで写真をとり、区役所から書類をもらってきて、翌日には申請した。

夜、会社から帰ってきた夫にまっさきに告げた。

「九月に旅行にいってくる」

背広やネクタイ、ワイシャツやズボンや靴下をそこらじゅうに脱ぎすてていた夫は、服を脱ぐ手をとめ、ぽかんとした顔で私をみてこう言った。

「じゃあ、ごはんは？」

A今度は私が、ぽかんとする番だった。

ごはん？

何秒かのあいだ、どちらも黙っていたと思う。それからようやく私は言った。

「ごはん？　最初の言葉がそれなの？」

きょうこれからでかけるというのならともかく、何カ月も先の旅行の予定をきいてでてくる言葉が、どこにいくの、でもなく、何日くらいいくの、でもなく、ごはんは、だなんて。

① 電気の拡声装置がない生活の中で、確立されている上手な話し方を小さいときからくりかえし学習して育ってきたから。

② 文法や自分語を重視する学校教育の中で、広い範囲で通用する話し方を社会を担う一員として習い続けて育ってきたから。

③ 物事の価値が規格化されていない屋外生活の中で、サバンナの人たちは活き活きと自分たち特有の言葉を話しているから。

④ 上手く話すことが良いとされる社会の中で、自身で学んだ言葉を使って大きな声で周囲を楽しませることをくりかえしてきたから。

問五 傍線部**B**「実際には何層にもなっている」とはどういうことか。最も適当なものを次の①~④から一つ選びなさい。解答番号は**9**。

① 言葉が広い範囲の人々に通じるだけではなく、その地域でしか伝わらない特有の意味を伝えあっているということ。

② 言葉が音として聴く人の感覚に直接働きかけて、一般的な意味の他に多くの内容を伝えあっているということ。

③ 言葉が表容語として人々の感覚に働きかけて、自分語などでは伝えられなかった意味を伝えあっているということ。

④ 言葉が人々の生活に根ざすわけではなく、標準的な話し方よりもより正確な意味を伝えあっているということ。

問六 傍線部**C**「『耳をひらかれた』」とは、ここではどういう意味か。最も適当なものを次の①~④から一つ選びなさい。解答番号は**10**。

① 経験したことのない魅力に驚かされた。

② 自分の知識のなさを痛感させられた。

③ 知らなかったことに気づかされた。

④ 理解できていなかった意味を伝達された。

問七 傍線部**D**「私ははじめ~本も書いた」とあるが、筆者はこれについてどう考えるようになったか。最も適当なものを次の①~④から一つ選びなさい。解答番号は**11**。

① 筆者は、「無」という言葉によって、サバンナ社会を欠落したものであると表現したが、文字を必要としなかった社会というとらえ方から「無」という表記を後悔している。

② 筆者は、「無」という言葉によって、あるべきものがないことを表現したが、文字の存在は社会の進歩を測る観点であることに気づき、喜びを感じている。

③ 筆者は、サバンナの人たちと付き合うにつれ、必要なはずの文字が欠如している状態を肯定的に捉えるようになり、本を出版することで自分の主張を人々に広く知らせようとしている。

④ 筆者は、サバンナの人たちと付き合うにつれ、コミュニケーションや身体表現の重要性に気づき、サバンナの人々が使用する太鼓ことばのすごさについて読者に知らせようとしている。

注1　まどい……楽しく会合すること。
注2　「太鼓ことば」……太鼓を用いて言語メッセージを伝える方法。
注3　アナーキー……社会の秩序や権威から自由なさま。
注4　音象徴性……音や状態を言語音によって表そうとすること。
注5　モシ……アフリカの民族。ブルキナファソを中心としたサバンナ地帯に居住する。

問一　二重傍線部a～eのカタカナで書かれている語と同じ漢字を含むものをそれぞれ次の①～④から一つずつ選びなさい。解答番号は順番に[1]・[2]・[3]・[4]・[5]。

a　イッテキ
①　シャテキで遊ぶ。　②　テキチを攻撃する。
③　病院でテンテキを受ける。　④　テキセツな判断をする。

b　イダいた
①　今年のホウフを述べる。　②　ホウケン制度。
③　クウホウをうつ。　④　腕にホウタイをまく。

c　ヘンチョウ
①　とうふをニチョウ買う。　②　薬をチョウゴウする。
③　チョウショクを食べる。　④　品物がチョウフクする。

d　フキュウ
①　フニン先が決まる。　②　フヘン的な性質。
③　費用をフタンする。　④　ごみがフチャクする。

e　オセン
①　会員センヨウの部屋。　②　センレンされた文章。
③　センショクタイを調べる。　④　商品をセンデンする。

問二　[Ⅰ]・[Ⅱ]に入るものとして最も適当な組み合わせを次の①～④から一つ選びなさい。解答番号は[6]。
①　Ⅰ　また　Ⅱ　したがって
②　Ⅰ　さらに　Ⅱ　だが
③　Ⅰ　無論　Ⅱ　結局
④　Ⅰ　だから　Ⅱ　ところが

問三　[X]に入れるのに最も適当なものを次の①～④から一つ選びなさい。解答番号は[7]。
①　自分語　②　国語　③　標準語　④　表容語

問四　傍線部A「声が、ことばが輝いているのは当然」とあるが、その理由として最も適当なものを次の①～④から一つ選びなさい。解答番号は[8]。

はないのか。行政上の通達を「正しく」つまりお上が期待するように理解し、かなりの広範囲の地域の人々が、規格化された意味を伝えあう――標準語を作り、それを教える初等教育を徹底することが、近代のいわゆる国民国家の形成と手をつないで進行したのは偶然ではない。

だがことばの「意味が伝わる」ということがB実際には何層にもなっているという、考えてみればあたりまえの事実に私がC「耳をひらかれた」のも、自分語で何のためらいもなくいきいきと自己表現をし、「意味の理解」ということが何層にもなった、言語内言語とでもいうべき太鼓ことばをもっているこのサバンナの人たちとのつきあいのなかでのことだ。学校で教わる標準語で方言や自分語が画一化されることで消えてしまう意味の伝達の側面が、人間の生きた声による伝えあいのなかには重要なものとしてある。それは文字を用いた学校での標準語教育がすすみ、テレビのdフキュウとともにＮＨＫのアナウンサーのような話し方がひろまっている日本の社会でも、考えてみれば当然のことだし、おくにことばや X による表現の大切さの認識が消えてしまったわけではない。私が音声言語の音象徴性[注4]の問題、ことばが声として、聞く人の感覚にじかに働きかけて意味を伝える、擬声語、擬態語（私はそれらを統合する上位概念を表わす、ヨーロッパ語ideophone等に対応する語として「象徴語」という語を提唱し、擬声語、擬音語を「表音語」、擬態語、擬容語、擬情語などを「表容語」と呼んでいるのだが）の、日本語やアフリカの言語での重要性、そこからとくに表容語が貧困なヨーロッパ諸語のことに興味をもつようになったのも、サバンナの人たちのおかげだ。

D私ははじめ、この人たちの歴史意識を研究して、『無文字社会の歴史』（岩波書店、一九七六、岩波現代文庫、二〇〇一）などという本も書いた。 Ⅱ 、この人たちとのつきあいが長く、深くなるにつれ、私は「無」文字社会という欠落を意味する表現は、文字があることを社会の「進歩」によって達成されるべき段階のように考え、それを前提としてあるべきものがないとでもいうようなとらえ方に、やはりまだどこかでeオセンされているように思い、「文字を必要としなかった社会」というとらえ方もあると思うようになった。

実際、この人たちの、声を含む音のコミュニケーションや身体表現の世界の豊かさ、私が主につきあったモシ社会[注5]にはとぼしいが、他の多くのアフリカ社会では発達している木彫など図像表現の豊かさに接していると、この人たちは「文字が欠如している」状態にある（だから早く学校をたくさん作り文字教育をフキュウした方がいい）と考えるより、「文字を必要としなかった」それなりに自足した豊かな表現と伝えあいの世界に生きていると考えたくなる。だからといって、私は文字と文字教育の意味を頭から否定しているのではなく、それについてはまた別の長い議論が必要になるのでいまは省くが、ただやみくもに識字率を上げることが社会の進歩だと考えるのではなく、E文字を用いた言語教育によって失われるものの大きさについて、私たちが忘れたことさえ忘れてしまっていることを思い出し、問題化することの大切さを指摘したいのだ。

（川田順造著『コトバ・言葉・ことば　文字と日本語を考える』青土社より）

二〇二三年度 成田高等学校

【国　語】（五〇分）〈満点：一〇〇点〉

一　次の文章はアフリカのブルキナファソでの筆者の体験をもとにした話である。これを読んで後の問いに答えなさい。

雨がイッテキ[a]も降らない長い乾季の農閑期の夜、あちこちの家の中庭の、満天の星の下で、夜ふけまでつづく夜のまどい[注1]「ソアスガ」で語られるお話の数々を聞いて、私はこの人たちの声としての言語の輝きにうたれた。それらのお話を録音したものを、いろいろな機会にうたわれる歌や、私がその後も現在まで研究しつづけている、歴史を語る「太鼓ことば」[注2]などと一緒に、録音、編集して解説をつけたレコードアルバム（その後カセットブック）として公けにしたとき、それを聞いた何人もの友人が「声がきれいだね」と讃嘆（さんたん）をこめていってくれたのを思いだす。話したり歌ったりすることのプロでも何でもない、昼間は泥まみれになってかせいでいる、栄養不良も多いがきや娘やおばさんたちの、いったいどこからこんな素晴しい声が、ことばが出てくるのか、私もむしろいぶかしさをイダ[b]いたくらいだ。

文字を用いた学校の言語教育で画一化され規格化されることのなかった、アナーキー[注3]なことばの輝き――私はこのサバンナに生きる人たちの音声言語の美しさを、よくこういうことばで表現する。この人たちは学校で、文法書を使って「言語」を教わらなかった。文法とも辞書とも無縁に生きてきたので、この人たちにはいわゆる方言だけでなく、村語があり、家語が、自分語がある。ひとりひとりが自分で身につけたことばを、自分の発音で、それも吹きさらしのサバンナの屋外生活の多い毎日のなかで、よく通る大きな声で話すことを、幼いときからくりかえして育ってきたのだ。声が、[A]ことばが輝いているのは当然だともいえる。

［Ｉ］、私はこれもこのサバンナの人たちの言語生活とつきあって教えられたのだが、文字を使わない社会にあって、しかも電気の拡声装置を一切もたない生活で、上手に、よく通る声で話すということの価値がいかに大きいか。とくに文字ヘンチョウ[c]で、話すことの訓練がおろそかにされている私たち日本人の社会では、あまり話すことがうまい人はむしろ煙たがられたり、警戒されたりする。あの人は口べただが、文章を書かせると実にしっかりしているなどという人の方が、むしろ奥ゆかしいと思われたりする。だが、文字を用いない社会で、上手に話すということの価値は絶対だ。そういう価値観が支配する社会で、夜のまどいで大きい声で上手にお話をして皆をおもしろがらせることを、子どものときからやって育ったとすれば、しかも学校の授業で、文字を使って「国語」としての標準語を教えこまされなかったとすれば、この人たちのことばが、アナーキーな輝きにみちているのはむしろ当然だともいえるのだ。たしかに、村語や家語や自分語が、お上の定めた標準語で規格化されれば、ことばの通用する範囲はひろまるだろう。だがそれではことばが「通用する」とはどういうことなのか。そこで通用するのは、通用するように作られ、教えられた意味で

英語解答

1 (1) ④　(2) ②　(3) ①　(4) ④
(5) ③

2 (1) ③　(2) ②　(3) ②　(4) ①
(5) ④　(6) ③　(7) ④　(8) ①

3 (1) 14…②　15…⑤
(2) 16…⑤　17…①
(3) 18…③　19…④
(4) 20…①　21…②

4 (1) ②　(2) ③　(3) ①　(4) ③
(5) ③，⑥

5 (1) ②　(2) ①　(3) ③　(4) ④
(5) ①，⑥

1〔放送問題〕解説省略

2〔適語(句)選択〕

(1)woman の複数形は women。「このオフィスでは多くの女性たちが働いている」

(2)'make＋目的語＋形容詞'「～を…(の状態)にする」の形。「彼のホームページを訪れることは，いつも私をうれしくする」→「彼のホームページを訪れると，私はいつもうれしくなる」

(3)cannot ～には「～のはずがない」という意味がある。「ピートは風邪で寝ているはずがない。彼は今マクドナルドで食事をしているよ」

(4)take turns「交替で行う」 A：君は先週イヌを手に入れたと聞いたよ。誰がそれの世話をするの？／B：兄弟２人と僕で分担するんだ。交替で世話をするんだよ。

(5)BがTwice「２回」と答えているので，Aは'回数'を尋ねたのだとわかる。How many times「何回」 A：あなたは京都を何回訪れたことがあるの？／B：２回だよ。

(6)'It takes＋人＋時間＋to ～'「〈人〉が～するのに〈時間〉がかかる」の形。'get to＋場所'で「〈場所〉に到着する」。「私たちが空港に到着するのに30分かかるでしょう」

(7)「祖父が～に招待された」となればよいので，'be動詞＋過去分詞'の受け身にする。be invited to ～で「～に招待される」。「私の祖父は来月開催される市の50周年式典に招待された」

(8)'What (a/an)＋形容詞＋名詞＋主語＋動詞…!'の感嘆文をつくる。感嘆文は，文の中に組み込まれても語順は変わらない。A：彼女の新曲を聴いた？／B：うん。あれは完璧だね。彼女がどんなに美しい声を持っているか，全世界が気づくだろうね。

3〔整序結合〕

(1)'would like＋人＋to ～'「〈人〉に～してほしい」の形にする。I would like you to come to the school festival this year.

(2)まず'*A* of *B*'「*B*の*A*」の形で，pictures of big airplanes「大きな飛行機の写真」とまとめ，big airplanesを現在分詞takingで始まる語句で後ろから修飾する。big airplanes taking off from …で'名詞＋現在分詞＋その他の語句'の形になる(現在分詞の形容詞的用法)。take off「(飛行機が)離陸する」 You can take pictures of big airplanes taking off from the airport if you go to Sakura-no-yama Park.

(3)「親切にも貸してくれた」は「貸してくれるほど十分親切だった」と読み換え，'形容詞＋enough to ～'「～するほど十分…」を用いて表す。Daniel was kind enough to lend me the book I wanted to read.

(4)「何のことを話していたか」を'疑問詞＋主語＋動詞…'の間接疑問で表す。talk about ～で「～について話す」となるので，文末が前置詞aboutで終わることに注意。なお，ここでのcatchは「(言葉・意味など)を理解する」という意味。　Did you catch what Ashley was talking about?

4〔長文読解総合―エッセー〕

≪全訳≫❶「15時２分に駅で会おうね」　私は，京都にいる私のもとを訪れることになっていたシンガポール人の友人，ジェニーに言った。❷彼女は笑って言った。「15時２分？　3時とか３時15分って言ってよ！」❸私は申し訳なく感じながらほほ笑んだ。私はもう，待ち合わせの時間について完璧にはっきりさせたいタイプの人間になっていたのだ。❹加えて，日本では電車がたいてい定刻に到着するのと同じように，私の日本人の友人たちはめったに時間に遅れない。❺シンガポールでは，親しい人と会うとき，５分か15分ですら遅れるのはよくあることだ。また，私たちはたいてい待ち合わせの時間を，一番近い15分間で切りのよい時間にする。もし私が「15時２分に会おう」と言ったら，もしくは他の中途半端な時間を言ったら，私の友人たちは，私がおもしろいことを言おうとしていると思って笑うだろう。❻私はこの違いの１つの理由は，日本では電車が，そしてたいていはバスでさえも正確に運行されていることだと思う。もしあなたの乗る電車が15時２分に到着する予定で，それが遅れると信じる理由がほとんどなければ，待ち合わせの時間に厳密になるのは自然なことだ。❼一方シンガポールでは，私たちがマス・ラピッド・トランジットと呼んでいる地下鉄は，時刻表を公開していない。１時間に何本の電車が到着するかは，時間帯と地下鉄の路線による。２分後に来ることもあれば，悲しいことに８分以上たたないと来ないこともある。バスは電車よりもさらに予想するのが難しい。30分バスが来なかった後で，同じルートを走るバスが３台同時に到着することもあるのだ。❽電車やバスがいつ来るか，または自分が乗れる前に超満員の電車やバスが何台通過するかを知るのは難しいので，私たちは友人が時間どおり正確に現れるとは思っていないのだ。❾私は以前，シンガポールの公共交通機関のサービスがどれほどひどいかを，日本人の友人に話したことがある。彼は日本に帰るまで数年間シンガポールに住んでいて，私は彼が私に賛成するものと思っていた。驚いたことに，彼は笑ってこう言った。「ウそれこそ僕がシンガポールについて気に入ったところなんだよ！」❿彼は，電車やバスが必ず時間どおりに来るわけではないから，シンガポール人は日本人よりも余裕を持っていると感じたのだ。⓫「いつも時間どおりでなければならないと感じるのは，とてもストレスがかかるんだよ！」と彼は言った。⓬そうはいっても，「時間どおり」に関する考えは文化によって異なる。日本では，時間どおりであるということは予定時刻の５分前に到着することを意味するかもしれない。シンガポールでは，10分以上遅れないかぎり，「時間どおり」だ。私のアメリカ人の友人にとっては，「時間どおり」にパーティーに来るということは，少なくとも10分遅れることを意味するのだ。⓭私がジュニア・カレッジ(日本でいう高校と同じ)にいたとき，ある先生は私たちが授業に遅れると，私たちの「輪ゴム時間」のことでクラス全体を叱(しか)った。／→う．私は彼女の言ったことが理解できなかった。／→あ．しかし今は彼女の言葉がどれほど正しいかがわかる。／→い．時間はさまざまな長さに伸ばすことができる輪ゴムなのだ。／問題は，あなたがそれをどれくらい長くしたいか，なのだ。

⑴＜語句解釈＞前にある just like ～は「ちょうど～のように」という意味。「電車がたいてい～するのと同様に，日本人はめったに遅れない」という文意から，下線部は遅れないことを表す内容になるとわかる。　on the dot「時間どおりに」≒on time

⑵＜適語句選択＞前の第６段落で日本の公共交通機関の時間の正確さについて述べた一方で，第７段落ではシンガポールの公共交通機関の時間の不正確さについて述べ，両者を対比させている。on the other hand は「これに対して，他方で」と‘対比’を表す。　at first「最初は」　in other words「言い換えれば」　in the same way「同様に」

⑶＜適文選択＞文頭の To my surprise が「(私が)驚いたことに」という意味だとわかれば，筆者

の予想に反して，シンガポールの公共交通機関について好意的な内容になるとわかる。また，空所直後の第10，11段落の内容からも，日本人の友人が，時間どおりでないシンガポールの公共交通機関を好意的にとらえていることがわかる。

(4)＜文整序＞まず，「う」の what she meant が，空所前にある先生の言葉である rubber-band time を受けていると考えられるので，これを最初に置く。この後は，当時はその言葉の意味がわからなかったが，今はわかる，と‘逆接’の展開になる「あ」を続け，最後に，時間と輪ゴムの関連を具体的に説明する内容の「い」を置く。

(5)＜内容真偽＞①「筆者はとても親切だったので，友人を長時間待った」…×　そのような記述はない。　②「ジェニーは筆者の待ち合わせ時間についての冗談を笑った」…×　第1～3段落参照。筆者は冗談を言ったわけではない。　③「筆者の時間に関する考えは，ジェニーの考えとは異なる」…○　第1～5段落の内容に一致する。筆者は時間に正確でありたいタイプだが，ジェニーはそうではない。　④「シンガポール人はバスや電車が時間どおりだとくつろいだ気分になる」…×　そのような記述はない。　⑤「日本では誰かが遅れるとストレスを感じる人が増えている」…×　そのような記述はない。　⑥「文化や人それぞれに，時間について異なる考えがある」…○　第9～12段落の内容に一致する。

5〔長文読解総合―物語〕

≪全訳≫❶ワンダは調理師学校を卒業し，町にできた新しいカフェのキッチンで仕事を得た。彼女はとても喜んだ。彼女はそのカフェで6週間働いている。彼女は自分の仕事を気に入っている。そのカフェは新しく，とても小さい。そのカフェはグレガーの店だ。彼はコーヒーを入れたり，接客をしたりしている。ワンダは料理全般を担当している。❷ワンダは，グレガーはとても親切だが，厳しい上司であるとも思っている。彼は全てが完璧であることを望んでいるのだ。❸今日，ワンダはとてもひどい1日を過ごしている。彼女は朝の6時からずっとキッチンにいる。昨夜，彼女はボーイフレンドと別れたのだった。彼女はとても悲しかったので，友人のジャネットを訪ねていった。2人はワインをたくさん飲んだ。❹今日の彼女はひどく気分が悪い。なぜ私はあんなにお酒を飲んだんだろう。ひどい気分で，頭は痛いし，あんなに夜更かししてしまった。とっても疲れてるわ！❺今日のグレガーはとても興奮している。「ワンダ，今日僕たちはとても一生懸命やらないといけないよ。窓のそばに座っている男性を見るんだ。あれが誰だかわかるかい？」❻ワンダはその男性を見る。「いいえ，私は彼を知りません。誰ですか？」❼「彼の名前はアントン・ウェズリー＝ブラウンだよ。食事とレストランについて新聞に書いているんだ！　もし彼がここの食事を気に入ったら，彼はこのカフェについて好意的なレポートを書いてくれるだろう！」❽ワンダは理解する。アグレガーはこのカフェを成功させたいのだ。❾でもなぜ今日なの？　どうしてこのレストラン批評家は今日来たの？❿グレガーはお客さんたちと話すためにキッチンから出ていく。まだ11時15分なので，カフェにはあまり人がいない。ほとんどの人はコーヒーを飲んだり，マフィンやケーキを食べたりしている。⓫ワンダはサラダをつくるのに忙しい。今日の特別料理はとてもシンプルな，クリームとマスタードソースをかけた豚肉のグリルとサラダだ。⓬できない！　私にはこれ以上すばらしいものなんてつくれない。あんな人が来るなんて知らなかったわ。⓭今日じゃなかったら，何かすばらしいものをつくることができるのに。料理をするには気分が悪すぎるわ。⓮グレガーがキッチンに戻ってくる。「ウェズリー＝ブラウンさんは豚肉のグリルをお望みだ！」⓯「わかりました」とワンダは言う。冷蔵庫から豚肉を取り出す。棚の上に手を伸ばし，調味料を取る。豚肉に塩とコショウをふりかけ，それをグリルに入れる。ソースをつくって皿にサラダを盛る。⓰食事の用意ができると，ワンダはそれをキッチンのドアの近くに置き，グレガーが飛んできてその食事をウェズリー＝ブラウンのもとへ運ぶ。17ワンダはキッチンへ戻っていく。調理台を見つめる。「どうして調理台の上にブラウンシュガーがあるの？　私は塩とコショウとマスタードは使った。ブラウンシュガーなんて使ってないわ。コショウとマスタードはある。塩はどこ？　えっ，まさか！　私は豚肉にブラウンシュガーをかけちゃったわ！　ウェズリー＝ブラウンさんはそんなの嫌いに決まってるわ。グレガーはすごく怒るだろう！　私は仕事を失うわ！」18ワンダはどうすればいいかわからなかったので，仕事を続ける。全ての食事の準備を終える。もうすぐ正午になり，たくさんの客がランチを食べに入ってくる。忙しい日になるだろう。19グレガーがキッチンに入ってくる。「ワンダ！　ウェズリー＝ブラウンさんが君と話したがっているよ」20そのレストラン批評家がキッチンに入ってくる。「こちらがワンダです。料理全般を担当しています」とグレガーが言う。21「君が忙しいのはわかっているよ」とウェズリー＝ブラウン氏が言う。「でも１つだけ質問があるんだ。私の肉にブラウンシュガーをかけたかな？」22ワンダは床を見る。「ほら，きた」と彼女は思う。「私は仕事を失ってしまう。グレガーは私をクビにする」23「あの，はい」と彼女は言う。24説明しないと，と彼女は思う。しかし話しているのはウェズリー＝ブラウンさんだ。25「あれはとてもいい考えだね。肉がとても味わい深かった。砂糖がグリルの中でカラメルに変わったのが，私は気に入ったよ。すばらしい料理を続けてくれ」26彼はほほ笑んで出ていく。グレガーはとてもうれしそうだ。27ワンダもほほ笑んで，仕事に戻る。

(1)<適文選択>レストラン批評家が来店していることをグレガーに告げられた場面である。この前の第５，７段落の内容から，グレガーがウェズリー＝ブラウン氏に好意的な記事を書いてもらいたいと思っていることが読み取れる。ワンダはグレガーのその気持ちをわかっており，それはつまり，レストランを成功させたいという気持ちである。

(2)<適語選択>Ａの後にある it は前にある the meal を指すと考えられる。Ａはできあがった食事をドアの近くに置く人(＝料理人)，Ｂはその食事をＣへ持っていく人(＝接客係)，Ｃは食事を持ってきてもらう人(＝客)である。

(3)<文脈把握>第17，18段落参照。ワンダは調味料を間違えてしまったことに気づいたばかりで，重要な客に嫌われて店主に怒られ解雇されると思っている状況である。

(4)<要旨把握>パートナーと別れた次の日で，前日の夜に飲みすぎて体調が最悪なところにレストラン批評家が来店するという運の悪い日だったが，調味料を間違えて料理を失敗してしまい解雇されると思っていたら，その調味料が良い効果を生んで結果的には成功したという話である。④「不運が良くなることもある」は，この内容を表している。

(5)<内容真偽>①「ワンダがカフェで働き始めてから１か月以上たっている」…○　第１段落第３文に一致する。　②「ワンダは昨夜ジャネットと別れたので，とても悲しく感じた」…×　第３段落第３，４文参照。ワンダはパートナーと別れ，友人のジャネットのもとを訪ねた。　③「グレガーとワンダは，ウェズリー＝ブラウン氏がカフェに来るのを知っていた」…×　第６段落参照。ワンダはウェズリー＝ブラウン氏を知らなかった。　④「グレガーがウェズリー＝ブラウン氏に気づいたとき，カフェはすでに混んでいた」…×　第10段落第２文参照。カフェはまだ混んでいなかった。　⑤「ワンダは豚肉を料理するために塩，コショウ，マスタードを使った」…×　第17段落参照。ワンダは塩の代わりにブラウンシュガーを使ってしまった。　⑥「ウェズリー＝ブラウン氏はワンダがつくった料理に満足した」…○　第25段落に一致する。

数学解答

1 (1) ア…1　イ…9
(2) ウ…4　エ…8　オ…2　カ…8
キ…1
(3) ク…8　ケ…2　コ…6　サ…3

2 (1) ア…6　イ…4　ウ…3
(2) エ…1　オ…3　カ…1　キ…5
(3) ク…2　ケ…5
(4) コ…7　サ…5　シ…0
(5) ス…2　セ…4

3 (1) ①　ア…1　イ…2　ウ…0
②　エ…4　オ…8
(2) ①　6　②　キ…2　ク…3

4 (1) ア…1　イ…2　(2) 4
(3) エ…－　オ…8　カ…3　キ…2
(4) ク…－　ケ…2　コ…2　サ…3
シ…3

5 (1) ア…3　イ…8　ウ…4
(2) エ…6　オ…4　(3) 4
(4) キ…9　ク…6　ケ…6　コ…4
サ…2

1〔独立小問集合題〕

(1)＜数の計算＞与式$=-7-(6-8)\times13=-7-(-2)\times13=-7-(-26)=-7+26=19$

(2)＜式の計算＞与式$=3(4x^2-20xy+25y^2)-2(4x^2-xy+12xy-3y^2)=12x^2-60xy+75y^2-8x^2+2xy-24xy+6y^2=4x^2-82xy+81y^2$

(3)＜数の計算＞与式$=\sqrt{18}-2\sqrt{3}-2\sqrt{12}+5\sqrt{2}=\sqrt{3^2\times2}-2\sqrt{3}-2\sqrt{2^2\times3}+5\sqrt{2}=3\sqrt{2}-2\sqrt{3}-4\sqrt{3}+5\sqrt{2}=8\sqrt{2}-6\sqrt{3}$

2〔独立小問集合題〕

(1)＜関数―座標＞双曲線$y=\frac{8}{x}$と直線$y=\frac{1}{3}x-\frac{2}{3}$の交点の$x$座標は，2式から$y$を消去して，$\frac{8}{x}=\frac{1}{3}x-\frac{2}{3}$より，両辺に$3x$をかけて，$24=x^2-2x$，$x^2-2x-24=0$，$(x-6)(x+4)=0$　$\therefore x=6,\ -4$　x座標が正だから，$x=6$で，y座標は$y=\frac{8}{x}$に$x=6$を代入して，$y=\frac{8}{6}=\frac{4}{3}$となる。よって，求める交点の座標は$\left(6,\ \frac{4}{3}\right)$である。

(2)＜データの活用―データの値＞6つのデータを小さい順に並べたものをa，b，c，d，e，fとする。データが6個だから，中央値は，データを小さい順に並べたときの3番目と4番目の平均なので，$(c+d)\div2=14$より，$c+d=28$となる。データは整数だから，$c\leqq14$である。$c=14$のとき，$d=28-14=14$で，$c=d=14$だから，$a=b=13$としても最頻値が13だけにならないので適さない。$c=13$のとき，$d=28-13=15$で，a，b，e，fの値によって最頻値は13になる。$c\leqq12$のとき，$16\leqq d$より，6つのデータに13がないことになるので適さない。よって，小さい方から3番目の値は13，4番目の値は15となる。

(3)＜数の性質＞$-\sqrt{9}<-\sqrt{\frac{a}{3}}<-\sqrt{\frac{4}{9}}$より，負の数は絶対値が大きい数ほど小さいので，$\sqrt{9}>\sqrt{\frac{a}{3}}>\sqrt{\frac{4}{9}}$となり，$9>\frac{a}{3}>\frac{4}{9}$が成り立つ。よって，$9>\frac{a}{3}$より$27>a$であり，$\frac{a}{3}>\frac{4}{9}$より$a>\frac{4}{3}$だから，$\frac{4}{3}<a<27$となる。これを満たす自然数$a$は2以上26以下の整数なので，$26-2+1=25$(個)ある。

(4)＜連立方程式の応用＞時速60kmは$60\times1000\div60\div60=\frac{50}{3}$より秒速$\frac{50}{3}$m，時速90kmは$90\times1000\div60\div60=25$より秒速25mである。これより，秒速25mで走っている下り電車は先頭がトンネルに進入してから，最後尾がトンネルを抜けるまでに50秒かかったことより，8両編成の電車の長さとトンネルの長さの合計は，$25\times50=1250$(m)となる。また，秒速$\frac{50}{3}$mで走っている上り電車は先頭がトンネルに進入してから，最後尾がトンネルを抜けるまでに$50+10=60$(秒)かかったことより，4両編成の電車の長さとトンネルの長さの合計が，$\frac{50}{3}\times60=1000$(m)となる。電車1両の長さを$x$m，トンネルの長さを$y$mとすると，$8x+y=1250$……①，$4x+y=1000$……②が成り立つ。①，②を連立方程式として解くと，②×2−①より，$2y-y=2000-1250$　$\therefore y=750$　よって，トンネルの長さは750mである。

(5)<平面図形―角度>右図のように，点Dと点Eを結ぶ。半円の弧に対する円周角は90°だから，∠BDE＝90°，△EFDで内角と外角の関係から，∠CED＝∠BFE−∠BDE＝114°−90°＝24°となる。よって，$\overset{\frown}{CD}$に対する円周角は等しいから，∠CAD＝∠CED＝24°である。

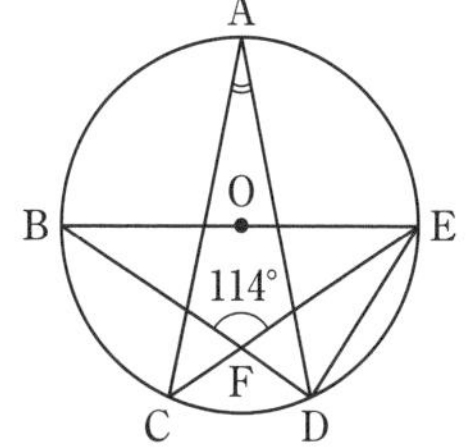

3〔データの活用―場合の数〕

≪基本方針の決定≫(1)②　各位の和が3の倍数になる組合せを探す。

(1)<場合の数>①6枚のカードから3枚のカードを順番に取り出すとき，取り出し方は，1枚目が6通り，2枚目が5通り，3枚目が4通りより，全部で$6\times5\times4=120$(通り)ある。よって，3けたの整数のつくり方は全部で120通りある。　②3けたの整数が3の倍数になる3枚のカードの組合せは，3枚のカードの数字の和が3の倍数になればよいから，(1，2，3)，(1，2，6)，(1，3，5)，(1，5，6)，(2，3，4)，(2，4，6)，(3，4，5)，(4，5，6)の8通りある。このそれぞれについて，1枚目のカードの取り出し方が3通り，2枚目のカードの取り出し方が2通り，3枚目のカードの取り出し方が1通りより，$3\times2\times1=6$(通り)の取り出し方があるから，3けたの整数が3の倍数になるのは全部で$8\times6=48$(通り)ある。

(2)<場合の数>①A君のカードの取り出し方は，(1，2，2)，(1，2，3)，(1，3，3)，(2，2，3)，(2，3，3)，(3，3，3)の6通りある。　②A君が1のカードを持っているとき，A君のカードは(1，2，2)，(1，2，3)，(1，3，3)の3通りある。A君のカードが(1，2，2)のとき，B君のカードは(3，3，3)である。このとき，A君のつくった整数は122，212，221で，B君のつくった整数は333なので，A君のつくった整数の方が，B君のつくった整数より小さくなるのは3通りある。A君のカードが(1，2，3)のとき，B君のカードは(2，3，3)で，このとき，A君のつくった整数は123，132，213，231，312，321である。B君のつくった整数は233，323，332なので，233より小さい整数は4通り，323より小さい整数も332より小さい整数も6通りより，$4+6+6=16$(通り)ある。A君のカードが(1，3，3)のとき，B君のカードは(2，2，3)で，このとき，A君のつくった整数は133，313，331で，B君のつくった整数は223，232，322だから，223よりも小さい整数も232より小さい整数も1通り，322より小さい整数は2通りで，$1+1+2=4$(通り)ある。以上より，求める場合の数は，$3+16+4=23$(通り)ある。

4〔関数―関数$y=ax^2$のグラフ〕

≪基本方針の決定≫(3)　等積変形を用いて△OBC＝△OCEとなる点Eを求める。

(1)<直線の式>次ページの図で，AB∥〔y軸〕より，点Bは，x座標がaであり，放物線$y=\frac{1}{2}x^2$上の点だから，y座標は$y=\frac{1}{2}a^2$となり，B$\left(a,\ \frac{1}{2}a^2\right)$である。よって，直線OBの傾きは$\frac{1}{2}a^2\div a=\frac{1}{2}a$だから，直線OBの式は$y=\frac{1}{2}ax$である。

(2)<x座標>次ページの図で，四角形ABCDが正方形のとき，AB＝ADである。放物線$y=\frac{1}{2}x^2$は

y 軸について対称だから，BC∥〔x 軸〕より，点Cは y 軸について点Bと対称となり，$C\left(-a,\ \frac{1}{2}a^2\right)$ である。これより，$AB=\frac{1}{2}a^2$，$AD=a-(-a)=2a$ となるから，$\frac{1}{2}a^2=2a$ が成り立ち，$a^2-4a=0$，$a(a-4)=0$ より，$a=0$，4 である。よって，$a>0$ より，$a=4$ となる。

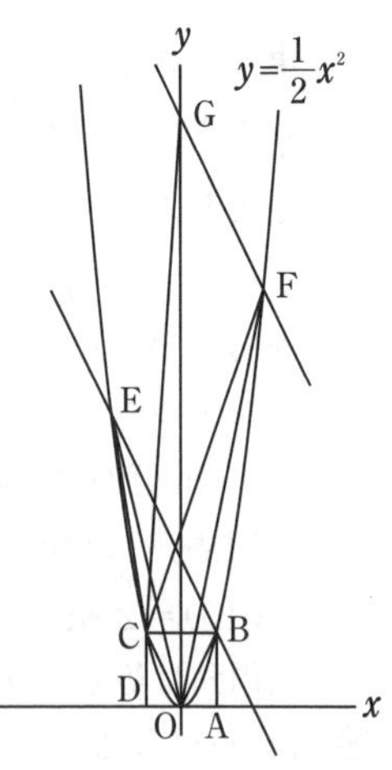

(3)<座標>右図で，$a=4$ のとき，A(4, 0)であり，$y=\frac{1}{2}\times4^2=8$ より，B(4, 8)，C(−4, 8)である。△OCE＝△OBC となるとき，△OCE と△OBC の共有する辺 OC を底辺と見ると，高さが等しくなるため，OC∥BE である。よって，右図のように，点Bを通り直線 OC と平行な直線を引くと，放物線 $y=\frac{1}{2}x^2$ との交点がEとなる。C(−4, 8)より，直線 OC の傾きは $\frac{8}{-4}=-2$ となり，平行な直線の傾きは等しいから，直線 BE の傾きは−2である。これより，直線 BE の式を $y=-2x+b$ とおくと，B(4, 8)を通るから，$8=-2\times4+b$，$b=16$ より，直線 BE の式は $y=-2x+16$ となる。したがって，放物線 $y=\frac{1}{2}x^2$ と直線 $y=-2x+16$ の2式から y を消去して，$\frac{1}{2}x^2=-2x+16$ より，$\frac{1}{2}x^2+2x-16=0$，$x^2+4x-32=0$，$(x+8)(x-4)=0$，$x=-8$，4 となるから，点Eの x 座標は−8である。y 座標は $y=-2\times(-8)+16=32$ となるから，E(−8, 32)である。

(4)<x 座標>右上図で，〔四角形 OBEC〕＝△OBC＋△BCE として，△OBC と△BCE の共有する辺 BC を底辺と見ると，$BC=2\times4=8$ であり，点Bの y 座標より△OBC の高さは8，点E，Bの y 座標より△BCE の高さは $32-8=24$ となる。よって，〔四角形 OBEC〕$=\frac{1}{2}\times8\times8+\frac{1}{2}\times8\times24=32+96=128$ である。また，右上図のように，点Fを通り直線 OC と平行な直線を引き，y 軸との交点をGとする。△OCF と△OCG の底辺を OC とすると，OC∥FG より高さが等しいので，△OCF＝△OCG となる。〔四角形 OBEC〕＝△OCF より，△OCG＝〔四角形 OBEC〕＝128 である。ここで，点Gの y 座標を g として，△OCG の底辺を OG と見ると，$OG=g$ であり，点Cの x 座標より，高さは4となるから，$\triangle OCG=\frac{1}{2}\times g\times4=2g$ より，$2g=128$ が成り立ち，$g=64$ である。したがって，直線 FG は傾きが直線 OC の傾きと等しく−2で，切片が64より，その式は $y=-2x+64$ で，点Fは放物線 $y=\frac{1}{2}x^2$ と直線 $y=-2x+64$ の交点だから，2式から y を消去して，$\frac{1}{2}x^2=-2x+64$ より，$\frac{1}{2}x^2+2x-64=0$，$x^2+4x-128=0$，解の公式を利用して，$x=\frac{-4\pm\sqrt{4^2-4\times1\times(-128)}}{2\times1}=\frac{-4\pm\sqrt{528}}{2}=\frac{-4\pm4\sqrt{33}}{2}=-2\pm2\sqrt{33}$ である。点Fの x 座標は正だから，$x=-2+2\sqrt{33}$ となる。

5 〔空間図形—正四角錐，立方体〕

≪基本方針の決定≫(3)，(4)　水が入っている部分が三角柱になることに気づきたい。

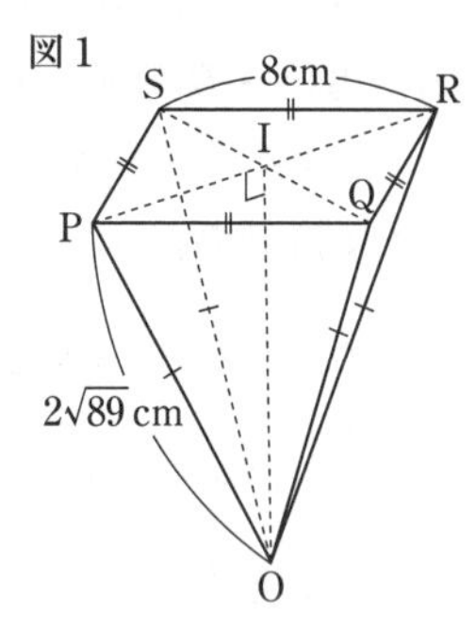

(1)<容積>右図1のように，正方形 PQRS の対角線の交点をIとして，点Oと点Iを結ぶと，図形の対称性より，OI⊥PR，OI⊥QS となり，OI は正四角錐 O-PQRS の高さとなる。ここで，△PQR は直角二等辺三角形だから，$PR=\sqrt{2}PQ=\sqrt{2}\times8=8\sqrt{2}$ であり，点Iは対角線 PR の中点だから，$PI=\frac{1}{2}PR=\frac{1}{2}\times8\sqrt{2}=4\sqrt{2}$ である。よって，△OPI で三平方の定理より，

$OI=\sqrt{OP^2-PI^2}=\sqrt{(2\sqrt{89})^2-(4\sqrt{2})^2}=\sqrt{324}=18$ となる。したがって，正四角錐の容器の容積は，$\frac{1}{3}\times8\times8\times18=384$(cm^3)となる。

(2)＜水の量＞正四角錐の容器に入った満杯の水と，こぼしてしまった水と，立方体の容器に残った水の体積の合計が立方体の容器に入った満杯の水の体積と等しくなる。こぼしてしまった水の量を $x$cm^3 とすると，$384+x+8\times8\times1=8\times8\times8$ が成り立つ。これを解くと，$384+x+64=512$ より，$x=64$(cm^3)である。

(3)＜高さ＞このとき，立方体の容器に残った水の量は $512-384=128$(cm^3)である。右図2で，水面と辺 AE，EF の交点をそれぞれ J，K とすると，水が入っている部分は，底面が△EJK で高さが EH＝8 の三角柱となるから，△EJK＝$128\div8=16$(cm^2)となる。JK と地面は平行だから，平行線の錯角は等しいので，∠JKE＝45°となり，△EJK は∠JEK＝90°の直角二等辺三角形である。よって，JE＝KE＝a(cm)とすると，面積について，$\frac{1}{2}\times a\times a=16$ より，$a^2=32$，$a=\pm4\sqrt{2}$ であり，$a>0$ だから，$a=4\sqrt{2}$ となる。次に，点 E から JK に垂線 EL を引くと，△ELK も直角二等辺三角形になるから，$LE=\frac{1}{\sqrt{2}}EK=\frac{1}{\sqrt{2}}\times4\sqrt{2}=4$ となる。したがって，地面から水面までの高さは 4cm である。

図2

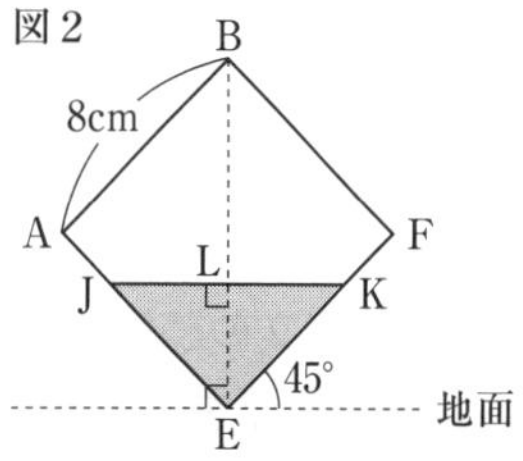

(4)＜表面積＞(3)で，水が入った部分がつくる立体は，底面が右上図2の△EJK，高さが 8cm の三角柱である。$JK=\sqrt{2}EK=\sqrt{2}\times4\sqrt{2}=8$ となるから，この三角柱の展開図は，底面が△EJK を2つ，側面が縦 8cm，横が $EJ+JK+KE=4\sqrt{2}+8+4\sqrt{2}=8+8\sqrt{2}$(cm)の長方形となる。よって，求める表面積は，$16\times2+8\times(8+8\sqrt{2})=32+64+64\sqrt{2}=96+64\sqrt{2}$(cm^2)である。

国語解答

一 問一　a…③　b…①　c…④　d…②
e…③
問二　②　問三　①　問四　④
問五　②　問六　③　問七　①
問八　①　問九　②

二 問一　x…④　y…①　問二　②
問三　③　問四　①　問五　④
問六　③　問七　④　問八　②
問九　③

三 問一　x…①　y…②　問二　②
問三　②　問四　④　問五　①
問六　②　問七　③　問八　①
問九　④　問十　③　問十一　③
問十二　④

一〔論説文の読解―芸術・文学・言語学的分野―言語〕出典；川田順造『コトバ・言葉・ことば　文字と日本語を考える』。

≪本文の概要≫私は，サバンナに生きる人たちの夜のまどい「ソアスガ」で語られる数々の話を聞き，声としての言語の輝きに心を打たれた。彼らには，方言だけではなく，村語があり，家語があり，自分語がある。幼い頃から，一人ひとりが自分で身につけた言葉を，自分の発音で，大きな声で話すことを繰り返してきたことによるアナーキーな輝きが，彼らの音声言語からは感じられるのである。国の定めた標準語を用いれば，言葉の通用する範囲は広まるが，規格化された意味を伝え合うだけでは，何層にもなっている言葉の意味の側面が失われてしまう。人間の生きた声による伝え合いには，言語内言語ともいうべき意味の伝達の側面が含まれるのである。文字のない社会は，文字が欠如しているのではなく，文字を必要としなかった社会であるとも考えられる。ただ闇雲に識字率を上げることが社会の進歩だと考えるのではなく，文字を用いた言語教育によって失われるものの大きさについて，問題化することが大切なのである。

問一<漢字>ａ.「一滴」と書く。①は「射的」，②は「敵地」，③は「点滴」，④は「適切」。　ｂ.「抱いた」と書く。①は「抱負」，②は「封建」，③は「空砲」，④は「包帯」。　ｃ.「偏重」と書く。①は「二丁」，②は「調合」，③は「朝食」，④は「重複」。　ｄ.「普及」と書く。①は「赴任」，②は「普遍」，③は「負担」，④は「付着」。　ｅ.「汚染」と書く。①は「専用」，②は「洗練」，③は「染色体」，④は「宣伝」。

問二<接続語>Ⅰ.「私」は，サバンナに生きる人たちの「声」や「ことばが輝いている」ことを感じ，加えて「文字」や「電気の拡声装置」のない生活において，「上手に，よく通る声で話すということの価値がいかに大きいか」ということも教えられた。　Ⅱ.「私」は，サバンナの人たちの歴史意識を研究して，『無文字社会の歴史』という本を書いたが，彼らとのつきあいが深くなるにつれて，「『無』文字社会という欠落を意味する表現は，文字があることを社会の『進歩』によって達成されるべき段階」のように考えていたことに思い至り，「文字を必要としなかった社会」というとらえ方もあると思うようになった。

問三<文章内容>「文字を用いた学校での標準語教育」が進んだ今の日本の社会でも，「おくにことば」や「自分語」による画一化されない「表現の大切さの認識」が消えたことにはならない。

問四<文章内容>「文字を使わない社会」では「上手に，よく通る声で話すということの価値」は「絶対」で，サバンナの人たちは「夜のまどいで大きい声で上手にお話をして皆をおもしろがらせること」を，「幼いときからくりかえして育ってきた」ので，彼らの言葉は「アナーキーな輝きにみちて」いる。

問五<文章内容>規格化された標準語は「教えられた意味」しか持っていないが，「言語内言語とでもいうべき太鼓ことば」では，一般的な意味だけでなく，多くの意味を伝え合うことができる。

問六<表現>慣用表現の「目を開く」は，新たに得た知識によって新たな境地を開く，という意味で用いられる。ここでは，聞いた言葉によって新たなことに気づかされたので，「耳をひらかれた」という表現になっている。

問七<文章内容>「私」は，「文字があることを社会の『進歩』によって達成されるべき段階」のように考えていたので，サバンナの人たちの生活に文字がないことを「欠落」として，「無文字社会」と表現した。しかし，サバンナの人たちと接し，「文字を必要としなかった社会」という理解の仕方もあると気づき，それまでの自分の認識を改めた。

問八<文章内容>文字のない社会に生きるサバンナの人たちは，彼らなりに「自足した豊かな表現と伝えあいの世界に生きている」のであり，彼らは「文字を必要としなかった」のだとも考えられる。標準語によって「規格化された意味」だけを伝え合う社会では，人々は，文字を使わないことによって生まれる「ことばの輝き」などが失われてしまうことに気づかないのである。

問九<要旨>日本では「文字を用いた学校での標準語教育」が進んでおり，「識字率を上げることが社会の進歩」だと考えられている。

二〔随筆の読解―自伝的分野―生活〕出典；江國香織『いくつもの週末』。

問一．x<語句>「陳腐」は，ありふれていて，つまらないこと。　y<慣用句>「釘をさす」は，約束を破ることや言い逃れることができないように念を押す，という意味。

問二<文章内容>夫が，「どこにいくの」や「何日くらいいくの」といったことではなく，自分の食事はどうすればよいのかということをきいてきたので，「私」は驚いたのである。

問三<指示語>「くせもの」は，表面には表れていない何かがありそうで，油断できないこと。「私」は，結婚して二，三か月たつと，「ごはん」は「くせもの」だと感じ，夫に対して「このひとは，ごはんのためだけに私と結婚したんじゃないかしら」という疑問を抱くようになった。

問四<文章内容>いつもは当然のようにつくってある「ごはん」がないことの理由が，「つくらなかったから」という理由になっていないものだったので，夫は，どう反応してよいかわからず，妻の真意をもう一度質問することによってきき出そうとしたのである。

問五<文章内容>「私」は，「ごはん」が欠かさず用意されることが当然ではないことを夫に気づいてもらいたくて，食事の用意をしなかったが，「毎日ごはんがあるとは限らない」と知った夫は，気づくどころか，逆に「不安に駆られる」ようになってしまい，帰ってくるやいなや「ごはんは？」と質問するようになってしまった。

問六<文章内容>「私」は，「このひとは，ごはんのためだけに私と結婚したんじゃないかしら」という疑念を「追い払う」ために，食事の用意をしなかったが，夫が帰ってくるやいなや「ごはんは？」ときいてくるようになったので，「私」は，自分を本当に「ごはん」をつくるだけの存在のように感じたのである。

問七<文章内容>夫は，「私」の質問にどのように対応したらよいのか「傾向と対策」を学習していたので，「もう一生涯ごはんをつくらないと言ったら，あなた私と離婚する？」という質問に対して，「しないよ」と答え，その場をしのいだ。それに対して「私」も，夫の性格を「学習」していたので，夫のその答えが本心であると「鵜呑みにしない」のであった。

問八<心情>「私」は，「良妻ではない」ため，二人で外食することも多く，旅行に行くことを「我儘」だとはわかっていた。その「我儘」を，しぶしぶながらも夫が理解して受け入れてくれていることに，「私」は喜びを感じ，うれしく思った。

問九<表現>「私」の視点から，会社から帰宅したときの夫の行動や夫婦間の会話が描かれている。

そして，そのことを通して，「私」が自分の存在意義に疑問を感じていたことや，夫と「ごはん」を食べることの大切さを再認識する気持ち，さらには夫が自分の「我儘」を受け入れてくれることに喜びを感じていることなど，「私」の感情が読者に伝わるように書かれている。

三 〔古文の読解—説話〕出典；『古今著聞集』巻第九，三四八。

≪現代語訳≫一院が，鳥羽殿においでになった頃，みさごが毎日やってきて池の魚を取った。ある日，(一院は)「これを射させよう」とお思いになって「武者所に誰が控えているか」とお尋ねになったところ，ちょうどそのとき源むつるが控えていた。お呼び出しに従って(むつるが)参上したところ，「この池にみさごが住みついて，多くの魚を取る。弓で仕とめよ。ただし射て殺してしまうのは残酷なことだ。鳥も殺さず，魚も殺さないようにしようと(一院は)考えておられる。慎重に考えて対応し申し上げよ」とご命令があったので，断り申し上げることもできずすぐに退出して弓矢を取って(再び鳥羽殿に)参上した。矢は狩俣であった。池の水際の辺りに控えてみさごを待ち構えていたところ，予期したとおりに(みさごが)やってきて鯉を取って飛び上がったので，よく引いて射たところ，みさごは射られながらもそのまま飛んでいった。鯉は池に落ちて白い腹を上にして浮いていた。(むつるは)すぐに拾い上げて，(一院に)ご覧になっていただいたところ，みさごが魚をつかんだ〈足〉を矢は射抜いてあった。鳥は〈足〉は切れたけれどもすぐに死なず，魚もみさごの爪が刺さったままだが死んではいない。魚も鳥も殺さぬようにとご命令があったので，このように対応したのであった。(一院は)「普通の人間の所業ではない」とお思いになり，感動のあまりにほうびをくださったということだ。

問一＜古語＞x．「召し」は，お呼びになる，という意味の尊敬表現の動詞「召す」が名詞になったもの。　y．「案」は，予想，推量，思案のこと。「ごとく」は，助動詞「ごとし」の連用形で，～のとおり，などと訳す。

問二＜古典文法＞単語に分けると，「わたら(動詞)／せ(助動詞)／おはしまし(動詞)／ける(助動詞)」となる。

問三＜古文の内容理解＞一院は，毎日やってくる「みさご」を誰かに射させようと思った。

問四＜古語＞「候ふ」は，「そうろう」と読み，貴人の近くに控えている，という意味。ここでは，一院の自身に対する敬意を示している。

問五＜古文の内容理解＞みさごを射させようと思った一院は，誰が自分の近くに控えているか，と尋ねた。

問六＜現代語訳＞「じ」は，打ち消しの意志を表す助動詞で，～しないつもりだ，などと訳す。「思し召す」は，一院に対する尊敬表現。

問七＜歴史的仮名遣い＞歴史的仮名遣いの語頭以外のハ行は，現代仮名遣いでは原則として「わいうえお」になるので，「あひ」は「あい」，「はからひて」は「はからいて」になる。また，歴史的仮名遣いの「au」は，「ou」になるので，「つかうまつる」は「つこうまつる」になる。

問八＜古文の内容理解＞むつるは，みさごも魚も殺すなという難題をつきつけられたが，一院の命令だったので，断れなかった。

問九＜古文の内容理解＞むつるは，死んでいないことの証拠としてすぐに鯉を一院に見せに行った。鯉は，みさごの爪が刺さったままだが，死んではいなかった。

問十＜古文の内容理解＞矢は，魚をつかんだみさごの足を射抜いたが，みさごは，足を切られても死なずに飛び去っていき，魚も「みさごの爪」が刺さったままだが，死んではいなかった。

問十一＜古文の内容理解＞むつるは，みさごも魚も殺すことなく，一院の命令を遂行した。

問十二＜古文の内容理解＞一院は，「叡感」のあまり，むつるの功績に対して「禄」を与えた。

2022年度 成田高等学校

【英　語】（50分）〈満点：100点〉

■リスニングテストの音声は，当社ホームページで聴くことができます。（実際の入試で使用された音声です）
再生に必要なユーザー名とアクセスコードは「収録内容一覧」のページに掲載してます。

1　対話とナレーションを聞き，それぞれの質問に対する答えとして最も適切なものを次の①～④から一つずつ選びなさい。

(1) What will Tom do next? [1]

① He will buy a guitar for his father.
② He will ask his father to be quiet.
③ He will stop playing the guitar for his family.
④ He will stop reading a book and play the guitar.

(2) What is next to the tourist center? [2]

① A park.　② A bookstore.　③ A bus stop.　④ A front door.

(3) How many songs does the movie have? [3]

① One.　② Three.　③ Ten.　④ Fifteen.

(4) What has the speaker found by traveling abroad? [4]

① How to find the best teacher.
② How to get a chance to speak English.
③ How to study English in New York.
④ How to see the world in a different way.

(5) Which sentence is true? [5]

① Koban has a history of more than two hundred years.
② At the *Kobansho*, police officers stayed all day as they do now.
③ Police officers live inside *Hashutsujo* while they work.
④ There are more *Chuzaisho* than Koban in Japan.

※　リスニングテスト放送文は，英語の問題の終わりに付けてあります。

2 　[　　] に入る最も適切なものを次の①～④から一つずつ選びなさい。

(1) I will tell my father about it when he [6] home.

① comes　② came　③ coming　④ will come

(2) [7] beautiful flowers they are!

① What　② Where　③ When　④ How

(3) Reading [8] important for us to lead a happy life.

① book is　② books is　③ books are　④ for books are

(4) Narita City has had two Olympic medalists; one is Daiki Hashimoto and [9] is Tsukimi Namiki.

① the two　② another　③ she　④ the other

(5) Mr. Smith, an English teacher, said to me, "It'll be your turn to [10] a speech next week."

① say　② take　③ give　④ tell

(6) [11] of the students is going to study abroad next year.

① Some　② All　③ Each　④ Both

(7) If I [12] you, I would not say such a thing.

① am　② have　③ could　④ were

(8) I [13] this book since this morning.

① am reading　② have been reading

③ have been read　④ have already read

3 次の各文において，日本語の意味に合うようにそれぞれ下の①～⑤の語句を並べ替えて空所を補い，文を完成させなさい。ただし，文頭にくる単語も小文字で始めてあります。解答は [14] ～ [21] に入るものの番号のみを答えなさい。

(1) 彼女の部屋のドアはいつも開けっぱなしにしてある。

[14] ____ [15] ____ ____ .

① always　② open　③ is　④ the door of her room　⑤ kept

(2) 私はヤスに宿題を手伝ってくれるように頼んだ。

I asked ____ [16] ____ ____ [17] .

① with　② to help　③ my homework　④ me　⑤ Yasu

(3) 私はこの場所を訪れることにずっと興味を持っていた。

I ____ [18] ____ [19] ____ this place.

① have　② been　③ visiting　④ in　⑤ interested

(4) 私たちには映画を見る前に夕飯を食べる十分な時間がありますか。

Do we ____ [20] ____ [21] ____ dinner before watching the movie?

① eat　② to　③ enough　④ time　⑤ have

4 次の英文を読んで，後の問いに答えなさい。*の付いている語句には注があります。

(A) Last spring, Megan Mullaly's sixth-grade students gathered to watch **Sanjay's Super Team*. This short movie is about a young boy. He imagines Hindu gods as superheroes. When it was over, the students talked about it. Then they watched it again. The class did all this *remotely, using the *video-conferencing technology *Zoom.

(B) Those students weren't the only ones learning remotely. A few weeks after *COVID-19 was *declared a *pandemic, 90,000 schools in 20 countries were using Zoom. And [ア] Businesses held meetings. Doctors saw patients. By December 2019, Zoom had 10 million daily *participants, according to **Bloomberg Businessweek*. By late April, it had 300 million.

(C) But Zoom isn't just a technology. It's the *publicly traded company *Zoom Video Communications, Inc. That means it's a *stock. Looking at that stock provides a window into the risks and *rewards of *investing in the stock market.

(D) A stock is a share, or piece of a company. At stock markets, stocks are bought and sold. Think of them like farmers' markets, but instead of selling corn and tomatoes, they sell shares. The price *investors pay for a stock depends on the supply (how many people want to sell it) and the demand (how many people want to buy it). When there is more supply than demand, the price goes down. When there is more demand than supply, the price goes up. Last spring, there was a lot of demand for Zoom.

(E) Zoom has employees in China, and there the first *coronavirus *lockdowns took place. イ<u>The company saw what was happening worldwide and promoted its free version.</u> The product *took off. *So did the stock price. On January 2, one share of Zoom stock cost $69. By September 25, it cost nearly $500.

(F) In that time, the Zoom stock price didn't go straight up. On March 23, it was $160. By April 7, it dropped to $114. What happened? In late March, people started asking *whether Zoom's *security protections were strong enough. Zoombombers—people who *crashed video conferences—became a problem. So some investors sold their stocks. Demand went down. The price fell. Since Zoom dealt with the problem, the stock price has *trended upward.

(G) It's *not unusual for a stock price to go up and down. Stocks are risky. When you buy them, you're *making a bet on how well a company will do. So, experts recommend buying stocks in a lot of different companies at once, through a *mutual fund. A mutual fund can be a collection of hundreds or thousands of stocks. Stocks that fall *are balanced out by stocks that rise.

(H) As the country starts to open up, many people wonder what that means for Zoom. Online learning will continue to be popular. But there are other *factors to consider. Ms. Mullaly says that in her class, Zoom has competition: "Some of my students like *Google Meet better."

出典：https://www.timeforkids.com/partner/pwc/g4/october-2020-feature/　一部改変

注 *Sanjay's Super Team*：映画名　remotely：遠隔で　video-conferencing：テレビ会議の　Zoom：Zoom 社のオンライン会議システム　COVID-19：新型コロナウイルス感染症　declare：宣言する　pandemic：世界的に流行の病気　participant：参加者　*Bloomberg Businessweek*：週刊雑誌名　publicly traded：株式公開の　Zoom Video Communications, Inc.：社名　stock：株(式)　reward：利益　invest：投資する　investor：投資家　coronavirus：コロナウイルス　lockdown：厳重封鎖　take off：流行する　so do：同様になる　whether：～かどうか　security：安全　crash：混乱させる　trend upward：上昇の傾向にある　not unusual：珍しくない　make a bet：賭ける　mutual fund：投資信託　be balanced out：埋め合わされる　factor：要素　Google Meet：Google 社のオンライン会議システム

(1) **ア** に入れるものとして最も適切な表現を次の①～④から一つ選びなさい。 **22**

① only schools are not using it.

② not schools are only using it.

③ not only schools were using it.

④ schools were not only using it.

(2) 下線部**イ**について，その内容として最も近いものを次の①～④から一つ選びなさい。 **23**

① Zoom 社は新型コロナウイルスの感染拡大とそれに伴う都市閉鎖は一時的なものであると考えた。

② Zoom 社は新型コロナウイルス感染対策における行動規制は自社製品にとって好機であると考えた。

③ Zoom 社は従業員に対する新型コロナウイルス感染対策を最優先に講じるべきであると考えた。

④ Zoom 社は各国における新型コロナウイルス感染対策を契機に自社製品を有料にしようと考えた。

(3) Zoom 社の株価の推移を順に並べた場合，最も適切なものを次の①～④から一つ選びなさい。
24

① \$69 ― \$500 ― \$160 ― \$114

② \$69 ― \$160 ― \$500 ― \$114

③ \$69 ― \$160 ― \$114 ― \$500

④ \$69 ― \$114 ― \$160 ― \$500

(4) 次の表は本文の段落の構成と内容をまとめたものである。内容(D),(E),(F)に入れるのに最も適切なものを，下の**あ**～**う**の中から一つずつ選んだ場合，その組み合わせとして正しいものを①～④のうちから一つ答えなさい。 25

段落	内　　容
(A)	導入（Zoomを使った遠隔授業）
(B)	コロナ禍におけるZoom利用者の拡大
(C)	展開（Zoomと株式）
(D)	
(E)	
(F)	
(G)	株式運用の危険性
(H)	結論（Zoomのゆくえ）

あ　Zoom社株の乱高下　　**い**　コロナ禍の始まりとZoom社の対応　　**う**　株式の仕組み

① (D) あ　(E) い　(F) う
② (D) あ　(E) う　(F) い
③ (D) う　(E) あ　(F) い
④ (D) う　(E) い　(F) あ

(5) 本文の内容に合うものを次の①～⑥から**二つ**選びなさい。解答の順序は問いません。
26 27

① Last spring Megan Mullaly's students were in her classroom to watch and talk about a short movie.
② 300 million people used Zoom in a week in late April, 2020.
③ Last spring few people wanted to buy the stocks of Zoom.
④ Zoombombers made some investors worried about Zoom's security.
⑤ If you want to be safer, you should buy stocks in many different companies.
⑥ Today more people are using Google Meet than Zoom.

5 次の英文を読んで，後の問いに答えなさい。*の付いている語句には注があります。

〔編集部注…課題文は著作権上の問題により掲載しておりません。作品の該当箇所につきましては次のサイトを参考にしてください〕
BBC Learning English - Stories for Children / No Pets Here〔一部改変あり〕
https://www.bbc.co.uk/learningenglish/oromo/features/childrens-stories/nopetshere

1行目～最終行

小問（1）の下線部の箇所
下線部（A）　３段落目の最終文　a hamster
下線部（B）　５段落目　a puppy
下線部（C）　７段落目　a kitten

小問（3）の下線部の箇所
下線部イ　19段落２文目　them

注　over tea：お茶を飲みながら　mum：母親　take～for a walk：～を散歩させる　kitten：子猫　get in the way：じゃまになる　appointment：約束　drop～off：車から～を降ろす　beady：ビーズのような　fur：毛並み　whisker：ひげ　snuffle：クンクン鼻を鳴らす　nibble：かじって食べる　admit：認める　see-through：透けて見える　wherever：どの場所へでも　penalty：サッカー用語　wail：泣き叫ぶ　knee：ひざ　must have been scared of：怖かったに違いない　floorboard：床板　downstairs：階下へ　creep：はって進む　breadcrumb：パンくず　suppose：思う　demand：要求する

(1)　下線部(**A**)～(**C**)のうち，最終的にBellaとJoeが飼うことになったものとして最も適切なものを次の①～④から一つ選びなさい。 **28**

①　(**A**)と(**B**)　②　(**A**)と(**C**)
③　(**B**)と(**C**)　④　いずれも飼えなかった。

(2) (ア)に入る最も適切なものを次の①～④から一つ選びなさい。 **29**

① No puppies, either

② No puppies, too

③ No kittens, either

④ No kittens, too

(3) 下線部**イ**に含まれる人物として最も適切なものを次の①～④から一つ選びなさい。 **30**

① Finn / Joe / Bella / Bella's mother

② Bella's mother / Finn / Bella / Harriet

③ Izzy's mother / Harriet / Joe / Bella's father

④ Joe / Bella / Finn / Bella's father

(4) (1)～(3)に入る表現の組み合わせとして最も適切なものを次の①～④から一つ選びなさい。 **31**

あ We'll never find her now.

い She'll come out when she's hungry.

う We've got to look for her.

① (1) あ (2) い (3) う

② (1) い (2) う (3) あ

③ (1) う (2) あ (3) い

④ (1) う (2) い (3) あ

(5) 本文の内容に合うものを次の①～⑥から**二つ**選びなさい。解答の順序は問いません。

32 **33**

① Bella went to Izzy's house and saw a hamster called Harriet.

② Bella talked about her friend's hamster while her family were having a meal.

③ Joe invited Finn because Finn wanted to see Bella.

④ It didn't take a long time for Harriet to finish eating a lettuce leaf.

⑤ Harriet played with the purple plastic ball by running after it on the floor.

⑥ They lost the hamster; a few weeks later, they found it.

<リスニングテスト放送文>

(1) Daughter: Dad, can you hear something?

Father: Yes. It's Tom. He's bought a guitar and he's practicing it now.

D: I have just started reading a book but I can't because it's so noisy.

F: Why don't you ask him to be quiet?

Question: What will Tom do next? [1]

① He will buy a guitar for his father.

② He will ask his father to be quiet.

③ He will stop playing the guitar for his family.

④ He will stop reading a book and play the guitar.

(2) Man: Excuse me. Could you tell me the way to the tourist center?

Woman: Sure. Go down this street and there's a big park there.
Then, turn left at the park and you'll see a bookstore.
The tourist center is next to it. And there is a bus stop in front of the tourist center.

M: I see. Thank you.

W: You're welcome.

Question: What is next to the tourist center? [2]

① A park. ② A bookstore. ③ A bus stop. ④ A front door.

(3) Boy: Hi, Jane. How was your school festival this summer? It was held online, right?

Jane: Yes. Each class made a movie and we watched it on the Internet.

B: I see. What kind of movie did your class make?

J: A dance movie. We made three groups of 10 people and each group danced to one song they chose. And then we put the songs into a movie of 15 minutes.
I really enjoyed it very much.

B: Great. Can I see it?

J: Yes, of course. I have the data on my mobile phone.

B: Oh, really? Show me, please.

Question: How many songs does the movie of Jane's class have? [3]

① One.

② Three.

③ Ten.

④ Fifteen.

(4) Traveling abroad makes myself grow and gain a new way of thinking. One of my junior high school teachers told me that a month in New York is better than a year of studying English here in Japan. I found it is true when I visited New York during the last summer vacation. I visited many museums and art galleries. I had a delicious breakfast in a small cafe. I went shopping along the famous streets. I even spoke English a little. I now believe that traveling is the best teacher.

Question : What has the speaker found by traveling abroad? [4]

① How to find the best teacher.

② How to get a chance to speak English.

③ How to study English in New York.

④ How to see the world in a different way.

(5) Koban, a police box, has a long history. People say that today's Koban come from *Kobansho* created in 1872. *Kobansho* were too small for police officers to stay as they do now. Then *Kobansho* changed their name to *Hashutsujo* and were placed all over Japan. Again, in 1994, *Hashutsujo* changed their name to Koban. Now, there are about 6,600 Koban in Japan. By the way, there is another type of police box called *Chuzaisho* that plays the same role as Koban, but police officers work and even live inside it. There are about 8,100 *Chuzaisho* across Japan.

Question: Which sentence is true? [5]

① Koban has a history of more than two hundred years.

② At the *Kobansho*, police officers stayed all day as they do now.

③ Police officers live inside *Hashutsujo* while they work.

④ There are more *Chuzaisho* than Koban in Japan.

【数　学】 (50分) 〈満点：100点〉

1 次のア～コの□に当てはまる数や符号を答えなさい。

(1) $\{(5-13)\times(-3)\}\div 2+(-4^2)=$ アイ

(2) $\sqrt{147}-2\sqrt{75}-\dfrac{6}{\sqrt{12}}=$ ウエ$\sqrt{\text{オ}}$

(3) $(3x-4y)(5x+y)-3(2x-3y)^2-(x-2y)(x+2y)=$ カx^2+ キク$xy-$ ケコy^2

2 次のア～ソの□に当てはまる数や符号を答えなさい。

(1) 2次方程式 $\dfrac{x^2+x}{2}=\dfrac{x+18}{12}-1$ の解は，$x=\dfrac{\text{ア}}{\text{イ}}$，$\dfrac{\text{ウエ}}{\text{オ}}$ である。

(2) 2種類の食塩水A，Bがあり，それぞれ250 g，260 gである。Aから50 g，Bから100 g取って混ぜると12 %の食塩水ができ，AとBの残りを混ぜると14 %の食塩水ができるとき，食塩水Aの濃度はカキ%で，食塩水Bの濃度はク%である。

(3) $3+\sqrt{3}$ の整数部分を a，小数部分を b とするとき，$a^2+2ab+b^2-4b$ の値はケコ$+$サ$\sqrt{\text{シ}}$ である。

(4) 77を割ると5余り，102を割ると6余るような自然数をすべて足すと，スセである。

(5) 30名のクラスで10点満点の漢字テストを実施したところ，平均値5.2，中央値5.5，最頻値6であった。この記録を表したヒストグラムとして最も適切なものを①～④のうちから1つ選ぶと[ソ]である。ただし，縦軸は人数(人)，横軸は点数(点)を表している。

①

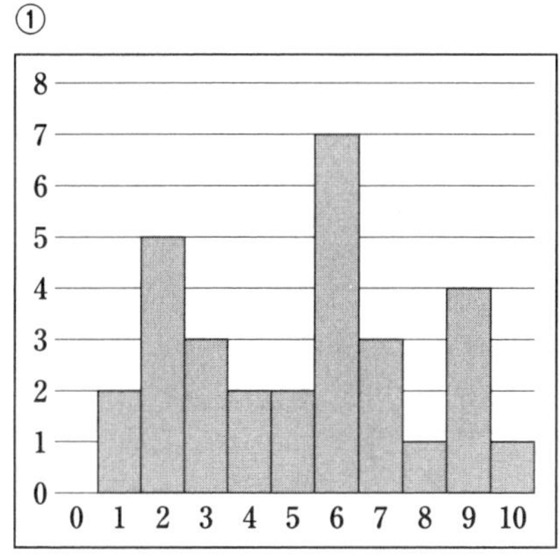

②

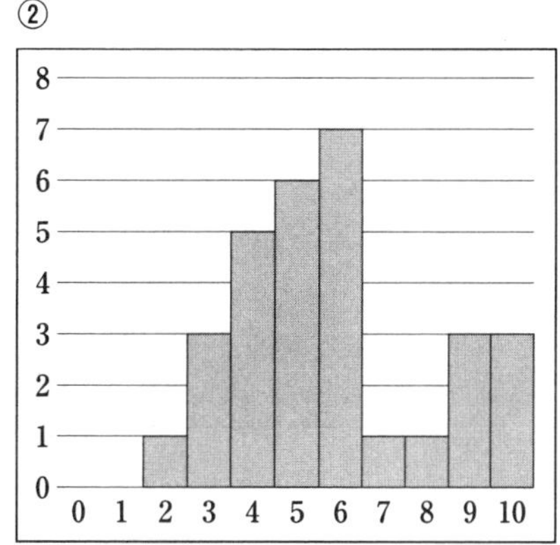

③

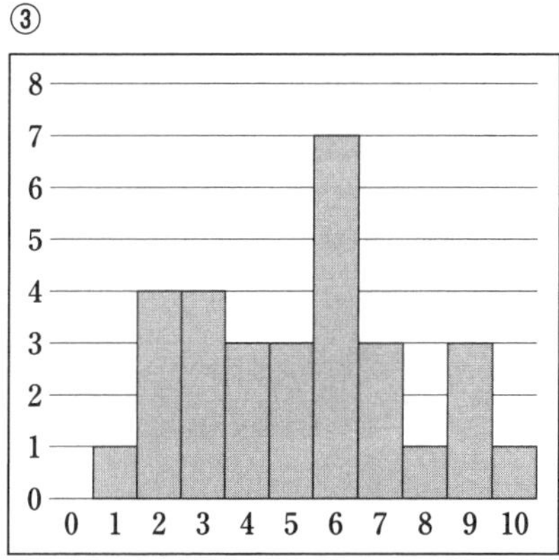

④

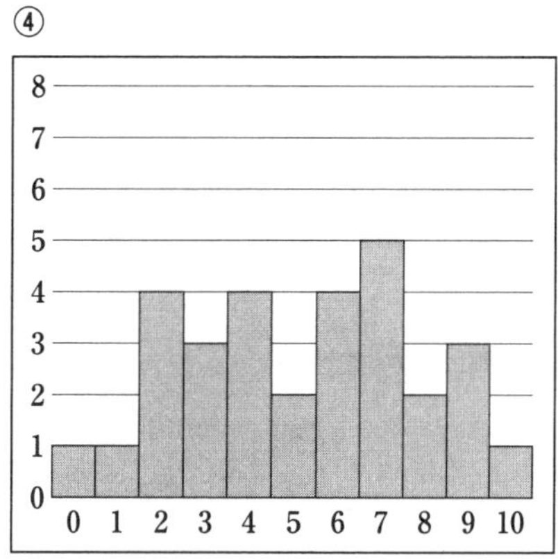

3 円周上に8つの点が等間隔にあり，時計回りにA, B, C, D, E, F, G, Hとする。また，箱の中にA, B, C, D, E, F, G, Hと表に書かれたカードが1枚ずつあり，それぞれのカードの裏には1, 2, 3, 4, 5, 6, 7, 8と書かれている。箱の中から何枚か同時にカードを引くとき，次の**ア**～**ク**の[　]に当てはまる数を答えなさい。

(1) 箱の中から2枚同時にカードを引くとき，カードの表に書かれたアルファベットが示す点を結んでできる線分が正八角形ABCDEFGHの対角線になる場合は全部で[**アイ**]通りである。このとき，引いたカードの裏面の数字の積が4の倍数になるのは全部で[**ウエ**]通りである。

(2) 箱の中から3枚同時にカードを引くとき，カードの裏に書かれた数字の和が偶数となる場合は全部で[**オカ**]通りである。このとき，カードの表に書かれたアルファベットが示す点を結んでできる三角形が直角三角形となるのは全部で[**キク**]通りである。

4 下図のように，放物線①：$y=\frac{3}{4}x^2$ と放物線②：$y=-\frac{1}{3}x^2$ がある。2点A，Bは放物線①上にあり，ともにy座標が3である。点Cは放物線②上にあり，x座標が-3である。2点A，Cを通る直線ℓとy軸との交点をDとする。このとき，次の**ア**～**コ**の□に当てはまる数や符号を答えなさい。

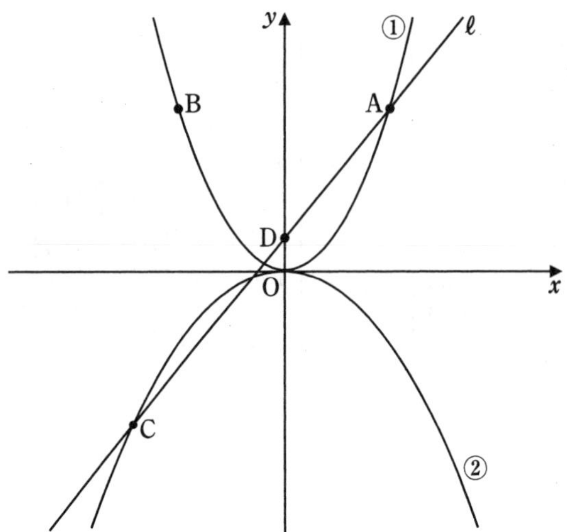

(1) 点Aのx座標は **ア** である。

(2) 直線ℓの式は $y=\frac{\boxed{イ}}{\boxed{ウ}}x+\frac{\boxed{エ}}{\boxed{オ}}$ である。

(3) 点Pをy軸上にとるとき，BP＋PCの最小値は $\sqrt{\boxed{カキ}}$ である。

(4) y座標がtの点Qをy軸上にとる。ただし，t＞3とする。三角形ADQと三角形BCQの面積が等しいとき $t=\frac{\boxed{クケ}}{\boxed{コ}}$ である。

5 下図のように，1 辺が 4 cm の立方体があり，AP＝CQ＝3 cm である。このとき，次の**ア**～**サ**の［　］に当てはまる数を答えなさい。

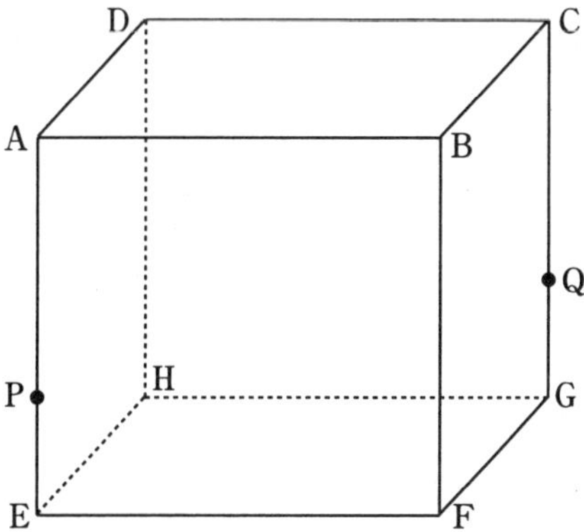

(1) DP の長さは［ア］cm である。

(2) 三角形 DPQ の面積は［イ］$\sqrt{［ウエ］}$ cm^2 である。

(3) 3 点 D, P, Q を通る平面でこの立方体を切断したところ，切断面は下の図のような五角形になった。切断面と EF, FG の交点をそれぞれ R, S とする。

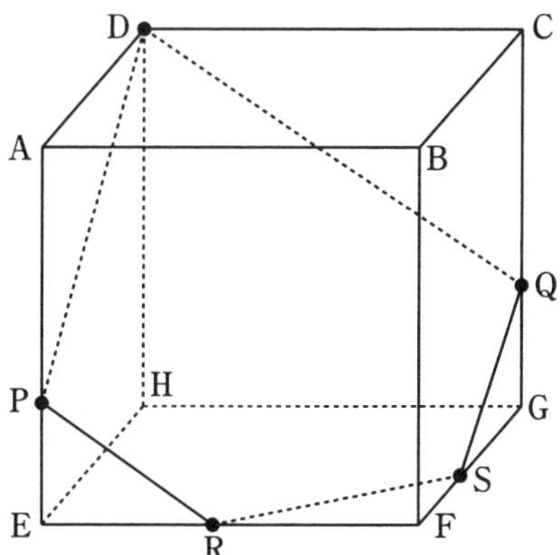

(i) PR の長さは $\dfrac{［オ］}{［カ］}$ cm である。

(ii) 五角形 DPRSQ の面積は $\dfrac{［キク］\sqrt{［ケコ］}}{［サ］}$ cm^2 である。

解答上の注意

1．選択形式「①～④のうちから１つ選びなさい。」という場合，選んだ番号をマークしなさい。

（例）［ア］で③を選択したとき

2．選択形式以外の場合

(1) ［ア］，［イ］，［ウ］……． の一つ一つには，それぞれ「0」から「9」までの数字，または「－（マイナス）」のいずれか一つが対応します。それらを［ア］，［イ］，［ウ］……． で示された解答欄にマークしなさい。（例）［イウ］に －8 と答えるとき

イ	●	⓪	①	②	③	④	⑤	⑥	⑦	⑧	⑨
ウ	⊖	⓪	①	②	③	④	⑤	⑥	⑦	●	⑨

(2) 分数形で解答が求められているときは，もっとも簡単な分数で答えます。符号は分子につけ，分母につけてはいけません。

（例）$\dfrac{\boxed{エオ}}{\boxed{カ}}$ に $-\dfrac{4}{5}$ と答えるときは，$\dfrac{-4}{5}$ として

エ	●	⓪	①	②	③	④	⑤	⑥	⑦	⑧	⑨
オ	⊖	⓪	①	②	③	●	⑤	⑥	⑦	⑧	⑨
カ	⊖	⓪	①	②	③	④	●	⑥	⑦	⑧	⑨

(3) 式の係数や指数を答えるときは，係数や指数の数字をそのまま答えます。

（例）$\boxed{キ}x^{\boxed{ク}}$ に $3x^2$ と答えるとき

キ	⊖	⓪	①	②	●	④	⑤	⑥	⑦	⑧	⑨
ク	⊖	⓪	①	●	③	④	⑤	⑥	⑦	⑧	⑨

(4) 根号を含む形で解答する場合は，根号の中に現れる自然数が最小となる形で答えます。

（例）$\boxed{ケ}\sqrt{\boxed{コ}}$，$\dfrac{\sqrt{\boxed{サシ}}}{\boxed{ス}}$ に $4\sqrt{2}$，$\dfrac{\sqrt{13}}{2}$ と答えるところを，$2\sqrt{8}$，$\dfrac{\sqrt{52}}{4}$ のように答えてはいけません。

問七　傍線部E「衣の襟より～て返し奉る」とあるが、この行動の意味として最も適当なものを次の①～④から一つ選びなさい。解答番号は35。

① わずかばかりの智恵しか持たぬ私ですが、あなたの広大なお智恵に身を沈めてそのお智恵を根底まで追究したいと伝えること。
② 針の先のように頼りない私の智恵などは、大海のごときあなたの智恵に比べれば海中の底を漂う藻屑（もくず）のようなものだと伝えること。
③ 衣服の襟をつなぎとめていた針のように、私の智恵は私たち二人を根底からつなぐものであり、小さくとも意味はあると伝えること。
④ あなたが最初に初対面の私に無理難題を投げかけてきたのだから、私もあなたを心底悩ますようなお返しをしてやろうと伝えること。

問八　傍線部F「敬ひたまふ事」とあるが、具体的にどのような事か。最も適当なものを次の①～④から一つ選びなさい。解答番号は36。

① 提婆菩薩のために小箱に水を入れてもてなした事。
② 提婆菩薩の、禅問答の答えを聞いて大いに驚いた事。
③ 提婆菩薩のために掃除をして、謹んで招き入れた事。
④ 提婆菩薩の智恵の深さを初めから見抜いていた事。

問九　傍線部G「これ」の指示内容として最も適当なものを次の①～④から一つ選びなさい。解答番号は37。

① なぜ竜樹菩薩は、提婆菩薩の返答に驚き、水の入った小箱を与えたのかということ。
② なぜ竜樹菩薩は、提婆菩薩の喉を潤すのに水の入った小箱を使ったのかということ。
③ なぜ竜樹菩薩は、提婆菩薩に水の入った小箱に針を入れて返したのかということ。
④ なぜ竜樹菩薩は、提婆菩薩が訪問した際に、水の入った小箱を与えたのかということ。

問十　傍線部H「これ智恵のあるとなきとなり」の解釈として最も適当なものを次の①～④から一つ選びなさい。解答番号は38。

① これが、智恵を持つ者と持たぬ者との差というものなのじゃよ。
② これが、智恵があっても気が利かない者の良い例えなのじゃよ。
③ これが、智恵があるなしに関係なく仏教を学ぶ理由なのじゃよ。
④ これが、智恵を持つ者が最終的には智恵を失う理由なのじゃよ。

問十一　本文中の内容に合うものを次の①～④から一つ選びなさい。解答番号は39。

① 提婆菩薩一行が竜樹菩薩の寺に着いた時、寺の門外にいた提婆菩薩の弟子が寺の中に入って竜樹菩薩に直接、彼らの来意を告げた。
② 竜樹菩薩は小箱に水を入れてそれを提婆菩薩に渡したが、提婆菩薩はその作法を前から心得ていたので適切に対処することができた。
③ はるか遠方の中天竺から西天竺までの道程を乗り越えた提婆菩薩の智恵を確かめたくて、竜樹菩薩は小箱に水を入れて渡した。
④ 提婆菩薩は竜樹菩薩が思った通り、中天竺の仏教経典を余すことなく西天竺の仏教界に伝えてその後、中天竺へと帰って行った。

注3　大師……高僧を指す尊称
注4　嶮難をしのぎて……困難な道中を乗り越えて
注5　坊中……寺の中
注6　随逐すれども……修行しているのに
注7　瓶水を移すごとく……瓶の水を別の容器に移すように
注8　法文……仏教の経典
注9　となん……ということです

問一　二重傍線部**ア**「承りて」の本文中の意味として最も適当なものを次の①～④から一つ選びなさい。解答番号は**29**。

①　信じ申して　②　あこがれ申して
③　お聞きして　④　拝見して

問二　二重傍線部**イ**「のたまふ」・**ウ**「問ひ申しければ」の動作の主体（主語）の組み合わせとして最も適当なものを次の①～④から一つ選びなさい。解答番号は**30**。

①　**イ**　竜樹菩薩　**ウ**　提婆菩薩
②　**イ**　提婆菩薩　**ウ**　竜樹菩薩
③　**イ**　竜樹菩薩　**ウ**　御弟子
④　**イ**　提婆菩薩　**ウ**　御弟子

問三　傍線部**A**「西天竺に行き向ひて」とあるが、その理由として最も適当なものを次の①～④から一つ選びなさい。解答番号は**31**。

①　西天竺の竜樹菩薩の智恵はすばらしいと聞いていたから。
②　西天竺の竜樹菩薩の智恵の程度を見てみようと思ったから。
③　西天竺は竜樹菩薩が治める西方浄土であり、極楽の地だったから。
④　西天竺には仏教を広める高僧が竜樹菩薩しかいなかったから。

問四　傍線部**B**「いかなる人にてましますぞ」を単語に分けたものとして最も適当なものを次の①～④から一つ選びなさい。解答番号は**32**。

①　いかな　る　人　にて　まし　ま　す　ぞ
②　いかなる　人　に　て　まします　ぞ
③　いか　なる　人　に　てまし　ますぞ
④　いか　なる　人に　て　まします　ぞ

問五　傍線部**C**「たまふやう」とあるが、これを現代仮名遣いに直したものとして正しいものを次の①～④から一つ選びなさい。解答番号は**33**。

①　たもうよう　②　たまうやう
③　たもうやう　④　たまふよう

問六　傍線部**D**「小箱に水を入れて出さる」とあるが、御弟子はこのことについてどのように考えたか。最も適当なものを次の①～④から一つ選びなさい。解答番号は**34**。

①　竜樹菩薩様は謙遜して、自身の智恵など大したものではないということを表現したのだと考えた。
②　苦しい旅路を経て疲れ果てたお客様の体を、少しでも労（いた）わるために提供したのだと考えた。
③　いくら相手が高僧とはいえ、初対面の方に難解な禅問答を仕掛けるのは非常識だと考えた。
④　遠路はるばる来てくれたお客様の喉を潤すには、もっと大きな入れ物を使うべきだと考えた。

問十 傍線部G「本番五分前――」とあるが、それが象徴するものの説明として最も適当なものを次の①～④から一つ選びなさい。解答番号は 27 。

① スタッフが入れ替わって闘志がみなぎる第一スタジオに、早く仕事を始めたいという雰囲気が漂っていることを象徴している。

② 人間の個性が反映される番組制作は終わりを迎え、指示通りに作業を行う形式の番組制作に移行したことを象徴している。

③ 本番五分前という段にあっても冷静でいることができることを示し、テレビを愛する組合員の情熱を象徴している。

④ 辰巳重郎が去った第一スタジオでの番組制作は、放送局と非組合の合意を反映した番組制作となることを象徴している。

問十一 この文章の特徴として最も適当なものを次の①～④から一つ選びなさい。解答番号は 28 。

① 時間の流れを随所で提示し、緊迫感が増していく物語の舞台の様子が、臨場感を持って読者に伝わるよう工夫されている。

② 語り手が物語世界の外側から登場人物の心情に寄り添うことにより、一人称視点から見た客観的な世界を克明に描き出している。

③ 直接話法と間接話法、さらには心中語を描き分けることにより、一人の登場人物の心情を多角的に表現することに成功している。

④ 感嘆符が多く用いられていることにより、強い不安に支配された混乱した状況における、人間の攻撃性が強調されている。

三

次の文章を読んで後の問いに答えなさい。但し、一部表記を変更した箇所がある。

昔、西天竺に竜樹菩薩と申す上人[注1]まします。智恵甚深なり。また中天竺に提婆菩薩と申す上人、竜樹の智恵深き由を聞きたまひて、[A]西天竺に行き向ひて、門外に立ちて、案内を申さん[注2]としたまふところに、御弟子外より来たまひて、[B]「いかなる人にてましますぞ」と問ふ。提婆菩薩答へ[C]たまふやう、大師[注3]の智恵深くまします由[ア]承りて、険難[注4]をしのぎて、中天竺よりはるばる参りたり。この由申すべき由の[イ]たまふ。御弟子、竜樹に申しければ、[D]小箱に水を入れて出さる。提婆心得たまひて、[E]衣の襟より針を一つ取り出して、この水に入れて返し奉る。これを見て、竜樹大に驚きて、「早く入れ奉れ」とて、坊中[注5]を掃き清めて入れ奉りたまふ。

御弟子あやしみ思ふやう、「水を与へたまふ事は、遠国よりはるばると来たまへば疲れたまふらん、喉潤さんためと心得たれば、この人針を入れて返したまふに、大師驚きたまひて[F]敬ひたまふ事、心得ざる事かな」と思ひて、後に大師に[ウ]問ひ申しければ、答へたまふやう、「水を与へつるは、我が智恵は小箱の内の水のごとし。しかるに、汝万里をしのぎて来る、智恵を浮べよとて、水を与へつるなり。上人そらに御心を知りて、針を水に入れて返す事は、我が針ばかりの智恵を以て、汝が大海の底を極めんとなり。汝ら年頃随逐[注6]すれども、この心を知らずして、[G]これを問ふ。上人は始めて来たれども、我が心を知る。[H]これ智恵のあるとなきとなり」云々。則ち瓶水[注7]を移すごとく、法文[注8]を習ひ伝へたまひて、中天竺に帰りたまひけりとなん[注9]。

（『宇治拾遺物語』 小学館より）

注1 上人まします……智恵を備えた優れた僧がいらっしゃる

注2 案内を申さん……来訪したことを竜樹菩薩様に伝えてもらおう

問六　傍線部C「なぜこんな〜決めたのか」とあるが、この問いの答えとして最も適当なものを次の①〜④から一つ選びなさい。解答番号は 23 。

① 放送局と組合のやり取りがどうであれ、第三演出室のスタッフは活躍の場があれば手腕を発揮できると証明したかったから。
② テレビ制作のあり方に迎合しなかった第三演出室にとって、スト決行時こそ放送局の運営に貢献できる機会だと考えたから。
③ 指示通りにテレビ制作にあたることに抵抗を感じない人々が第三演出室を悪く言うことに対して、強い憤りを覚えたから。
④ 放送局発足時からの育ての親である自分であれば、生番組を成功させて局を守ることができるはずだと考えたから。

問七　傍線部D「非行化したんだよ」とあるが、この理由として最も適当なものを次の①〜④から一つ選びなさい。解答番号は 24 。

① 第三演出室のスタッフは組合員であったからこそ、一部の支配者の統率に甘えて自己を律することを怠ってしまったから。
② 第三演出室のスタッフは優秀であるからこそ、そこに慢心が生まれテレビ業界を育て上げるまでの精進ができなかったから。
③ 第三演出室のスタッフはテレビを愛するからこそ、現行のテレビ制作の型に収まることへの不満を他に向けてしまったから。
④ 第三演出室のスタッフは悩みを多く抱えたからこそ、有り余る仕事のエネルギーを閉じ込めておくしかなくなったから。

問八　傍線部E「目の下の筋〜震えていた」とあるが、その心情の説明として最も適当なものを次の①〜④から一つ選びなさい。解答番号は 25 。

① 生番組の制作依頼先に頭を悩ませていた酒井編成局長は、ストライキの中止を受けて、緊迫した状況から解放され安堵している。
② 第三演出室に不信感を抱いていた酒井編成局長は、団交をまとめ上げた組合員に感心し、その頼もしさに心を揺さぶられている。
③ スト決行時の番組制作に尽力していた酒井編成局長は、ストの中止によりさらに振り回される格好となり、気苦労をにじませている。
④ ストライキに対して徹底抗戦の構えでいた酒井編成局長は、放送局側の弱腰な判断を知り、働く張り合いを完全に失っている。

問九　傍線部F「終わったな、これで」とあるが、その心情の説明として最も適当なものを次の①〜④から一つ選びなさい。解答番号は 26 。

① 現行の番組制作には自分たちの活躍の場はもはやないと悟り、自分たちの仕事ぶりがこれ以降通用しないことを痛感している。
② 組合のストライキ中にスタジオの準備は大方整えておいたので、組合員が駆け付けたからには業務を引き継ごうと遠慮している。
③ 会社の危機を救うことを通して酒井編成局長からの信頼を獲得しようと狙ったが、その野望も水泡に帰したと気づいている。
④ 第三演出室が放送局と組合に陥れられたことを知り、矢来慎吾との付き合いもこれを機に断ち切りたいと感じている。

問一 [Ⅰ]〜[Ⅲ]に入るものとして最も適当なものをそれぞれ①〜④から一つずつ選びなさい。解答番号は順番に[15]・[16]・[17]。

Ⅰ ① さらっと ② そっと ③ じっと ④ きっと

Ⅱ ① 組合員 ② お荷物 ③ 歯車 ④ 支配者

Ⅲ ① かすめた ② 冷やした ③ ひそめた ④ 伸ばした

問二 二重傍線部a・bの本文中の意味として最も適当なものをそれぞれ①〜④から一つずつ選びなさい。解答番号は順番に[18]・[19]。

a 頭をかいていた

① あれこれ考え苦労していた ② 不安に包まれていた ③ 恥ずかしそうにしていた ④ 不快感を顕わにしていた

b 口ごもった

① 感情に任せて強硬に言った ② 言葉が浮かばなかった ③ 舌がうまく回らなくなった ④ 言いかけてためらった

問三 （ i ）〜（ iv ）の中で左記の一文が入る最も適当な箇所を次の①〜④から一つ選びなさい。解答番号は[20]。

彼らは辰巳重郎の指先ひとつで、軽々と第一スタジオを動き回っていた。

① i ② ii ③ iii ④ iv

問四 傍線部A「おれの本当〜せてやろう」とあるが、辰巳重郎の仕事ぶりの説明として最も適当なものを次の①〜④から一つ選びなさい。解答番号は[21]。

① 第一スタジオに集まった人々はテレビを愛するがゆえに、辰巳重郎の指示により、まるで機械のように淡々と準備を進めた。

② 辰巳重郎の指示により、部課長以上のお偉方は第三演出室の仕事の邪魔になるという理由で、第一スタジオから退出させられた。

③ 本番が近づいていることを辰巳重郎が伝えたことにより、緊張と不安の色が第一スタジオ全体に広がっていった。

④ 役職が持つ権力などは意味を持たないように見えるほど、辰巳重郎は第一スタジオの人々に的確な指示を与えた。

問五 傍線部B「第二演出部〜って笑った」とあるが、どのような点が皮肉なのか。その説明として最も適当なものを次の①〜④から一つ選びなさい。解答番号は[22]。

① スト決行時にあっては、第三演出室に都合よく扱われている酒井編成局長の姿に、日常との逆転を見出した点。

② 辰巳重郎たちの活躍は認めるものの、放送局とは異なる組織であるかのように、第三演出室を見立てた点。

③ ストを決行しても、第三演出室によって滞りなく番組は制作されたということを、組合員に放送で伝えた点。

④ 番組への熱意があふれる辰巳重郎の指導によって、かえって自分の熱意が削がれる状況を、滑稽な言葉でごまかす点。

と、編成局長は言い、はっきりした口調でアナウンスを始めた。
巨大なスタジオ内に、スピーカーから金属質の声が反響した。
「ストは中止された。非現業員、および第三演出室所属のスタッフは、スタジオの各部門を組合側スタッフに引き渡すこと。番組のオンエアが円滑に行くよう各自協力されたい。くり返す。ストは――」
辰巳重郎の背中が、ゆっくりと振り返った。
「それは本当かね?」
と、彼はきいた。
「本当だ」
そのとき、副調整室の階段に足音が起こり、イヴニング・ショウの組合員スタッフが数人飛び込んで来た。
「みんな出ろ!」
と、そのなかの一人が怒鳴った。
「スト破りにスタジオをいじる権利はないぞ。出て行け、辰巳!」
「そうだ。会社の犬は第三演出室へ帰れ」
ADの一人が叫んだ。
「後七分だ、準備を急ごう」
「よし」
組合員たちは辰巳重郎を無視してそれぞれの持ち場に散っていった。
辰巳重郎は、顔をあげて、彼らを眺めた。それから、床に落ちたジャンパーをゆっくり拾いあげて肩にかけると、椅子から立ち上がった。
F「終わったな、これで」
と、彼は少しかすれた声で呟くように言い、矢来の顔を見て、かすかに笑った。そしてスタッフの横をすり抜けるようにして、副調整室を出て行った。
G「本番五分前――」
スピーカーの声がスタジオに響いた。それは、機械で合成したような乾いた冷静な声だった。
〈おれもいつかはいまの社の仕事からはみ出すに違いない――〉
そんな暗い確信が、そのとき不意に矢来の頭の奥に満ち潮のように拡がって来た。

（五木寛之『狼たちの伝説』光文社「第三演出室」より）

注1　労働組合……労働者が労働条件の改善や維持を目的として自主的に組織する団体。組合。
注2　団体交渉……労働組合などが使用者側と労働条件などをめぐり交渉すること。団交。
注3　ストライキ……使用者に対する要求の貫徹を目的として、労働者が同盟して労働の提供を拒絶し、一斉に作業を停止する行為。スト。
注4　矢来……矢来慎吾。新聞社のテレビ欄担当として放送局に出入りする中で、辰巳重郎と出会い親しくなった。
注5　イヴニング・ショウ……放送局の看板生番組。
注6　プロ……テレビ番組の企画、制作を行う会社。プロダクション。
注7　スーパー……字幕。スーパーインポーズ。
注8　愚連隊……町で不正行為を行う不良仲間。ここでは、組織の秩序から外れてしまった者たちを指している。

だろうな」

矢来は黙っていた。辰巳は続けた。

「おれは第三演出室に回されるまでは、やはり皆と同じように、第三の連中はテレビ屋のくずだと思っていた。だが最近少し考えが変わったんだよ。タレントに手を出したり、競馬に狂ったり、アル中になったり、代理店と喧嘩(けんか)をしたりする連中の、心の中の歪(ゆが)みが少し判るようになって来たんだ。連中は、どいつも優秀なディレクターだった。それぞれに個性的なテレビの文体というやつを持っていた。

そういうやつは、最近のテレビ制作の傾向、つまりあたえられた指示を忠実に映像化するだけの［Ⅱ］には、どうしてもなり切れないんだ。その悩みが、連中を仕事以外の何かへ駆り立てるんじゃないのか。いまにして思えば、おれはそいつを家庭に求めようとしていたのかも知れん」

「本番十五分前――」

辰巳は何か素早く手で合図を送ると、再び矢来に向かって話し続けた。

「ほんとの、テレビのくずは、いまのテレビの行き方にすんなり自分を合わせて、すんなり映像の現場処理人になれる連中のほうじゃないのか。連中はテレビというやつを愛してないから、簡単にそうなれるんだ。平気で［Ⅱ］になって、何の悩みも持たない。こいつらこそテレビの恥部だろう。

第三演出室の愚連隊[注8]どもは、本当はテレビの最良の息子たちたり得た連中だったかも知れん。だからこそ、D非行化したんだよ。こういう連中を、組合はテレビの恥部だ、局から追放しろ、と会社に言ったんだ。組合員じゃないというだけでな」

「しかし――」

と、矢来はb口ごもった。それを押(おさ)えつけるように辰巳は続けた。

「組合が人間のためでなく、組合員のためだけの組織だとするなら、非組合員のおれたちは、彼らに何の義理もないことになる。そうだろ? 今度のストは組合のストだ。おれたちには関係ない。だからおれは第三演出室で、この番組制作を引き受けた」

「本番十分前――」

「さて、と」

辰巳重郎はジャンパーを脱ぎ、首を前後左右に回すと、背伸びをして坐り直した。

電話のベルが鳴ったのは、そのときだった。

矢来は手をのばして受話器を取った。

「もしもし、一スタですか?」

「そうです」

なぜかいやな感じが矢来の背筋を［Ⅲ］。彼は眉をしかめて受話器を耳におしつけた。その声は少し興奮した早口で言った。

「いま、団交がまとまりました。ストは中止。ストは中止です。イヴニング・ショウのスタッフがすぐに一スタに入ります。編成局長を呼んでください」

「酒井さん」

と、矢来は呼んだ。声がかすれてきこえなかった。彼は編成局長の前まで行って、受話器を指さした。

「どこからだい?」

「ストは中止です」

「え?」

酒井編成局長は素早く受話器を摑(つか)み、二、三度うなずくと、大きなため息をついて受話器をおいた。E目の下の筋肉がかすかに震えていた。

「マイクを」

二 次の文章を読んで後の問いに答えなさい。

〈あらすじ〉

放送局発足以来の腕利きディレクターである辰巳重郎は、組織運営に支障を生むと判断された者たちが集められる第三演出室の室長となった。放送局と労働組合[注1]との団体交渉[注2]が難航する中、組合側は生番組の時間帯を狙ったストライキ[注3]を決行する。局の番組制作の最高責任者である酒井編成局長は、非組合員である第三演出室の辰巳たちに生番組の制作を依頼した。

巨大な第一スタジオには異様な活気がみなぎっていた。そこにいるのは局の非組合員と、部課長以上のお偉方ばかりだった。（ i ）

「邪魔だ、どけ！」

と、一人の男がダブルの背広を着た肥った男を突き飛ばした。営業部の次長の一人だった。（ ii ）

「何をするんだ」

と、彼は言った。

「馬鹿野郎！　ここはスタジオだぞ。仕事の邪魔だ、どけ！」

怒鳴っているのは第三演出室の、古手の一人だった。（ iii ）

スタジオの中には、目に見えぬ時間の流れが、整然と進行しているように見えた。

その中心に辰巳重郎がいた。彼は鋭い目を半ば閉じ、唇を［ I ］結んで言葉少なに部下に指示をあたえていた。彼の目と指先の動きひとつで、照明が変わり、マイクが消え、カメラが移動した。巨大な第一スタジオのなかの人間と機械は一体となって、辰巳重郎の思うままに準備態勢を整えつつあった。

「本番は八時から入ります――」

スピーカーから乾いた声が流れ出した。スタジオのなかの空気は、一そう濃度を増して行くように思われた。

矢来[注4]は副調整室の隅に、一人で立っていた。（ iv ）

そこに居ても良い、と許可をあたえてくれたのは辰巳だった。

「君におれの本当の仕事ぶりを見せてやろう。これが一人前のテレビ・ディレクターの仕事だってやつをな。まあ、そこで静かに見物していてくれ」（傍線A：君におれの本当の仕事ぶりを見せてやろう。）

と、彼は言ったのだった。

「本番三十分前――」

辰巳はヘッド・セットで素早くスタジオ内に指示をくだし、スイッチャーに注意をあたえていた。

スイッチャーは、すでに課長の肩書を持っている中年の技術屋だったが、辰巳の横に坐って、ひどく緊張しているように見えた。

音楽の送り出しの操作は、報道部次長が担当していた。リハーサルの際に、彼は頭ごなしに辰巳に怒鳴られ、頭をかいていた。（二重傍線a：頭をかいていた）

三人のアシスタント・ディレクターは辰巳の手足のように動き回っている。スタジオ内の要所要所に、第三演出室の男たちが目を光らせているのだった。

「本日のイヴニング・ショウ[注5]は〈辰巳プロ制作[注6]〉とスーパー[注7]でも入れるか」

第二演出部長が皮肉な調子で言って笑った。（傍線B：第二演出部長が皮肉な調子で言って笑った。）

「本番二十分前――」

辰巳重郎が、ふと矢来を振り返って微笑した。そして、静かな口調で言った。

「おれがなぜこんな仕事を引き受けることに決めたのか、君には判らん（傍線C：なぜこんな仕事を引き受けることに決めたのか）

問七　傍線部Ｄ「私は、御免である」とあるが、筆者がそのように考える理由として最も適当なものを次の①～④から一つ選びなさい。解答番号は 11 。

① 電気製品の発明者を、女性を家事から解放した英雄のように持ち上げることは、メディアの独善的な考え方であると感じたから。

② 電気製品は確かに女性を家事から解放したが、男性と女性の社会的な立場に不必要な変化を生み出したと感じたから。

③ 電気製品は女性を家事から解放したと同時に、それを扱う人間自身をより愚かにしていくと感じたから。

④ 電気製品を解放の英雄と持ち上げることに強い憤(いきどお)りを感じると同時に違和感を覚えたから。

問八　傍線部Ｅ「その働き方の性質を、道具の出現は、根本から変えた」とあるが、これはどういうことか。最も適当なものを次の①～④から一つ選びなさい。解答番号は 12 。

① 人間は道具によって、自然を客観的に観察し、その全てを解き明かすことで、自然を管理できるようになったということ。

② 人間の身体は、道具によって自らの能力を大きく拡大させ、他の動物種との争いに勝ち、支配者になれたということ。

③ 人間は道具によって、より深く自然の中に入り込み、自然と一体化することができるようになったということ。

④ 人間の身体は、道具によって自然界の仕組みからわずかに離れ、自然との距離を生み出したということ。

問九　傍線部Ｆ「道具の持っている避けられない宿命」とあるが、これはどういうことか。最も適当なものを次の①～④から一つ選びなさい。解答番号は 13 。

① 道具の中に含まれている自然への信仰心と、他を支配しようとする意識が、お互いの長所を打ち消しあっているということ。

② 道具の使用によって発生した自然を崇拝する気持ちが、人の欲望を満たす性質によって打ち消されてしまうこと。

③ 道具の使用によって知った自然そのものを、自らの利益を伸ばすために使われる道具が蝕(むしば)んでいくということ。

④ 道具の使用によって自然への憧れを抱くようになり、それが道具の発明を阻害する要因となっているということ。

問十　この文章の内容と一致するものとして最も適当なものを次の①～④から一つ選びなさい。解答番号は 14 。

① 人は道具を使用することで自然を支配できるようになったと錯覚したことが、文明の矛盾を引き起こす要因となった。

② 文明の矛盾は道具のふたつの方向の区別が、誰に対しても明確に分かるようになった近代に発現したものである。

③ 道具は文明を生み出し続けてきたが、近代となり道具が新たな方向を持ち始めたことによって文明の矛盾が生じた。

④ 人は道具の発明によって便利な世の中を実現したが、道具の使用によって愚かになるという文明の矛盾を抱えることとなった。

問二　波線部x・yの本文中の意味として最も適当なものをそれぞれ①～④から一つずつ選びなさい。解答番号は順番に4・5。

x　精確に
① できる限りの力で　② 間違いなく忠実に
③ 堅固に美しく　④ 細部まで狂いなく

y　提げ
① 入念に手入れし　② 頼りとして携え
③ 慎ましく差し出し　④ 高度に発達させ

問三　Ⅰ・Ⅱに入るものとして最も適当なものをそれぞれ①～④から一つずつ選びなさい。解答番号は順番に6・7。

Ⅰ　① 理性　② 文明
　　③ 知性　④ 身体

Ⅱ　① 近代　② 宗教
　　③ 競争　④ 矛盾

問四　傍線部A「人間の手が造り出した道具には、始めからふたつの方向が含まれていた」とあるが、これはどういうことか。最も適当なものを次の①～④から一つ選びなさい。解答番号は8。

① 道具は、人間が他を凌駕(りょうが)する力と自然を自在にコントロールする力を備えていたということ。
② 道具は、人間が他との競争社会の中で生き残っていく力と自然に干渉する力を備えていたということ。
③ 道具は、人間が他を支配下に置く力と自然の深みへと入り込んでいく力を備えていたということ。
④ 道具は、人間が他との生存競争に打ち勝つ力と自然の脅威に対抗する力を備えていたということ。

問五　傍線部B「近代の機械産業が産んだ道具」とあるが、これはどのようなものか。内容として最も適当なものを次の①～④から一つ選びなさい。解答番号は9。

① 人が使用する際に、訓練や専門性を必要とせず、さらには道具とその使用対象について学ぶことがないもの。
② 人が使用する際に、自然界における道具の働きを学ぶ必要がなく、最終的には人間の存在すら不要となるもの。
③ 人が使用する際に、道具そのものの構造を理解する必要がなく、単調で慣れすらも必要ないもの。
④ 人が使用する際に、必要なのは慣れだけであるが、その性質故に使用する人の慣れによって差が出るもの。

問六　傍線部C「不名誉なことだろう」とあるが、筆者がそのように考える理由として最も適当なものを次の①～④から一つ選びなさい。解答番号は10。

① 道具の使用者が気づくような簡単な工夫に、開発者が気づくことができず、性能が最大まで高められてしまったから。
② 使用するのに何の工夫も必要ない道具を生み出すはずが、使用する際に工夫が必要不可欠な道具を開発してしまったから。
③ 誰に対しても同じ成果をもたらすために開発した道具に、使用者によって差が出るという可能性を残したから。
④ より生活を豊かにするはずの道具が、むしろ人間の思考力を奪ってしまうということになるから。

私の母親などは、ずいぶん家事が楽になったと喜色満面であった。こういう電気製品の発明が、女性を家事の負担から解放し、自由にしたのだ、というようなことを力強く語ったりしているテレビドラマを、つい先だって見たことがある。それは、そうかも知れぬ。しかし、だからと言って、電気洗濯機の発明者を解放の英雄のように持ち上げるのは、どういうものだろう。D私は、御免である。こうした文明の問題は、もう少し複雑であり、人類にとって実は深刻なのではないか。

身体の外に道具を造り出し、それを使って生きることは、身体の能力を大きく拡大させる。果てもなく大きくさせてきたのが人類の歴史である。それによって、人間は他のすべての動物種との争いに勝ち、支配者の立場に立てるようになった。それによって、食べ物の確保や住居の安全は、おおかたbホショウされた。文明とは、こうした道具が生み続けてきた、自然界と身体との人間独自の関係を指すと言ってもいい。

したがって、道具は、人間がその身体能力を高めるため、他の動物との争いに勝つためだけに現われてきたのではないだろう。身体が自然界の一部分としてそのなかで働く、Eその働き方の性質を、道具の出現は、根本から変えた。人間の身体は、道具の使用によって、言うなれば自然界のメカニズムを少しだけはずれ、それとの間に隔たりを創り、その隔たりによって、自然とは何かを〈知る〉道を拓いた。知ってどうなったかは、言うまでもない。自然界のメカニズムは、人間の計算に応じて、エネルギーの方向を、その発現や保存のメカニズムを変えてくれるようになった。

しかし、それだけではあるまい。自然とは何かを〈知る〉ようになった人類は、道具を提げ、道具の働きとひとつになって、自然の奥深くに入り込み、底知れないその在りように驚嘆し、感謝し、cイケイの念をも抱くようになった。これは、Ⅱの始まりだろう。Ⅱの発生は、道具の発明と共にあったとさえ言える。

これとは反対に、ただ得をしよう、楽をしよう、他を支配しようとして伸びていく道具の方向は、自然への、あるいは物が在ることへの信仰心を殺してしまう。道具が産んだ信仰心を、その道具のもう一方の性格が、殺してしまうのである。F道具の持っている避けられない宿命が、ここにある。道具の使用には、矛盾し合うふたつの方向がある。始めのうちは混沌(こんとん)[注]としてひとつであったこれらの方向は、人類の歴史を通じて次第にはっきりと分岐し、ついに近代に到った。ここで引き起こされた分裂は、後戻りのできない文明の矛盾を抱えていると言える。

（前田英樹『愛読の方法』ちくま新書より）

注　混沌……物事が無秩序で、まとまっていない状態。

問一　二重傍線部a～cのカタカナで書かれている熟語に使われている漢字を含むものをそれぞれ①～④から一つずつ選びなさい。解答番号は順番に1・2・3。

a　フキュウ
① フオンな動き。　② 単身でフニンする。
③ フダンから心掛ける。　④ フサイを抱える。

b　ホショウ
① ショウニンされる。　② ショウジョウの授与。
③ ショウヘキを取り除く。　④ カクショウを持つ。

c　イケイ
① イシツな存在。　② イダイな師匠。
③ 神をイフする。　④ イドと経度。

二〇二二年度 成田高等学校

【国　語】（五〇分）〈満点：一〇〇点〉

一 次の文章を読んで後の問いに答えなさい。

A人間の手が造り出した道具には、始めからふたつの方向が含まれていたように思う。ひとつの方向は、生存のための競争に闘って勝つために、道具の発明に向かった。が、もうひとつの方向は、競争には向かっていない。何かを踏みにじり、奪い、支配することを目的にはしていない。ここでは、道具は、知性動物たる人間の身体が、自然の働きのなかにより深く、より自由に入り込むために在る。

本能だけで生きている昆虫の身体、特に蟻（あり）や蜜蜂の体は、そのすべてが大変精度のいい道具で、申し分ない。が、その用途はごく狭い範囲に限られている。蟻がその脚でできることは、歩く以外には、土を掘りに掘って巣をX精確に作ることくらいだろう。ほかに、大したことはできない。人間も体だけを使っていたのでは、ろくなことはできまい。［Ⅰ］が発達している分だけ、体の働き方は、本能動物よりむしろ不安定にできている。［Ⅰ］は、道具を造り出し、それを達者に使ってこそ大きな力を持つ。

道具の発明、使用によって人間が達成したところは、想えば驚くべきものだ。人類のすべての文明は、人類自身が工夫した道具によって支えられている。その道具が含んでいたふたつの方向は、始めのうちは混然と溶け合っていて、区別のつかないものだった。区別が誰の眼にもあからさまに、後戻りのできないほど明確なものになったのは、近代である。そういう時代が、近代と呼ばれるのだと言ってもいい。

B近代の機械産業が産んだ道具の特徴は、それを使うのに熟練や努力を要しないことだ。単なる慣れがあればよく、慣れはそれ以上どこにも進みようがない。恐ろしく単調であり、放っておけばすぐに飽きが来る。これによって、人が物の性質を学び、その奥に入り込んで、身体の新しい技を拓（ひら）く、というようなことは、まずない。

したがって、近代の機械産業による道具が、熟練や努力を要しないことは、利点であると同時に馬鹿馬鹿しい欠点でもある。誰かが工業機械を発明すると、それを使う人間は、その機械に使われて生きるしかない。つまり、道具の仕組みについては、なんにも知らない馬鹿となって働くしか手がないのである。

電気釜の原理や構造を知っていて飯を炊いてきた人は、ほとんどいないだろう。斧（おの）で薪を割るところから飯を炊く仕事をしていた人は、斧はどう使えば薪をきれいに割れるかを知っていたし、薪の火はどう点ければよく燃え、その火加減をどうすれば旨（うま）い飯が炊けるかを知っていた。知り方には、人による深浅があり、深い人は尊敬も受けた。電気釜となれば、ただ取扱説明書に書いてある通りに機械を設定し、スイッチを押すだけで、これでは、物の性質について何も学ぶところがない。

聞くところでは、電気釜にも旨い飯の炊き方はあるらしいが、しかし、そういう余地が残されているのは、電気釜の開発者にとってはC不名誉なことだろう。いずれ何の工夫もなく、すべての人が旨い飯を完全に炊ける時が来るだろう。製造会社はその時を目指して競争を続けるだろう。やがてその時が来れば、飯を炊く私たちは、今よりさらに無能に、馬鹿になるわけだ。これが文明の進歩だとは、とんだことではないか。

電気釜と共に掃除機や洗濯機が、世を蔽（おお）う勢いでaフキュウしてきた頃、

英語解答

1	(1) ③	(2) ②	(3) ②	(4) ④		(3) 18…②	19…④		
	(5) ④					(4) 20…③	21…②		
2	(1) ①	(2) ①	(3) ②	(4) ④	**4**	(1) ③	(2) ②	(3) ③	(4) ④
	(5) ③	(6) ③	(7) ④	(8) ②		(5) ④, ⑤			
3	(1) 14…④	15…①			**5**	(1) ②	(2) ③	(3) ①	(4) ④
	(2) 16…②	17…③				(5) ②, ④			

1〔放送問題〕解説省略

2〔適語(句)選択〕

(1)'時' や '条件' を表す副詞節(if, when, before, as soon as などから始まる副詞のはたらきをする節)の中は，未来の内容でも現在形で表す。　「父が帰ってきたら，そのことについて話すつもりだ」

(2)'What (a/an)＋形容詞＋名詞＋主語＋動詞…!' の感嘆文。なお，How で始まる感嘆文は'How＋形容詞〔副詞〕＋主語＋動詞…!' の形になる。　「それらはなんてきれいな花なんだろう」

(3)まず Reading の目的語は books となる。単数形 book には a が必要。次に動名詞(～ing)の主語は単数扱いなので be動詞は is を用いる。直前の books に引きずられて are にしないように注意。　「本を読むことは私たちが幸せな生活を送るために大切なことだ」

(4)2つの人〔物〕があり，一方を one で表したとき，もう一方は the other で表す。　「成田市には2人のオリンピックメダリストがいる。1人は橋本大輝でもう1人は並木月海だ」　なお，人〔物〕がいくつかある中から1人〔1つ〕を取り，「さらにもう1人〔1つ〕の」，「別の」と言うときは another を用いる。　(例) I don't like this T-shirt. Show me another.「私はこのTシャツが気に入りません。別のを見せてください」

(5)give a speech「スピーチをする」「英語のスミス先生が私に『来週はあなたがスピーチをする番です』と言った」

(6)述語動詞が is なので，主語は3人称単数になる。選択肢の中で単数を表すのは Each だけ。　「その生徒たちはそれぞれが来年は留学することになっている」

(7)主節に助動詞 would があることに着目。'If＋主語＋動詞の過去形(be動詞の場合は人称・数にかかわらず原則として were)…, 主語＋助動詞の過去形＋動詞の原形…' の形で '現在の事実に反する事柄' を表す仮定法過去の文。　「もし私があなたなら，そんなことは言わないだろう」

(8) have/has been ～ing の形で「ずっと～している」という '過去のある時点から現在まで続く動作' を表す現在完了進行形の文。　「私は今朝からずっとこの本を読んでいる」

3〔整序結合〕

(1)「ドアを開けっぱなしにする」は 'keep＋目的語＋形容詞'「～を…に保つ」の形で keep the door open となる。本問はこの受け身形。また，always のような '頻度' を表す副詞は原則として一般動詞の前，be動詞・助動詞の後に置かれる。　The door of her room is always kept open.

(2)「〈人〉に～してくれるように頼む」は 'ask＋人＋to ～'，「〈人〉の〈物事〉を手伝う」は 'help＋人＋with＋物事' で表せる。　I asked Yasu to help me with my homework.

(3)「～することに興味を持つ」は be interested in ～ing。本問はこの現在完了形。　I have been interested in visiting this place.

(4)「夕食を食べるための十分な時間」と読み換えて，enough time を形容詞的用法の to不定詞で後ろから修飾する。　Do we have enough time to eat dinner before watching the movie?

4〔長文読解総合―説明文〕

≪全訳≫(A)昨年の春，ミーガン・ムラリーの６年生の生徒たちが集まって，『ボクのスーパーチーム(Sanjay's Super Team)』を見た。この短編映画はある少年の話だ。彼はヒンドゥー教の神々をスーパーヒーローとして想像している。映画が終わると，生徒たちはその映画の感想を述べた。それから再びその映画を見た。この授業は，テレビ会議の技術Zoomを使ってリモートで行われた。(B)その生徒たちだけがリモートで学んでいたわけではない。新型コロナウイルス感染症がパンデミックであると宣言された数週間後には，20か国の９万の学校が Zoom を利用していた。しかも，ア それを使っていたのは学校だけではない。企業でも(Zoomで)会議が行われた。医師も(Zoomで)患者を診察した。ブルームバーグ・ビジネスウィーク誌によると，2019年12月までに，Zoomの１日の参加者は1000万人に達したという。４月下旬には３億人になった。(C)しかし，Zoomは単なる技術ではない。それは Zoom Video Communications という名の株式公開会社だ。つまり株式だ。その株を見ることで，株式市場における投資のリスクと利益を知ることができる。(D)株式とは，企業の株，つまり企業の一部のことだ。株式市場では株が売買される。農業従事者の市場みたいなものだが，トウモロコシやトマトを売るのではなく，株を売っているのである。投資家が株に払う価格は，供給(売りたい人がどれだけいるか)と需要(買いたい人がどれだけいるか)によって決まる。供給が需要より多ければ，価格は下がる。需要が供給を上回れば，価格は上がる。昨年の春は，Zoom の需要が非常に伸びた。(E)Zoom社には中国に従業員がいて，そこでは初めてコロナウイルスによるロックダウンが行われた。その会社は世界規模で起きていることを見て，無料版を促進した。その製品は流行した。株価も上がった。１月２日に69ドルだったZoom社の株価は，９月25日には500ドル近くになっていた。(F)この間，Zoom 社の株価は上がり続けたわけではない。３月23日には160ドルだった。４月７日には114ドルにまで下がった。何が起こったのか。３月下旬，人々は Zoom のセキュリティ保護が十分強固なのかと疑い始めた。Zoom 爆弾犯，つまりテレビ会議を混乱させる人たちが問題となったのだ。そこで一部の投資家が株を売った。需要が減ったのである。株価は下がった。Zoom 社がこの問題に対処してからは，株価は上昇傾向になった。(G)株価が上がったり下がったりするのは珍しいことではない。株はリスクが高い。株を買うということは，その会社のこれからの業績に賭けることである。だから，専門家は，投資信託を通じて，一度にたくさんの会社の株を買うことを勧めている。投資信託は，何百何千もの銘柄の集合体だ。下落した株は上昇した株によって埋め合わせされる。(H)(ロックダウンが明けて)国が活動を再び始めると，そのことによってZoomはどうなるのだろうかと多くの人が考える。オンライン学習の人気は今後も続くだろう。しかし，他にも考慮すべき要素がある。ムラリーさんは，自分のクラスではZoomの競争相手がいると言う。「生徒の中には Google Meet の方が好きな子もいます」

(1)<**適文選択**>直後の２文から，企業や医師もZoomを使ったことが読み取れる。つまり，Zoomを使っていたのは学校だけではない。選択肢の it は Zoom を受けている。

(2)<**英文解釈**>下線部イで，what は関係代名詞で「～こと」，worldwide は「世界規模で」，promoted は「～を促進した」，its free version は「無料版」という意味。以上から，下線部イの文意は「その会社は世界規模で起きていることを見て，無料版を促進した」となるが，「世界規模で起きていること」とは「新型コロナウイルスの感染対策における行動規制」を意味し，「無料版を促進した」という意図は「自社製品にとって好機であると考えたから」と言える。

(3)<**要旨把握**>段落(E)の最終文～段落(F)の第２，３文参照。ここに１月２日，３月23日，４月７日，９月25日時点の株価が書かれている。

(4)<**要旨把握**>全訳参照。(D)は株式の仕組み，(E)はコロナウイルスによるロックダウンを受けてのZoom 社の対応，(F)は Zoom 社の株価の推移について書かれている。

(5)<**内容真偽**>①「昨年の春，ミーガン・ムラリーの生徒たちは短編映画を見て話し合うために教室にいた」…× 段落(A)の最終文参照。この授業は教室の中ではなくリモートで行われた。 ②「2020年４月下旬の１週間で，３億人がZoomを利用した」…× 段落(B)の最後の２文参照。2019年12月時点では1000万人だった１日の利用者が，４月下旬までに３億人になった。 ③「昨年の春，Zoom の株を買おうとする人はほとんどいなかった」…× 段落(D)の最終文参照。Zoomの需要は非常に高かった。 ④「Zoom 爆弾犯のせいで，Zoom の安全性を心配する投資家も現れた」…○ 段落(F)の第６，７文に一致する。 ⑤「安全性を求めるなら，多種多様の会社の株を買った方が良い」…○ 段落(G)の後半に一致する。 ⑥「今日，Zoomより Google Meet を使っている人の方が多い」…× 段落(H)の最終文参照。「Google Meet の方が好きな子もいます」とあるが，利用者の数を比較する記述はない。

5〔**長文読解総合―物語**〕

≪**全訳**≫**1**ジョーとベラはずっとペットを欲しがっていた。しかし，両親はいつも拒否していた。**2**「私たちは忙しすぎる」と彼らは言った。「ペットはあまりにも多くの混乱を引き起こす。ペットがいなくてもやるべきことが十分あるんだよ」**3**そうしてある日，ベラがとても興奮して学校から帰ってきた。「友達のイジーがハムスターを飼い始めたの」と彼女はお茶を飲みながら家族に話した。「明日，彼女の家に行って，一緒に遊ぼうって誘われたからハムスターに会えるの。私もハムスターを飼えたらいいのに！」**4**「まあ，無理ね」と母親はスパゲッティを配りながら言った。「うちではペットは飼えないわよ！」**5**「僕は子犬が欲しいな」とジョーが言った。**6**「子犬なんて飼えないことわかっているでしょ」と母親が言った。「みんな忙しくて，子犬を散歩させる暇なんてないんだから」**7**「じゃあ，子猫ならどう？」とジョーがきいた。**8**「ア子猫もダメだ」と父親が言った。「それどころかペットはいっさいダメだ！」**9**次の日，ベラはイジーの家に行くことになっていた。ジョーは，友達のフィンを誘って，庭で遊ぶことにした。彼はフィンに「今ならベラに邪魔されずにサッカーができるぞ」と言った。**10**しかし，少年たちが家に帰ると，ジョーはショックを受けた。ベラとイジーがいたのだ。**11**「彼女たちは何をしてるの？」と彼は母親に不満を言った。**12**「イジーのお母さんは約束があったから，イジーをここに連れてきたのよ」と母親は説明した。**13**「でもフィンと僕は庭を僕たちだけで使いたいんだ」**14**「心配しなくていいわ」と母親は言った。「ベラは忙しいのよ」**15**ジョーはイジーが連れてきたものを見て理解した。ハムスターだったのだ！**16**「ハリエットという名前なの」とベラはジョーに言った。「かわいいでしょう？」**17**ハリエットは小さくて丸く，つぶらな瞳，金色の毛，それに長いひげがあった。彼女はベラの手の中に座り，ジョーに鼻を近づけた。それからベラは彼女にレタスの葉を食べさせた。パリ，パリ，パリとハリエットは音を立ててかじり，葉っぱはあっという間になくなってしまった。**18**「かわいいね」 ジョーは認めざるをえなかった。**19**「ほら，ボールもあるのよ」とベラが言った。イジーは紫のビニールでできた大きな透明のボールを彼らに見せた。そしてハリエットをその中に入れた。ハリエットが走り出すと，ボールが床を移動した。**20**「ほら」 イジーは説明した。「こうするとハリエットはどこでも好きな所に行けるのよ」**21**「ハリエットが逃げないように注意してね」と母親が言った。「逃げたら捕まえられないから。カゴに戻すとき気をつけて」**22**ジョーとフィンはサッカーをしに庭に出た。ペナルティキックの練習をしていると，叫び声が聞こえた。ベラの声だった――しかも大きな声だ。**23**２人は家の中に向かって走った。**24**「どうしたの？」とジョーがきいた。**25**「ハリエットがいなくなってしまったの」とベラは泣き叫んだ。**26**「いなくなったって，どういうこと？」**27**「彼女をボールから出そうとして抱き上げたの」とベラは言った。「そしたら――落としてしまったの」㉘ベラとイジーは泣き出した。㉙「よーし」とジョーは言った。「1 彼女を捜さなきゃ」 みんな四つんばいになった。母親も一緒になって捜すのを手伝った。㉚でもハリエットは騒々しい音が怖かったに違いない。㉛「心配いらないわ」と母親は言った。「2 おなかがすいたら出てくるから」㉜しかし出てこなかった。㉝父親が帰ってきて，もう一度みんなで捜したが見つからなかった。㉞「床板の下に潜ったんじゃないかな」と父親は言った。「3 もう見つからないだろう」㉟丸１週間たってもハリエットの気配はなかった。ある夜，ジョーは目を覚ました。「ひょっとして」と彼は思った。「今すぐ下に行って静かにしていれば…」㊱彼は静かに階下にはって下りた。すると，台所の床の真ん中に座って，平然とパンくずをかじっているものがいた――ハリエットだった！㊲ベラはとても喜んだ。イジーにそのニュースを知らせると，さらに喜びが増した。イジーはハリエットが戻ってくることを望まなかったからだ。㊳イジーは新しいハムスターを飼っていた。彼女は，ベラがハリエットを飼ってもいいと言った。㊴「ねえ，お願い，飼ってもいいでしょ？」とベラは両親に懇願した。㊵「まあ，いいかな」と母親は言った。㊶「でも僕は？」とジョーが迫った。「どうしてベラがペットを飼えるのに，僕は飼えないの？」㊷「それもそうだね」と父親は言った。㊸こうしてジョーは子猫を飼うことになった。彼はキャスパーと名づけた。

(1)＜要旨把握＞第38～43段落参照。ベラはハムスターを，ジョーは子猫を飼うことになった。

(2)＜適語句選択＞ハムスターも子犬も飼えないことがわかった後，子猫ならどうかとジョーにきかれた父親の返答。父親はこの直後で In fact, no pets at all! と答えていることから子猫も飼えないことがわかる。否定の表現における「～も」は too ではなく either を用いる。

(3)＜指示語＞イジーがボールを見せた相手なので，その場にいると考えられる人物を選ぶ。第16，18段落でジョーとベラが語り合っているので，この２人は含まれる。また，第10段落から，フィンもこの家にいることがわかる。さらに，第21段落から，母親もこの輪の中に入っていることがわかる。

(4)＜適文選択＞1．ハリエットがいなくなったと聞いたジョーの言葉。この後みんなが四つんばいになって捜し始めている。 have got to ～≒have to ～ look for ～「～を捜す」 2．直後の She didn't の後に省略されている語句を考える。この She didn't が，い．の言葉を受け She didn't come out の意味であり，繰り返しとなる come out が省略された形であることを読み取る。 3．直前で父親は，床板の下に潜ってしまったかもしれないと言っているので，もう見つからないと思ったのだと考えられる。

(5)＜内容真偽＞①「ベラはイジーの家に行き，ハリエットという名のハムスターを見た」…× 第10～12段落参照。イジーの母親に用事があったので，ベラとイジーはイジーの家ではなくベラの家でハムスターと一緒に遊ぶことになった。 ②「家族が食事をしているとき，ベラは友達の飼っているハムスターの話をした」…○ 第３，４段落に一致する。 ③「フィンがベラに会いたがっていたので，ジョーはフィンを家に誘った」…× 第９段落参照。ジョーがフィンを家に誘ったのは，庭で一緒にサッカーをするため。 ④「ハリエットがレタスの葉を食べ終わるのに，それほど時間はかからなかった」…○ 第17段落後半に一致する。 in no time「すぐに，あっという間に」 'It takes＋時間＋for＋人＋to ～'「〈人〉が～するのに(時間が)…かかる」 ⑤「ハリエットは床で紫色のビニールのボールを走って追いかけて遊んだ」…× 第19段落参照。ハリエットはボールを追いかけて遊んだのではなく，ボールの中に入ってボールを移動させて遊んだ。 ⑥「彼らはハムスターを失ったが，数週間後，彼らはそれを見つけた」…× 第35段落参照。ハムスターがいなくなって丸１週間たった後のある晩ハムスターは見つかった。

数学解答

1 (1) ア…－　イ…4
(2) ウ…－　エ…4　オ…3
(3) カ…2　キ…1　ク…9　ケ…2
コ…7

2 (1) ア…2　イ…3　ウ…－　エ…3
オ…2
(2) カ…1　キ…8　ク…9
(3) ケ…1　コ…6　サ…2　シ…3
(4) ス…4　セ…4　(5) ③

3 (1) ア…2　イ…0　ウ…1　エ…0
(2) オ…2　カ…8　キ…1　ク…2

4 (1) 2
(2) イ…6　ウ…5　エ…3　オ…5
(3) カ…6　キ…1
(4) ク…2　ケ…7　コ…5

5 (1) 5　(2) イ…2　ウ…3　エ…4
(3) (i) オ…5　カ…3
(ii) キ…2　ク…8　ケ…3
コ…4　サ…9

1 〔独立小問集合題〕

(1)＜**数の計算**＞与式 $= -8\times(-3)\times\frac{1}{2}+(-16)=12-16=-4$

(2)＜**数の計算**＞与式 $=\sqrt{7^2\times3}-2\sqrt{5^2\times3}-\frac{6}{\sqrt{2^2\times3}}=7\sqrt{3}-2\times5\sqrt{3}-\frac{6}{2\sqrt{3}}=7\sqrt{3}-10\sqrt{3}-\frac{3}{\sqrt{3}}=-3\sqrt{3}-\frac{3\times\sqrt{3}}{\sqrt{3}\times\sqrt{3}}=-3\sqrt{3}-\frac{3\sqrt{3}}{3}=-3\sqrt{3}-\sqrt{3}=-4\sqrt{3}$

(3)＜**式の計算**＞与式 $=15x^2+3xy-20xy-4y^2-3(4x^2-12xy+9y^2)-(x^2-4y^2)=15x^2-17xy-4y^2-12x^2+36xy-27y^2-x^2+4y^2=2x^2+19xy-27y^2$

2 〔独立小問集合題〕

(1)＜**二次方程式**＞両辺を12倍して，$6(x^2+x)=x+18-12$，$6x^2+6x=x+6$，$6x^2+5x-6=0$，解の公式を利用して，$x=\frac{-5\pm\sqrt{5^2-4\times6\times(-6)}}{2\times6}=\frac{-5\pm\sqrt{169}}{12}=\frac{-5\pm13}{12}$ より，$x=\frac{-5+13}{12}=\frac{8}{12}=\frac{2}{3}$，$x=\frac{-5-13}{12}=-\frac{18}{12}=-\frac{3}{2}$ となる。よって，$x=\frac{2}{3}$，$-\frac{3}{2}$ である。

(2)＜**連立方程式の応用―濃度**＞食塩水A，Bの濃度をそれぞれ x％，y％とすると，Aから50g，Bから100g取って混ぜると，12％の食塩水が $50+100=150$(g)できることから，含まれる食塩の量について，$50\times\frac{x}{100}+100\times\frac{y}{100}=150\times\frac{12}{100}$ より，$\frac{1}{2}x+y=18$，$x+2y=36$……①が成り立つ。また，Aの残り $250-50=200$(g)とBの残り $260-100=160$(g)を混ぜると，14％の食塩水が $200+160=360$(g)できることから，含まれる食塩の量について，$200\times\frac{x}{100}+160\times\frac{y}{100}=360\times\frac{14}{100}$ より，$2x+\frac{8}{5}y=\frac{252}{5}$，$10x+8y=252$，$5x+4y=126$……②が成り立つ。①，②を連立方程式として解く。②－①×2より，$5x-2x=126-72$，$3x=54$　$\therefore x=18$　これを①に代入して，$18+2y=36$，$2y=18$　$\therefore y=9$　よって，Aの濃度は18％，Bの濃度は9％である。

(3)＜**数の計算**＞$1<\sqrt{3}<2$ だから，$1+3<3+\sqrt{3}<2+3$ より，$4<3+\sqrt{3}<5$ である。これより，$3+\sqrt{3}$ の整数部分は $a=4$，小数部分は $b=3+\sqrt{3}-4=\sqrt{3}-1$ となる。また，与式 $=(a+b)^2-4b$ と変形して，a，b の値を代入すると，与式 $=(4+\sqrt{3}-1)^2-4(\sqrt{3}-1)=(3+\sqrt{3})^2-4\sqrt{3}+4=9+6\sqrt{3}+3-4\sqrt{3}+4=16+2\sqrt{3}$ である。

(4)<**数の性質**>77をわると5余る自然数は，$77-5=72$ より，72の約数のうち，5より大きな数であり，102をわると6余る自然数は，$102-6=96$ より，96の約数のうち，6より大きな数である。よって，77をわると5余り，102をわると6余る自然数は，72と96の公約数のうち，6より大きいもので，$72=2^3\times3^2$，$96=2^5\times3$ より，$2^3=8$，$2^2\times3=12$，$2^3\times3=24$ となる。したがって，これらを全てたすと，$8+12+24=44$ である。

(5)<**データの活用—ヒストグラム**>まず，最頻値が6点だから，人数が最も多い点数は6点である。最も人数が多いのは，①，②，③では6点，④では7点なので，適しているのは①，②，③である。次に，30名の点数の中央値が5.5点だから，点数を小さい順に並べたときの15番目の点数と16番目の点数の平均値が5.5点になるので，15番目の点数は5点，16番目の点数は6点となる。よって，5点以下の人数が，①では $2+5+3+2+2=14$(人)，②では $1+3+5+6=15$(人)，③では $1+4+4+3+3=15$(人)より，適しているのは②，③である。最後に，平均値が5.2点だから，30名の総得点は $5.2\times30=156$(点)である。30名の総得点は，②では $2\times1+3\times3+4\times5+5\times6+6\times7+7\times1+8\times1+9\times3+10\times3=175$(点)，③では $1\times1+2\times4+3\times4+4\times3+5\times3+6\times7+7\times3+8\times1+9\times3+10\times1=156$(点)となるので，適しているのは③である。

3 〔データの活用—場合の数〕

(1)<**場合の数**>箱の中から2枚同時にカードを引いて，カードの表に書かれているアルファベットを示す点を結んでできる線分が，右図の正八角形ABCDEFGHの対角線になる場合の引いたカードの組合せは，全部で(A，C)，(A，D)，(A，E)，(A，F)，(A，G)，(B，D)，(B，E)，(B，F)，(B，G)，(B，H)，(C，E)，(C，F)，(C，G)，(C，H)，(D，F)，(D，G)，(D，H)，(E，G)，(E，H)，(F，H)の20通りである。また，それぞれのカードの組合せについて，裏に書かれた数字の組合せは，(1，3)，<u>(1，4)</u>，(1，5)，(1，6)，(1，7)，<u>(2，4)</u>，(2，5)，<u>(2，6)</u>，(2，7)，<u>(2，8)</u>，(3，5)，(3，6)，(3，7)，<u>(3，8)</u>，<u>(4，6)</u>，<u>(4，7)</u>，<u>(4，8)</u>，(5，7)，<u>(5，8)</u>，<u>(6，8)</u>となる。このうち，数字の積が4の倍数になる場合は，下線を引いた10通りである。

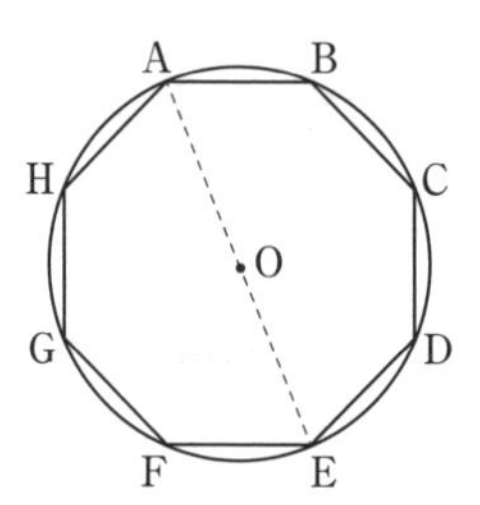

(2)<**場合の数**>箱の中から3枚同時にカードを引くとき，カードの裏に書かれた数字の和が偶数となるのは，(i)引いた3枚のカードに書かれた数字が全て偶数の場合と，(ii)引いた3枚のカードのうち，1枚のカードに書かれた数字が偶数で，残りの2枚のカードに書かれた数字が奇数の場合である。偶数が書かれたカードも奇数が書かれたカードも4枚ずつあるから，(i)の場合，4枚の偶数が書かれたカードから3枚引くことになる。このとき，3枚のカードの引き方は，4枚のカードから1枚を引かないと考えて，4通りとなる。(ii)の場合，4枚の偶数のカードから1枚を引く引き方は4通りあり，それぞれについて，4枚の奇数のカードから2枚を引く引き方は，(1，3)，(1，5)，(1，7)，(3，5)，(3，7)，(5，7)の6通りある。よって，$4\times6=24$(通り)ある。以上より，和が偶数となる場合は $4+24=28$(通り)である。このうち，カードの表に書かれたアルファベットが示す点を結んでできる三角形が直角三角形となるのは，右上図で，斜辺が直径となるとき，つまり，斜辺がAE，BF，CG，DHとなるときである。このとき，3枚のカードに書かれたアルファベットの組合せは，(A，B，E)，(A，D，E)，(A，E，F)，(A，E，H)，(B，D，F)，(B，F，H)，(B，C，G)，(C，D，G)，(C，F，G)，(C，G，H)，(B，D，H)，(D，F，H)となるから，三角形が直角三角形となるのは12通りである。

4 〔関数—関数 $y=ax^2$ と一次関数のグラフ〕

≪基本方針の決定≫(3)　点Aは，点Bとy軸について対称な点であることを利用する。　(4)　△ADQと△BDQが合同であることに気づきたい。

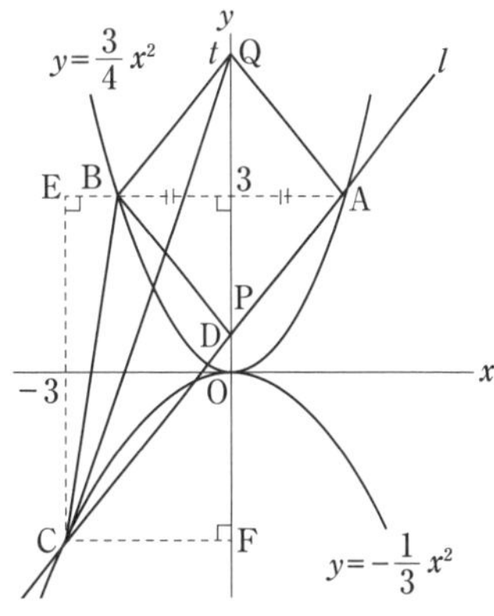

(1)<x座標>右図で，点Aは放物線$y=\frac{3}{4}x^2$上にあり，y座標は3だから，$3=\frac{3}{4}x^2$より，$x^2=4$，$x=\pm2$となる。よって，点Aのx座標は正だから，$x=2$である。

(2)<直線の式>右図で，直線lは2点A，Cを通り，(1)よりA(2, 3)である。点Cは放物線$y=-\frac{1}{3}x^2$上にあり，x座標は-3だから，$y=-\frac{1}{3}\times(-3)^2=-3$より，C$(-3,\ -3)$となる。よって，2点A，Cの座標より，直線$l$の傾きは$\frac{3-(-3)}{2-(-3)}=\frac{6}{5}$なので，その式を$y=\frac{6}{5}x+b$とすると，点Aを通ることから，$x=2$，$y=3$を代入して，$3=\frac{6}{5}\times2+b$より，$b=\frac{3}{5}$となる。したがって，直線$l$の式は$y=\frac{6}{5}x+\frac{3}{5}$である。

(3)<長さ>右上図で，放物線$y=\frac{3}{4}x^2$はy軸について対称で，この放物線上にある点A，Bのy座標が等しいことから，2点A，Bはy軸について対称な点である。これより，y軸上に点Pをとると，AP＝BPとなるから，BP＋PC＝AP＋PCである。よって，BP＋PCが最小となるとき，AP＋PCも最小となるので，点Pは線分ACとy軸との交点となる。つまり，BP＋PCが最小となるときの点Pは直線lとy軸との交点である点Dに一致し，BP＋PCの最小値は線分ACの長さに等しい。よって，図のように，点Aを通りx軸に平行な直線と点Cを通りy軸に平行な直線との交点をEとして，直角三角形ACEをつくると，A(2, 3)，C$(-3,\ -3)$より，E$(-3,\ 3)$である，したがって，AE$=2-(-3)=5$，CE$=3-(-3)=6$となるから，△ACEで三平方の定理を利用して，AC$=\sqrt{\mathrm{AE}^2+\mathrm{CE}^2}=\sqrt{5^2+6^2}=\sqrt{61}$より，BP＋PCの最小値は$\sqrt{61}$である。

(4)<tの値>右上図のように，y軸上に点Qをとると，点A，Bがy軸について対称であることから，△ADQ≡△BDQであり，△ADQ＝△BDQとなる。これと，△ADQ＝△BCQより，△BDQ＝△BCQとなり，△BDQと△BCQの底辺を共通するBQと見ると高さは等しいので，BQ∥lである。つまり，点Qは，点Bを通り直線lに平行な直線とy軸との交点である。平行な直線は傾きが等しいから，(2)で直線lの傾きが$\frac{6}{5}$より，直線BQの傾きも$\frac{6}{5}$となる。よって，点Qのy座標がtだから，直線BQの式は$y=\frac{6}{5}x+t$とおける。ここで，点BはA(2, 3)とy軸について対称なので，B$(-2,\ 3)$である。したがって，直線BQが点Bを通ることから，$y=\frac{6}{5}x+t$に$x=-2$，$y=3$を代入して，$3=\frac{6}{5}\times(-2)+t$より，$t=\frac{27}{5}$となる。

5〔空間図形―立方体〕

≪基本方針の決定≫(3)(ii)　線分DP，DQ，RSを延長して，五角形DPRSQを含む三角形をつくって考える。

(1)<長さ―三平方の定理>次ページの図の△APDは∠DAP＝90°の直角三角形だから，三平方の定理より，DP$=\sqrt{\mathrm{AP}^2+\mathrm{AD}^2}=\sqrt{3^2+4^2}=\sqrt{25}=5$(cm)となる。

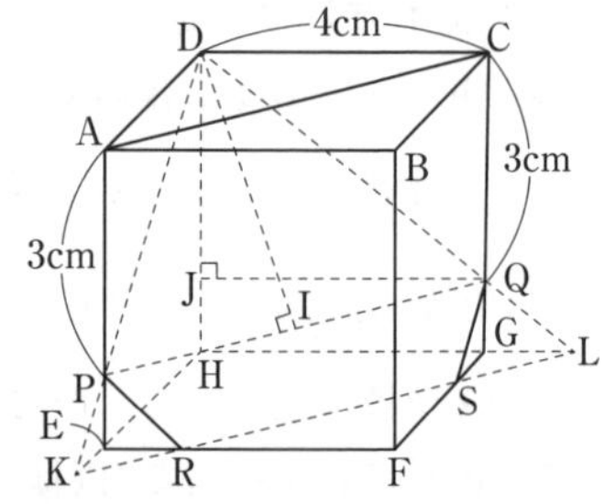

(2)＜**面積**＞右図の△APD と△CQD において，∠DAP＝∠DCQ＝90°，AP＝CQ，AD＝CD より，2 辺とその間の角がそれぞれ等しいから，△APD≡△CQD となり，DP＝DQ である。これより，△DPQ は二等辺三角形なので，頂角 D から辺 PQ に垂線 DI を引くと，点 I は辺 PQ の中点となる。また，四角形 APQC は長方形で，PQ＝AC であり，△ABC は直角二等辺三角形で，$AC=\sqrt{2}AB=\sqrt{2}\times4=4\sqrt{2}$ だから，$PQ=4\sqrt{2}$ となる。よって，△DPI で，(1)より DP＝5 であり，$PI=\frac{1}{2}PQ=\frac{1}{2}\times4\sqrt{2}=2\sqrt{2}$ なので，$DI=\sqrt{DP^2-PI^2}=\sqrt{5^2-(2\sqrt{2})^2}=\sqrt{17}$ となる。よって，$\triangle DPQ=\frac{1}{2}\times PQ\times DI=\frac{1}{2}\times4\sqrt{2}\times\sqrt{17}=2\sqrt{34}$ (cm^2) である。

(3)＜**長さ，面積**＞(i)右上図のように，点 Q から辺 DH に垂線 QJ を引くと，〔面 AEFB〕∥〔面 DHGC〕より，PR∥DQ となり，△PER∽△DJQ である。相似比は，PE＝AE－AP＝4－3＝1，DJ＝CQ＝3 より，PE：DJ＝1：3 である。よって，PR：DQ＝1：3 となり，(1)，(2)より DQ＝DP＝5 だから，PR：5＝1：3 が成り立つ。これを解くと，PR×3＝5×1 より，$PR=\frac{5}{3}$ (cm) となる。　(ii)図のように，線分 DP，HE，SR の延長線の交点を K，線分 DQ，HG，RS の延長線の交点を L とする。図形の対称性より，PQ∥KL となり，△DPQ∽△DKL である。また，AD∥KE より，△APD∽△EPK で，相似比は AP：EP＝3：1 である。これより，DP：KP＝3：1 だから，DP：DK＝DP：(DP＋KP)＝3：(3＋1)＝3：4 となり，△DPQ と△DKL の相似比は 3：4 である。よって，△DPQ と△DKL の面積比は $3^2:4^2=9:16$ で，(2)より $\triangle DPQ=2\sqrt{34}$ だから，$\triangle DKL=\frac{16}{9}\triangle DPQ=\frac{16}{9}\times2\sqrt{34}=\frac{32\sqrt{34}}{9}$ となる。さらに，PR∥DL より，△PKR∽△DKL で，相似比は，PK：DK＝PK：(DP＋KP)＝1：(3＋1)＝1：4 であり，図形の対称性より，△PKR≡△QLS である。したがって，$\triangle PKR:\triangle DKL=1^2:4^2=1:16$ より，$\triangle PKR=\frac{1}{16}\triangle DKL=\frac{1}{16}\times\frac{32\sqrt{34}}{9}=\frac{2\sqrt{34}}{9}$ であり，$\triangle QLS=\triangle PKR=\frac{2\sqrt{34}}{9}$ となる。以上より，〔五角形 DPRSQ〕＝△DKL－△PKR－△QLS＝$\frac{32\sqrt{34}}{9}-\frac{2\sqrt{34}}{9}-\frac{2\sqrt{34}}{9}=\frac{28\sqrt{34}}{9}$ (cm^2) である。

国語解答

一 問一 a…③ b…④ c…③
問二 x…④ y…②
問三 Ⅰ…③ Ⅱ…② 問四 ③
問五 ① 問六 ③ 問七 ③
問八 ④ 問九 ② 問十 ②

二 問一 Ⅰ…④ Ⅱ…③ Ⅲ…①
問二 a…③ b…④ 問三 ③
問四 ④ 問五 ② 問六 ①
問七 ③ 問八 ③ 問九 ①
問十 ② 問十一 ①

三 問一 ③ 問二 ④ 問三 ①
問四 ② 問五 ① 問六 ②
問七 ① 問八 ③ 問九 ④
問十 ① 問十一 ③

一〔論説文の読解―社会学的分野―現代文明〕出典；前田英樹『愛読の方法』。

≪**本文の概要**≫人間のつくり出した道具には，生存競争に勝って他の生物を支配することを目的にする方向と，知性動物としての人間が自然の中により深く入り込むことを目的にする方向とがある。はじめは混然としていたこの二つの方向の区別が明確になったのが，近代である。近代の機械産業が生んだ道具は，熟練や努力を要せず，誰でも同じように使えるという特徴があり，文明の利器によって，人間は，労働の負担から解放され自由になったが，それによって無能になってゆくともいえる。文明は，身体が自然界の一部分としてはたらく，そのはたらき方の性質を根本的に変えてきた。人間の身体は，道具の使用によって，自然界のメカニズムを少しだけ外れ，自然界との間に隔たりをつくる。その隔たりによって自然とは何かを知った人間は，道具のはたらきと一体化して自然の奥深くに入り込み，自然に畏敬の念を抱き，自然を信仰するようになった。しかし，一方で，他を支配しようとして伸びていく道具の方向は，この信仰心を殺してしまう。近代に至って，文明は，道具の使用にあるこのような矛盾を抱えた。

問一＜漢字＞a.「普及」と書く。①は「不穏」，②は「赴任」，③は「普段」，④は「負債」。　b.「保証」と書く。①は「承認」，②は「賞状」，③は「障壁」，④は「確証」。　c.「畏敬」と書く。①は「異質」，②は「偉大」，③は「畏怖」，④は「緯度」。

問二＜語句＞x.「精確」は，詳しくて間違いのない様子。　y.「提げる」は，持っていく，携える，という意味。

問三＜文章内容＞Ⅰ. 人間は，頭脳，つまり「知性」が発達しているので，体のはたらき方は「不安定」である。頭脳の中で「知性」をはたらかせ，道具をつくり出し，それを使ってこそ，人間は「大きな力」を持つ。　Ⅱ. 自然とは何かを知った人間は，自然の底知れないありようを「畏敬」し，自然を信仰するようになった。これが「宗教」の始まりであり，「宗教」の発生は，道具とともにあったといえる。

問四＜文章内容＞人間の手がつくり出した道具には，「生存のための競争」に勝って「何かを踏みにじり，奪い，支配することを目的に」した方向と，「知性動物たる人間の身体が，自然の働きのなかにより深く，より自由に入り込むため」という方向の，「ふたつの方向が含まれて」いた。

問五＜文章内容＞近代の機械産業が生んだ道具の特徴は，「それを使うのに熟練や努力を要しないこと」である。電気釜のように近代の機械産業による道具は，「道具の仕組みについては，なんにも知らな」くても使え，「物の性質について何も学ぶところがない」のである。

問六＜文章内容＞電気釜の開発者は，「すべての人が旨い飯を完全に炊ける」ことを目指して他の製造業者と競争を続けているのに，使う人によって「旨い飯の炊き方」ができるという「余地が残されている」ことは，商品開発が不完全であるという意味で，開発者にとって不名誉なことである。

問七＜文章内容＞電気製品の発明が「女性を家事の負担から解放し，自由にした」という面があることについては，「それは，そうかも」しれない。しかし，生活をより便利にする電気製品という「文明の進歩」によって，私たちが「今よりさらに無能に，馬鹿になる」と考えると，「私」は，そんな文明は受け入れがたいのである。

問八＜文章内容＞人間の身体は，自然の一部分としてはたらいていたが，「道具の使用によって，言うなれば自然界のメカニズムを少しだけはずれ，それとの間に隔たりを創り，その隔たりによって，自然とは何かを〈知る〉道を拓いた」のである。

問九＜文章内容＞「自然の働きのなかにより深く，より自由に入り込むために在る」道具の一方向によって，人類は，「自然の奥深くに入り込み，底知れないその在りように驚嘆し，感謝し，畏敬の念をも抱くようになっ」た結果，信仰，宗教が生まれた。しかし一方で，「ただ得をしよう，楽をしよう，他を支配しようとして伸びていく道具」のもう一つの面が，「自然への，あるいは物が在ることへの信仰心を殺してしまう」のである。

問十＜要旨＞道具には，「生存のための競争に闘って」勝ち，「支配することを目的に」する方向と，「知性動物たる人間の身体が，自然の働きのなかにより深く，より自由に入り込む」ことを目的にする方向とがある。この「ふたつの方向は，始めのうちは混然と溶け合っていて，区別のつかないものだった」が，この「区別が誰の眼にもあからさまに，後戻りのできないほど明確なものになったのは，近代」であり，この分裂は「後戻りのできない文明の矛盾を抱えている」といえる。

二〔**小説の読解**〕出典；五木寛之『第三演出室』（『狼たちの伝説』所収）。

問一＜表現＞Ⅰ．辰巳は，目つきも鋭く，唇もきつく結んで，厳しい表情を見せていた。　Ⅱ．第三演出室の一人ひとりは，局から「あたえられた指示を忠実に映像化するだけ」の機械の一部のように働く人間にはなりきれなかった。本当の「テレビのくず」は，「すんなり自分を合わせ」て，平気で機械の一部のようになる。　Ⅲ．電話を受けた矢来は，嫌な予感が背筋をさっと流れるのを覚えた。

問二．a＜慣用句＞「頭をかく」は，恥ずかしいときや照れたときなどの仕草を表す。　**b＜語句＞**「口ごもる」は，言うのをためらう，また，途中で言うのをやめる，という意味。

問三＜文脈＞怒鳴っている第三演出室の「古手の一人」のように，第三演出室の男たちは，辰巳の指示に応じて「軽々と第一スタジオを動き回って」おり，「その中心に辰巳重郎」がいた。

問四＜文章内容＞辰巳は，「すでに課長の肩書を持っている中年の技術屋」や「報道部次長」といった役職を持つ権力者たちにも，かまわず注意を与えて，スタジオ内に指示を出し，てきぱきと生放送本番前の準備を進めていた。

問五＜文章内容＞「第三演出室」も同じ放送局の一部署なのに，第二演出部長は，「辰巳プロ」という別の制作会社が番組を制作したかのように，字幕を入れようかと言った。

問六＜文章内容＞辰巳は，「第三の連中はテレビ屋のくず」だと思っていたが，彼らは「それぞれに個性的なテレビの文体というやつ」を持った「優秀なディレクター」だと思うようになった。彼らは，局の歯車として黙々と働くことができず，そうした悩みが原因で問題行動を起こしていたことが，辰巳にはわかってきた。そこで，辰巳は，彼らを，「組合員じゃないというだけ」で，「テレビの恥部」だから「局から追放しろ」と言った組合に反発して，「本当はテレビの最良の息子たちたり得た連中」だったかもしれない男たちのいる「第三演出室で，この番組制作を引き受けた」のである。

問七＜文章内容＞第三演出室のスタッフは，本当は，皆「それぞれに個性的なテレビの文体というやつ」を持った「優秀なディレクター」だった。彼らは，「あたえられた指示を忠実に映像化するだけの歯車には，どうしてもなり切れない」という悩みに駆り立てられた結果，「タレントに手を出したり，競馬に狂ったり，アル中になったり，代理店と喧嘩をしたり」してしまったのである。

問八＜心情＞放送局と労働組合の団体交渉が難航し，組合側のストライキにより，酒井編成局長は，第三演出室の辰巳たちに生番組の制作を依頼し，番組制作は準備が仕上がりつつあった。ところが，「本番十分前」になって，急に団交がまとまって「ストは中止」になり，「イヴニング・ショウのスタッフがすぐに一スタに」入るという連絡を受け，酒井編成局長は，必死で準備を整えた辰巳らに，スタジオの引き渡しを命じなければならなくなった。局の事情に振り回され，酒井編成局長は，「大きなため息」をつき，その精神的な疲れが「目の下の筋肉」の震えとなったのである。

問九＜心情＞辰巳は，第三演出室のスタッフを活躍させ，「一人前のテレビ・ディレクターの仕事」という自分の「本当の仕事ぶり」を矢来や局の人間に見せつけて，自分と第三演出室のスタッフのテレビへの愛を伝えようと思っていた。しかし，組合のストライキの中止により，番組制作は，結局，与えられた指示どおりに働く「テレビというやつを愛してない」組合側スタッフに委ねられてしまった。辰巳は，もはや最近のテレビ制作の傾向に合わない自分たちには活躍の場がないと悟り，「終わったな」とつぶやいたのである。

問十＜表現＞「本番三十分前――」から「本番十分前――」までは，辰巳ら第三演出室の面々による緊張感のみなぎったアナウンスだったが，スタジオを引き渡された組合側スタッフによる「本番五分前――」のアナウンスは，「機械で合成したような乾いた冷静な声」だった。辰巳ら第三演出室のスタッフによる，テレビへの愛とそれぞれの個性が反映される番組制作のあり方は「終わった」もので，与えられた指示どおりに働く歯車のようなスタッフによる番組制作に移ったことが表されている。

問十一＜表現＞「本番三十分前――」や「本番十分前――」のように，時間の経過を表す描写が随所に挿入されることで，限られた時間との戦いの中で，辰巳ら第三演出室のスタッフが生放送番組の準備を進めていく緊迫感が表され，読者に，スタジオ内にいて状況を見守っているかのような臨場感を与えている。

三〔**古文の読解―説話**〕出典；『宇治拾遺物語』巻第十二ノ二。

≪現代語訳≫昔，西天竺に竜樹菩薩と申し上げる智恵を備えた優れた僧がいらっしゃる。(竜樹菩薩は)智恵が大変深かった。また中天竺に提婆菩薩と申し上げる智恵を備えた優れた僧が(いて)，竜樹菩薩の智恵の深いことをお聞きになって，西天竺に行って，門の外に立って，来訪したことを竜樹菩薩様に伝えてもらおうとしなさったところに，(竜樹菩薩の)お弟子が外から来なさって，「どのような人でいらっしゃいますか」と尋ねる。提婆菩薩が答えなさることには，大師(＝竜樹菩薩)の智恵が深くていらっしゃることをお聞きして，困難な道中を乗り越えて，中天竺からはるばる参上した。このことを(竜樹菩薩に)申し上げよという内容をおっしゃった。お弟子が，竜樹菩薩に(このことを)申し上げたところ，小箱に水を入れてお出しになった。提婆菩薩は理解なさって，衣の襟から針を一本取り出して，この水の中に入れてお返し申し上げた。これを見て，竜樹菩薩は大変驚いて，「早くそのお方をお入れ申し上げよ」と言って，寺の中をきれいに掃除して(提婆菩薩を)お入れ申し上げなさった。／(竜樹菩薩の）お弟子が不思議に思うことには，「（大師が）水を与えなさったのは，遠国からはるばるいらっしゃったのでお疲れになっているであろうから，（訪問者の）喉を潤すためと思っていたが，この人が針を入れてお返しなさると，大師が驚きなさって（客人を）敬いなさったのは，理解できないことだなあ」と思って，後で大師におきき申し上げたところ，（大師が）答えなさったことには，「水を与えたのは，私の智恵は小箱の中の水くらいのごくわずかなものだ。それなのに，あなたは万里を乗り越えてやってきた，（この小箱の水の上にあなたの）智恵を浮かべよという意味で，水を与えたのだ。提婆菩薩が何も言わなくても私の本意を知って，針を水に入れて返したことは，私の針ほどの少ない智恵で，あなたの大海のような深い智恵の底を極めたいということだ。お前たちは長年私について修行しているのに，私の問いの意味をわからないで，これをきく。提婆菩薩は初めて私のもとへやってきたのに，私のすることの意味を知っている。これが智恵を持つ者と持たぬ者との差というものなのじゃよ」などと（答えた）。そこで瓶の水を別の容器に移すように，（何もかも全て）法文を習い伝えなさって，（提婆菩薩は）中天竺にお帰りなさったということです。

問一＜古語＞「承る」は，「聞く」の謙譲語で，お聞きする，という意味。

問二＜古文の内容理解＞イ．提婆菩薩が，はるばる竜樹菩薩を訪ねてきた旨を申し上げよとおっしゃった。　ウ．竜樹菩薩のお弟子が，竜樹菩薩と提婆菩薩の，小箱の水のやり取りの意味をおきき申し上げた。

問三＜古文の内容理解＞提婆菩薩は，「竜樹の智恵深き由を聞き」なさって，中天竺からはるばる竜樹菩薩を訪ねてきた。

問四＜古典文法＞「いかなる」は，形容動詞「いかなり」の連体形。「人」は，名詞。「に」は，断定の助動詞「なり」の連用形。「て」は，助詞。「まします」は，動詞「まします」の連体形。「ぞ」は，助詞。

問五＜歴史的仮名遣い＞歴史的仮名遣いの語頭以外のハ行は，現代仮名遣いでは，原則として，「わいうえお」になる。また，歴史的仮名遣いの「au」は，現代仮名遣いでは，「ou」になる。

問六＜古文の内容理解＞竜樹菩薩が客人に小箱に水を入れて出したのを，お弟子は，「遠国よりはるばると来たまへば疲れたまふらん，喉潤さんため」だろうと考えた。

問七＜古文の内容理解＞提婆菩薩が，水の中に針を入れて竜樹菩薩に返したのは，「我が針ばかりの智恵を以て，汝が大海の底を極めん」という意味だった。

問八＜古文の内容理解＞竜樹菩薩は，提婆菩薩に敬意を表して，「坊中を掃き清めて入れ奉り」なさった。

問九＜古文の内容理解＞竜樹菩薩が提婆菩薩に小箱の水を与えたことの意味を，お弟子はわからなくて竜樹菩薩に問うた。

問十＜古文の内容理解＞智恵を持つ提婆菩薩は，初めて竜樹菩薩を訪ねてきたときから，竜樹菩薩の問いの意味がわかったが，智恵を持たないお弟子たちは，長年竜樹菩薩の教えを受けていても，竜樹菩薩の言動の真意がわからなかった。これが，智恵のある者とない者との差であると，竜樹菩薩はお弟子たちに教えた。

問十一＜古文の内容理解＞提婆菩薩は，竜樹菩薩の智恵を学びたくて，はるばる中天竺から西天竺までやってきた。その提婆菩薩の智恵を，竜樹菩薩は，小箱に入れた水という問いに提婆菩薩がどう答えるかを見て，試そうとしたが，提婆菩薩は，竜樹菩薩の問いの意味を理解し，見事に答えた。

Memo

Memo

2021年度 成田高等学校

【英　語】（50分）〈満点：100点〉

■リスニングテストの音声は，当社ホームページで聴くことができます。（実際の入試で使用された音声です）
再生に必要なＩＤとアクセスコードは「収録内容一覧」のページに掲載してます。

1 対話とナレーションを聞き，それぞれの質問に対する答えとして最も適切なものを次の①～④から一つずつ選びなさい。

(1) [1]

① Vegetable soup and hamburgers.　② Vegetable soup, hamburgers, and coffee.
③ Vegetable soup and coffee.　④ Vegetable soup, hamburgers, and tea.

(2) [2]

① Because he thought the waterfalls were frozen.
② Because he thought it was not safe.
③ Because he didn't like the weather.
④ Because he didn't go camping.

(3) [3]

① He stayed at home.　② He ate sushi in Tokyo.
③ He broke his leg.　④ He was sent to the hospital.

(4) [4]

① Teachers.　② Names.　③ Happiness.　④ Classrooms.

(5) [5]

① Ninjas first appeared in the 15th century.
② Ninjas had more power hundreds of years ago.
③ Stories of Ninjas were written in the 19th century.
④ Ninjas' new abilities given by writers made Ninjas more popular.

※ リスニングテスト放送文は，英語の問題の終わりに付けてあります。

2 　□に入る最も適切なものを次の①～④から一つずつ選びなさい。

(1) London is the [6] of the United Kingdom.

① town　② country　③ capital　④ countryside

(2) I don't know how [7] you have been to Hawaii.

① much time　② long　③ far　④ many times

(3) A: Thanks for inviting me. I have to go home now.

B: Come on! It's [8] ten.

① only　② first　③ even　④ been

(4) A: Can I have a [9] bag?

B: Certainly. It costs 3 yen.

① my　② convenient　③ register　④ plastic

(5) The boy [10] by a stranger near the station was my brother.

① spoken　② was spoken　③ spoken to　④ was spoken to

(6) I have lost my camera recently. I need to buy a new [11] now.

① another　② one　③ it　④ other

(7) A: How do you [12] Kyoto, Paul?

B: Well, it's a beautiful city, and I saw some people wearing kimonos.

① like　② think　③ know　④ say

(8) The news of her death [13] to Ted.

① was surprised　② was surprising　③ surprised　④ surprised at

3 次の各文において，日本語の意味に合うようにそれぞれ下の①～⑤の語句を並べ替えて空所を補い，文を完成させなさい。ただし，文頭にくる単語も小文字で始めてあります。解答は 14 ～ 23 に入るものの番号のみを答えなさい。

(1) 線画とは，ペン，鉛筆またはクレヨンで描く絵のことです。

A drawing ＿＿ 14 ＿＿ 15 ＿＿ pens, pencils, or crayons.

① you　② with　③ a picture　④ make　⑤ is

(2) 宿題を終わらせるのにどのくらい時間がかかりましたか。

How long ＿＿ 16 ＿＿ 17 ＿＿ finish your homework?

① you　② did　③ take　④ to　⑤ it

(3) 私にとって英語ほどおもしろいものはありません。

＿＿ 18 ＿＿ 19 ＿＿ to me.

① as English　② is　③ interesting　④ nothing　⑤ as

(4) 専門家によると数年後に大きな情報革命が起こるそうです。

＿＿ 20 ＿＿ 21 ＿＿ a big information revolution in a few years.

① experts　② that　③ there　④ say　⑤ will be

(5) この公園で子供が遊ぶのは危険です。

This park is ＿＿ 22 ＿＿ 23 ＿＿ .

① in　② children　③ dangerous for　④ play　⑤ to

4 次の英文を読んで，後の問いに答えなさい。*の付いている語句には注があります。

Drone pilots are people who fly drones. In cities, drone pilots work for many different companies *including builders as well as city governments. Builders get drone pilots (ア). They also use drones to watch big projects such as the building of very tall buildings. More and more city governments are beginning to work with drone pilots. These pilots watch for *floods and other *natural disasters. Drone pilots are also beginning to work with firefighters, police forces, and lifeguards. During a fire, drones can check for danger before firefighters go in. In the future, drone pilots may give out *traffic tickets and (**1**). Lifeguards use drone pilots in difficult rescue situations. There is a drone that can fly above the water and (**2**).

Drone pilots work in *rural areas as well. They can work for farmers, animal and nature groups, search and rescue teams, and explorers. Drone pilots can help farmers in many ways. Drones can be used to watch the soil, plant seeds, and tell farmers when the *crops are ready. Drones can also be used to watch animals and (**3**). Animal and nature groups can work with drone pilots to watch wild animals and forests. Drone pilots can help protect animals and natural places. They can call the police as a *crime is happening. Drone pilots can stop people from killing animals or cutting down trees on protected lands.

Drone pilots are also helpful to search and rescue teams. Drones can help find people who are lost. They can fly into dangerous places. They can even *deliver ropes, water, food, and medicine to people *in danger. The army also has many uses for drone pilots. Drones can take *aerial photographs and videos before soldiers go into dangerous places. There are also larger drones that carry weapons.

A drone explorer's job is to use drones to travel to unknown places. People work with drone explorers to make maps, *extreme films, and more. Drones can fly into unknown places and use computer programs to make maps. Drones are often used in extreme films. They can fly into interesting and hard-to-reach places. Drones can fly over *volcanoes and through spaces such as *caves. Drone explorers have even worked with *archaeologists. They fly drones with special cameras over the earth to find out where to dig.

Universities and private companies offer drone pilot courses. But these courses are not like classes for flying planes. Drone pilots do not need to take the same courses as aircraft pilots. Some drone courses only teach people who wish to fly drones with remote controls. There are also *coding courses for people who wish to program drones that fly themselves. Drone pilots may also need to *complete photo and video courses because they often edit their own photographs and videos. People who want to become drone pilots need to think about the work they wish to do with drones. Usually, a person who wants to work as a drone pilot will study two fields. (イ), drone pilots who work on farms need to study farming or science with their normal drone courses.

Drone pilots also have to complete *continuing education courses. Technology is always *improving and changing. Drone pilots have to grow and change with the technology they use.

出典　*FUTURE JOBS READERS　Drone Pilots*　一部改変　Seed Learning, Inc.

注　including ～：～を含む　flood：洪水　natural disaster：自然災害　traffic ticket：交通違反切符
rural：田舎の　crop：農作物　crime：犯罪　deliver ～：～を配達する　in danger：危険な状態の
aerial：空中の　extreme：極限の　volcano：火山　cave：洞窟　archaeologist：考古学者
coding：(コンピュータの)プログラミング　complete ～：～をやり遂げる
continuing education：生涯教育　improve：よくなる

(1)　(　ア　)に入る最も適切なものを次の①～④から一つ選びなさい。 24

①　to map the land they want to build on　　②　to map to build on the land they want
③　to build the land they want to map on　　④　to build to map on the land they want

(2)　(　1　)～(　3　)に入る語句の組み合わせとして最も適切なものを次の①～④から一つ選びなさい。 25

あ　do other police work　　**い**　make sure they are healthy　　**う**　help a drowning person

①　(1)　あ　(2)　い　(3)　う　　②　(1)　い　(2)　あ　(3)　う
③　(1)　あ　(2)　う　(3)　い　　④　(1)　う　(2)　あ　(3)　い

(3)　ドローンパイロットの仕事に**必要でない**素質として最も適切なものを次の①～④から一つ選びなさい。 26

①　ドローン以外の分野のことを学び，新しい技術を知ろうとする探求心。
②　ドローンを使ってどんなことができるかを考える創造性。
③　ドローンの操縦士としてだけではなく飛行機の操縦士としての専門性。
④　ドローンで撮ったデータを編集する技術。

(4)　(　イ　)に入る語句として最も適切なものを次の①～④から一つ選びなさい。 27

①　In addition　　②　On the other hand　　③　Suddenly　　④　For example

(5)　本文の内容に合うものを次の①～⑥から**二つ**選びなさい。解答の順序は問いません。
28　29

①　Drones can help plants and animals as well as humans in danger.
②　Drone pilots can search rescue teams and give them some goods.
③　The army uses drones to attack their enemy with risking their lives.
④　Archaeologists can easily find out where to discover historical things by themselves.
⑤　After you become a drone pilot, you still have to continue to learn new skills.
⑥　Drones will be able to carry anything to anywhere because technology is still improving.

5 次の英文を読んで，後の問いに答えなさい。*の付いている語句には注があります。

Two days after Christmas a *Zulu woman and her schoolboy son sat waiting for me to finish my morning's clinic in *Ondini. She wanted me to visit her old mother's cow, which had a *calf waiting to be born. But for two days now the calf would not come out, and the poor cow was getting very tired. 'We have heard that you are a good vet,'(ア) the woman said to me.

So the schoolboy, the woman, my assistant Mbambo, and I went off in my *pickup. After an hour of driving on bad roads full of rocks and holes, and about forty-five minutes' walk, we came to a lonely *kraal by the side of a river. There was the poor old cow under a tree, looking very, very tired. I put my bags down and said hello to *Granny, who owned the cow. I called her Inkosikazi. She was the head of her family in the kraal.

Then I saw the cow and found that the calf was still alive, and very big. So, with Mbambo helping me, I put the cow to sleep and did a *caesarean. When I finished, there was a crowd of about fifty people watching us. Now the *bull calf was trying to stand on his feet, and shaking his head from side to side.

'(　イ　)' she called out loudly so everyone could hear.

'Well,' I said, 'you nearly had a dead cow and a dead calf, but I came and got the calf out, and so now they are both alive, right?'

She agreed, and the fifty people, too.

'And I drove all the way from Ondini in my pickup which is a thirsty car(ウ) — as thirsty as a man drinking beer on a Sunday.'

Smiles and laughter.

'And if you take good care of this calf and he grows into a strong young bull, when he is a year old, at the market in Ondini, they will pay you 1,500 *rands for him. Right?'

'Yes.'

'And the cow ... though she is old and tired now, if she lives and gets well, next year you can sell her for over 2,500 rands.'

Loud noises of agreement came from the crowd.

'So then, Inkosikazi, my work has given you about 4,000 rands that you didn't have before.'

'Yes.'

'How about going halves — and I take 2,000 rands?'

'That's too much,' she said after a short whisper with her friends.

'Yes, it is,' I said, 'but the cow may not live long. It is better that I don't ask for so much, since we are in *the season of goodwill. You can pay me just half of that(エ) — 750 rands.'

Louder noises and nods of agreement.

'Wait!' said the schoolboy, who was standing behind his grandmother, 'half of that(オ) is not 750, it is 1,000!'

'Oh!' I said. 'I can see you are a clever young man. But if I said 750, then I will still say 750 and not change it.'

What a noise after that! Everybody was smiling. Granny pulled out a big handful of 200 rand notes, and she gave four of them to me.

I took the money from her, counted the notes and said, 'Inkosikazi, that's too much.'

'Keep the change for your assistant Mbambo,' she said.

The season of goodwill is amazing.

出典：*The Festive Season in a Part of Africa*　一部改変　OXFORD UNIVERSITY PRESS

注　Zulu：南アフリカの部族　Ondini：オンディニ(地名)　calf：仔牛　pickup：荷台のある自動車
kraal：村落　Granny：おばあちゃん　caesarean：外科手術による出産　bull：雄牛の
rand：南アフリカのランド通貨　the season of goodwill：善意の季節(クリスマスシーズンの異称)

(1)　下線部**ア**の意味として最も適切なものを次の①～④から一つ選びなさい。　30

①　someone who has many animals on his farm

②　someone who gives care to sick animals

③　someone who sells animals as a job

④　someone who is trained to take care of people who are ill

(2)　(　**イ**　)に入る最も適切なものを次の①～④から一つ選びなさい。　31

①　I want you to see another cow.　②　The bull calf looks healthy.

③　You must continue the care.　④　We must talk about money.

(3)　下線部**ウ**の内容を最もよく表しているものを次の①～④から一つ選びなさい。　32

①　悪路で壊れてしまったので修理が必要な車。

②　ビールを燃料として走る車。

③　燃料をたくさん必要とする車。

④　日曜日に酔っぱらいを乗せているような車。

(4)　下線部**エ**, **オ**が指し示す内容について，この場面では誤解が生じている。I(私)が想定した内容と，the schoolboy が想定した内容の正しい組み合わせを①～④から一つ選びなさい。　33

	エ　I(私)が想定した内容	**オ**　the schoolboy が想定した内容
①	仔牛の金額	I(私)が最初に提示した金額
②	親牛の金額	仔牛と親牛の合計金額
③	仔牛の金額	仔牛と親牛の合計金額
④	I(私)が最初に提示した金額	仔牛の金額

(5) 本文の内容に合うものを次の①～⑥から**二つ**選びなさい。解答の順序は問いません。

34 35

① The Zulu woman and her son came to the writer with their grandmother, Inkosikazi.

② The Zulu woman wanted the writer to help the poor calf which would not come out.

③ The cow got sick and was dying because it was too hot in the Christmas season that year.

④ The fifty people watching the care agreed to pay 750 rands to buy the bull calf.

⑤ The writer was not good at math and asked for too much money for his work.

⑥ Inkosikazi was so thankful to the writer and Mbambo that she gave a small gift back.

＜リスニングテスト放送文＞

(1) A: Come on, Jim! Dinner is ready. Here is the vegetable soup.

B: Thank you, mom. This soup smells so good.

A: Your hamburgers will be ready in a few minutes. And your coffee will be ready soon, too.

B: Thanks, but no thanks. I usually drink coffee in the evening. But today, I think I'd like tea better. Coffee keeps me awake these days. I have to go out early tomorrow morning, so I'll have tea instead, please.

A: All right. I'll make it quickly. Now the hamburgers are ready. Go ahead.

Question: What is the son going to have for dinner? 1

① Vegetable soup and hamburgers.

② Vegetable soup, hamburgers and coffee.

③ Vegetable soup and coffee.

④ Vegetable soup, hamburgers and tea.

(2) A: Hi, David, how have you been?

B: Good, and I made it home at last. I went camping last week.

A: Camping? In a cold season like this?

B: Inside my car, of course.

A: What was the weather like? It was cold, wasn't it?

B: It rained hard just before going there, but it was fine and warm while camping.

A: Did you go to the frozen waterfalls you were talking about?

B: Ah, you mean the Fudo Falls? In fact, no, I didn't. I thought it was dangerous because the snow on the mountain path was melting.

Question: Why did the man NOT go to the waterfalls? [2]

① Because he thought the waterfalls were frozen.

② Because he thought it was not safe.

③ Because he didn't like the snowy weather.

④ Because he didn't go camping.

(3) A: Hi, Tom. How did you spend your weekend?

B: Hi, Emily. I wanted to eat out for sushi in Tokyo with my family, but we couldn't. My father suddenly got sick, so we all ate at home. How about you?

A: I played tennis with some of my friends, and one of them broke her leg. So we had to take her to the hospital.

B: That's too bad. I hope she'll get well soon.

A: Thank you. By the way, is your father OK now?

B: Yes. Thanks.

Question: What did Tom do on the weekend? [3]

① He stayed at home.

② He ate sushi in Tokyo.

③ He broke his leg.

④ He was sent to the hospital.

(4) A teacher brought balloons to her school. She told her students to blow them up and write their name on one of the balloons. After the children tossed the balloons into a classroom, she moved through the room mixing them all up. The kids were given one minute to find the balloon with their name on it, but no one could. Then the teacher told them to take the balloon closest to them. "Look at the name and give it to that person." Soon everyone was holding their own balloon. Now the teacher said to the children, "These balloons are like happiness. We won't find it when we're only searching for our own. But if we care about someone else's happiness, in the end, it will help us find ours too."

Question: What do "balloons" mean in this story? **4**

① Teachers.

② Names.

③ Happiness.

④ Classrooms.

(5) Ninjas are becoming more popular these days. Some foreigners think Ninjas are a symbol of Japan. They have skills of fighting and running across rooftops. They are spies and fighters. They first showed up in the 15th century in Japan. Their jobs were to spy, to fight and kill their enemies, and to destroy things. These skills helped benefit their master and get more power. In the 19th century, in their stories, writers gave Ninjas new abilities, like walking on water, controlling fire, and not being seen. Because of this, Ninjas have become more popular, and we can see them everywhere today. They are seen in movies, cartoons, comics, games, and manga.

Question: Which sentence is NOT true? **5**

① Ninjas first appeared in the 15th century.

② Ninjas had more power hundreds of years ago.

③ Stories of Ninjas were written in the 19th century.

④ Ninjas' new abilities given by writers made Ninjas more popular.

【数　学】 (50分) 〈満点：100点〉

1 次の**ア**～**チ**の□に当てはまる数や符号を答えなさい。

(1) $(-2)^2\times(-3^2)\div\left(-\dfrac{2}{9}\right)+\left(-\dfrac{4}{3}\right)\div\left(-\dfrac{1}{6}\right)^2=$ **アイウ**

(2) $\dfrac{2x+5y}{7}-\dfrac{3x-y}{5}+\dfrac{x-3y}{2}=\dfrac{\boxed{エオ}x-\boxed{カキ}y}{\boxed{クケ}}$

(3) $(7x+3y)(7x-3y)-(5x-4y)(9x+y)=\boxed{コ}x^2+\boxed{サシ}xy-\boxed{ス}y^2$

(4) $(3\sqrt{5}+2\sqrt{3})^2-(3\sqrt{5}-2\sqrt{3})^2=\boxed{セソ}\sqrt{\boxed{タチ}}$

2 次の**ア**～**コ**の□に当てはまる数や符号を答えなさい。

(1) 4％の食塩水300 gに10％の食塩水 **アイウ** gを混ぜると，6％の食塩水ができる。

(2) AC＝30 cm，BC＝20 cm，∠C＝90°の直角三角形の辺AC上をCからAまで毎秒3 cmの速さで動く点Pと，辺BC上をBからCまで毎秒2 cmの速さで動く点Qがある。2点P，QがC，Bを同時に出発するとき，△PCQの面積が48 cm^2になるのは，P，Qが出発してから **エ** 秒後と **オ** 秒後である。

(3) 図のように，BC＝$\sqrt{3}$ cm，AC＝$\sqrt{5}$ cm，∠C＝90°の直角三角形ABCがある。この三角形を，点Bを回転の中心として反時計回りに120°回転移動したときに，辺ACが通過してできる図形の面積は $\dfrac{\boxed{カ}}{\boxed{キ}}\pi$ cm^2である。

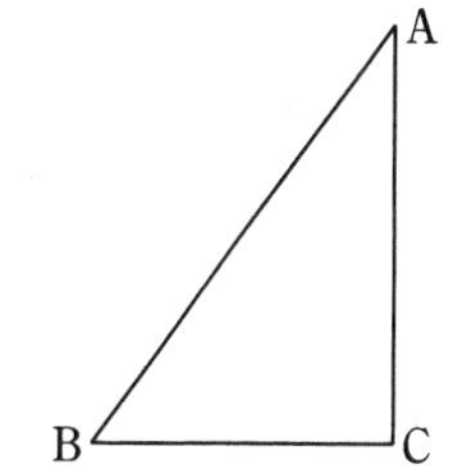

(4) 図のように，四角形OABCが平行四辺形となるように，円Oの周上に3点A，B，Cをとる。CPは円Oの直径である。また，点Qは$\overset{\frown}{PQ}=\overset{\frown}{QA}$となる点である。QCとOAの交点をRとするとき，∠ORQ＝ **クケコ** °である。

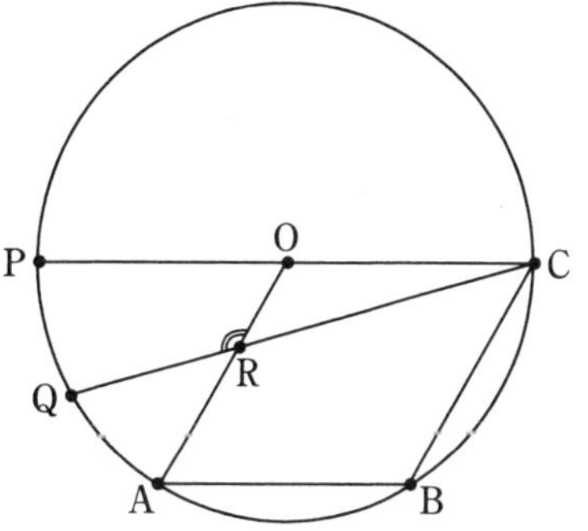

3 図のように，AB＝AC＝AD＝AE＝$\sqrt{5}$ cm，底面が1辺の長さが2 cmの正方形である正四角錐A－BCDEがあり，球Oが内接している。また，点Aから辺CDへ垂線を引き，交点をHとする。このとき，次の**ア**～**ク**の□に当てはまる数や符号を答えなさい。

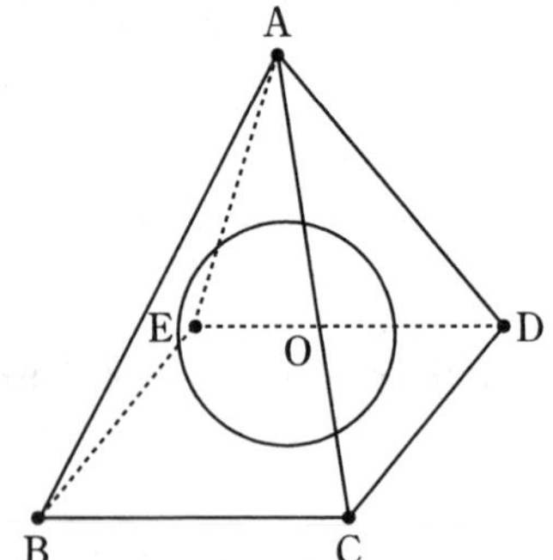

(1) AH＝[ア] cmである。

(2) 正四角錐A－BCDEの表面積は[イウ] cm^2である。

(3) 正四角錐A－BCDEの体積は $\dfrac{[エ]\sqrt{[オ]}}{[カ]}$ cm^3である。

(4) 球Oの半径は $\dfrac{\sqrt{[キ]}}{[ク]}$ cmである。

4 箱の中に1～6までの数字が1つ書かれたカードがそれぞれ1枚ずつ合計6枚入っている。このとき，次の**ア**～**ケ**の□に当てはまる数や符号を答えなさい。

(1) 箱からカードを同時に2枚引くとき，起こりうる場合は全部で[アイ]通りである。

(2) 箱からカードを同時に2枚引くとき，引いたカードに書かれた数字の和が4の倍数になる確率は $\dfrac{[ウ]}{[エ]}$ である。

(3) 箱からカードを1枚引き，数字を確認したあと箱にカードを戻す作業を2回繰り返す。1回目に確認した数字をa，2回目に確認した数字をbとするとき，$a+b$が4の倍数になる確率は $\dfrac{[オ]}{[カ]}$ である。また，$a \times b$が4の倍数になる確率は $\dfrac{[キ]}{[クケ]}$ である。

5 図のように，放物線①：$y=x^2$ と②：$y=ax^2$ ($a<0$) がある。2点A，Bは②上にあり，点Aの座標は $(3, -3)$ で，点Bの x 座標は -2 である。点Bを通り y 軸に平行な直線 ℓ と，①の交点をCとする。また，△ABCと△ABPの面積が等しくなるように，①上に点Cと異なる点Pをとる。このとき，次の**ア**～**タ**の□に当てはまる数や符号を答えなさい。

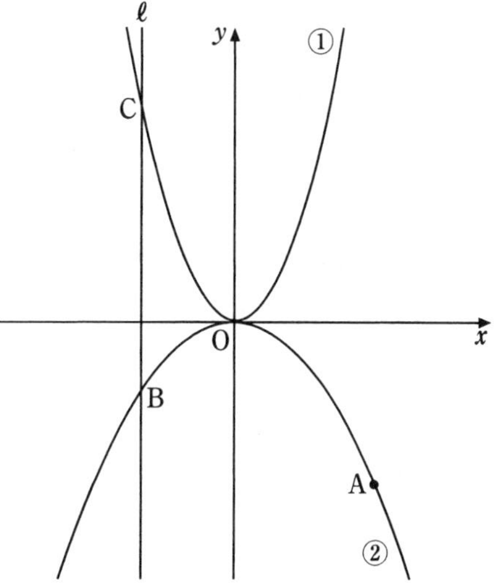

(1) $a=\dfrac{\boxed{アイ}}{\boxed{ウ}}$ である。

(2) 2点A, Bを通る直線の式は $y=\dfrac{\boxed{エオ}}{\boxed{カ}}x-\boxed{キ}$ である。

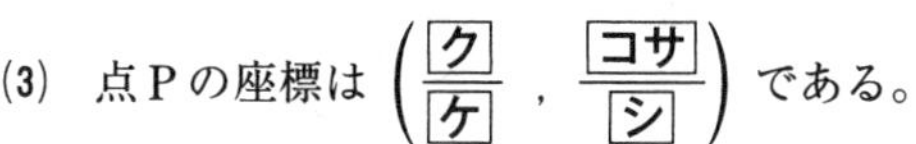

(3) 点Pの座標は $\left(\dfrac{\boxed{ク}}{\boxed{ケ}}, \dfrac{\boxed{コサ}}{\boxed{シ}}\right)$ である。

(4) 四角形ABCPの面積は $\dfrac{\boxed{スセソ}}{\boxed{タ}}$ である

解答上の注意

1．選択形式「①～④のうちから1つ選びなさい。」という場合，選んだ番号をマークしなさい。

（例）［ア］で③を選択したとき

ア	⊖ ⓪ ① ② ● ④ ⑤ ⑥ ⑦ ⑧ ⑨

2．選択形式以外の場合

(1) ［ア］，［イ］，［ウ］……． の一つ一つには，それぞれ「0」から「9」までの数字，または「－（マイナス）」のいずれか一つが対応します。それらを［ア］，［イ］，［ウ］……．で示された解答欄にマークしなさい。（例）［イウ］に－8と答えるとき

イ	● ⓪ ① ② ③ ④ ⑤ ⑥ ⑦ ⑧ ⑨
ウ	⊖ ⓪ ① ② ③ ④ ⑤ ⑥ ⑦ ● ⑨

(2) 分数形で解答が求められているときは，もっとも簡単な分数で答えます。符号は分子につけ，分母につけてはいけません。

（例）$\dfrac{\boxed{エオ}}{\boxed{カ}}$ に $-\dfrac{4}{5}$ と答えるときは，$\dfrac{-4}{5}$ として

エ	● ⓪ ① ② ③ ④ ⑤ ⑥ ⑦ ⑧ ⑨
オ	⊖ ⓪ ① ② ③ ● ⑤ ⑥ ⑦ ⑧ ⑨
カ	⊖ ⓪ ① ② ③ ④ ● ⑥ ⑦ ⑧ ⑨

(3) 式の係数や指数を答えるときは，係数や指数の数字をそのまま答えます。

（例）$\boxed{キ}x^{\boxed{ク}}$ に $3x^2$ と答えるとき

キ	⊖ ⓪ ① ② ● ④ ⑤ ⑥ ⑦ ⑧ ⑨
ク	⊖ ⓪ ① ● ③ ④ ⑤ ⑥ ⑦ ⑧ ⑨

(4) 根号を含む形で解答する場合は，根号の中に現れる自然数が最小となる形で答えます。

（例）$\boxed{ケ}\sqrt{\boxed{コ}}$，$\dfrac{\sqrt{\boxed{サシ}}}{\boxed{ス}}$ に $4\sqrt{2}$，$\dfrac{\sqrt{13}}{2}$ と答えるところを，$2\sqrt{8}$，$\dfrac{\sqrt{52}}{4}$ のように答えてはいけません。

① 見送りの人々が、天候不順に便乗して別れの宴会をし続けたいと思う気持ち。
② 別れの宴で送る者と送られる者の双方が、別れを惜しむ気持ち。
③ 見送りの人々が、天候不順の合間に見える夜の美しい月を見ていても飽きない気持ち。
④ 送る者と送られる者の双方が、漢詩が出来上がらない不満を宴会で紛らわす気持ち。

問七 D「青海原……」の歌に込められた気持ちとして最も適当なものを次の①～④から一つ選びなさい。解答番号は 38 。

① 望郷の念を抱きつつ見送りの人との別れを惜しむ気持ち。
② 友たちの真心を尽くした度重なる宴に感激する気持ち。
③ 人々との別れをたいへん辛く名残惜しく思う気持ち。
④ 帰郷する機会がもう訪れない不安にさいなまれる気持ち。

問八 傍線部E「人の心も同じことにやあらむ」とあるが、どのようなことを言っているか。最も適当なものを次の①～④から一つ選びなさい。解答番号は 39 。

① 月の美しさが表現できないような人は和歌は詠めないだろう。
② 同じような身分でなければ相手の心情に寄り添えないだろう。
③ 言語は違っていても根本的な人情は共有できるだろう。
④ 苦しい思いをしたからこそ相手の気持ちが理解できるだろう。

問九 F「みやこにて……」の歌に込められた気持ちの説明として最も適当なものを次の①～④から一つ選びなさい。解答番号は 40 。

① 都では山の端に昇る月が一般的だが、この地では海面から昇る月に興味を抱き、どうしても帰郷したい気持ちが募ってきている。
② 都では山の端に見えていたはずの月が見られず、この地では波間から見えることを不思議に思うと同時に、不安な気持ちになっている。
③ 都では山の端から出ていた月を見て楽しんでいたが、この地では波から出て波へと沈むさまを見て、驚きを隠せない気持ちになっている。
④ 都では山の端から月が見えていたが、この地では水平線から昇る月を見て古人の気持ちを思い、望郷の念を抱いている。

問十 本文中の内容に合うものを次の①～④から一つ選びなさい。解答番号は 41 。

① 人々が作者に同行しながら別れの宴を開いてくれたり、漢詩を作ってくれたりしたことに、作者は感謝した。
② かの国人は阿倍仲麻呂の言葉が理解できなかったので、漢字に直して通訳が説明してみたら人々が賞賛した。
③ 和歌は古来から神や一部の人が詠んだが、全ての人が詠むのは困難だったと阿倍仲麻呂が語った。
④ 作者は本歌取りを用いて和歌を詠み、阿倍仲麻呂の果たせなかった帰郷が実現できるよう神に祈った。

問十一 『土佐日記』は平安時代の作品だが、これと同じ時代に成立したものを、次の①～④から一つ選びなさい。解答番号は 42 。

① 万葉集　② 源氏物語
③ 平家物語　④ 徒然草

さて、今、そのかみ[注15]を思ひやりて、ある人[注16]のよめる歌、

F みやこにて山の端に見し月なれど波より出でて波にこそ入れ

（『土佐日記』小学館新編古典日本文学全集より）

注1　日悪しければ、……天気が悪く、縁起も悪いので、
注2　指もそこなはれぬべし。……指も傷んでしまうようだ。
注3　かうやうなる……こういう光景。
注4　阿倍仲麻呂……奈良朝の人。遣唐使として唐に渡り、玄宗皇帝に仕えた官僚。
注5　馬のはなむけし、……別れの宴を開き、
注6　飽かずやありけむ、……飽き足りなかったのだろう、
注7　仲麻呂のぬし……仲麻呂さん。
注8　かかる歌をなむ、神代より神もよん給び、……このような歌を、神も神代からお詠みになり、
注9　上、中、下の人……身分が上中下全ての人。
注10　春日……阿倍仲麻呂の故国の都。
注11　聞き知るまじく、……聞いてもわからないだろう、
注12　男文字……漢字。
注13　ことば伝へたる人……通訳。
注14　かげ……光。
注15　そのかみ……仲麻呂の故事。
注16　ある人……作者紀貫之のこと。

問一　波線部「もろこし」の漢字表記として最も適当なものを次の①～④から一つ選びなさい。解答番号は 32 。

①　天竺　②　唐土　③　震旦　④　呉越

問二　傍線部 a 「かしこ」・b 「ここ」の指し示す語の組み合わせとして最も適当なものをそれぞれ①～④から一つ選びなさい。解答番号は 33 。

①　a 日本　b もろこし　②　a 神　b 上中下の人
③　a もろこし　b 日本　④　a 上中下の人　b 神

問三　二重傍線部ア～ウ「こと」をそれぞれ漢字に改めたときの組み合わせとして最も適当なものを次の①～④から一つ選びなさい。解答番号は 34 。

①　ア 琴　イ 異　ウ 事　②　ア 事　イ 言　ウ 異
③　ア 異　イ 殊　ウ 言　④　ア 言　イ 異　ウ 事

問四　傍線部 A 「心もとなければ」の解釈として最も適当なものを①～④から一つ選びなさい。解答番号は 35 。

①　懐がさびしいので　②　待ち遠しいので
③　後ろめたいので　④　気が晴れないので

問五　傍線部 B 「いとわびし」とあるが、その理由として最も適当なものを次の①～④から一つ選びなさい。解答番号は 36 。

①　一緒にいた人々がいつまでも嘆いていたから。
②　夜も寝つけないほどその地を離れたくなかったから。
③　長い間思い通りに動くことができなかったから。
④　別れの宴が楽しくて出発する気になれなかったから。

問六　傍線部 C 「飽かずやありけむ」とあるが、作者が推測した気持ちとして最も適当なものを次の①～④から一つ選びなさい。解答番号は 37 。

問十三　この文章の表現の特徴についての説明として最も適当なものを次の①～④から一つ選びなさい。解答番号は **31**。

① 随所に幻想的な情景描写を挿入し、登場人物達も浮世離れしたおとぎ話風の世界を描いている。

② 登場人物達の思った内容は直接話法で示されていて、語り手が登場人物の思いや状況を説明することがない。

③ 物語世界の現在時点における、二人の登場人物による対話を中心に話が展開し、過去に関する話が存在しない。

④ 話し言葉にはそれぞれの地方の方言を用いていて、登場人物の個性を表現することに一役買っている。

三

次の文章は『土佐日記』の一節である。作者紀貫之は地方の任務を終えて船で京都に戻ろうとするが、天候が悪く出発できないでいた。次の古文を読んで後の問いに答えなさい。但し、一部仮名遣いを変更したところがある。

十九日。日悪しければ[注1]、船出ださず。二十日。昨日のやうなれば、船出ださず。みな人々憂へ嘆く。苦しく A心もとなければ、ただ、日の経ぬる数を、今日幾日(いくか)、二十日、三十日とかぞふれば、指(および)[注2]もそこなはれぬべし。B いとわびし。夜は寝(い)も寝(ね)ず。

二十日の夜の月出でにけり。山の端もなくて、海の中よりぞ出で来る。かうやうなる[注3]を見てや、昔、阿倍仲麻呂[注4]といひける人は、もろこしにわたりて、帰り来ける時に、船に乗るべきところにて、かの国人、馬のはなむけ[注5]し、別れ惜しみて、a かしこの漢詩(からうた)作りなどしける。C 飽かずやありけむ[注6]、二十日の夜の月出づるまでぞありける。その月は、海よりぞ出でける。これを見てぞ仲麻呂のぬし[注7]、「わが国に、かかる歌[注8]をなむ、神代より神もよん給(た)び、今は上、中、下[注9]の人も、かうやうに、別れ惜しみ、喜びもあり、悲しびもある時にはよむ」とて、よめりける歌、

D青海原ふりさけみれば春日[注10]なる三笠の山に出でし月かも

とぞよめりける。かの国人、聞き知るまじく[注11]、思ほえたれども、ことの心 ア を、男文字[注12]にさまを書き出だして、b ここのことば[注13]伝へたる人にいひ知らせければ、心をや聞き得たりけむ、いと思ひのほかになむ賞(め)でける。もろこしとこの国とは、言こと イ なるものなれど、月のかげ[注14]は同じこと ウ なるべければ、E 人の心も同じことにやあらむ。

① 今後の二人の未来が暗くなるのを予感させる効果。
② 二人に気力はあっても先が見通せないことを暗示する効果。
③ 三五平の性格が消極的であることをほのめかす効果。
④ 二人が向かう方向が異なることを強調する効果。

問九　傍線部F「三五平の物言いに力強さが戻っていた」とあるが、この時の三五平の心情として最も適当なものを次の①～④から一つ選びなさい。解答番号は 27 。

① 何としてでもマンハッタン号を安全に浦賀港に入港させてやる。
② 建前を言われても心は変わらないが、話だけは合わせておこう。
③ 改めて異国船の乗員に対して怒りがこみあげ、話を断ってやる。
④ 所詮果たせない約束だと分かっているが、やるだけはやってみよう。

問十　傍線部G「思案顔のまま」とあるが、その理由として最も適当なものを次の①～④から一つ選びなさい。解答番号は 28 。

① 野島崎御船番所の炊事番がどうして贅沢(ぜいたく)な握り飯を三つも作ってくれたのか分からなかったから。
② マンハッタン号の人達全員が今なお飲まず食わずの状態であることをどうしても意識してしまうから。
③ 握り飯を食べるとマンハッタン号に残してきた恋人のことが思い出され胸がいっぱいになったから。
④ 総助はどうしてこのように自分の肩を何度も繰り返し強く叩くのかその真意を測りかねていたから。

問十一　傍線部H「三五平は自分の胸を叩いた」とあるが、この時の三五平の心情として最も適当なものを次の①～④から一つ選びなさい。解答番号は 29 。

① 我が幸宝丸の名料理人の拓三の腕にかかれば、わずかな米でもなんとかするので正に大船に乗ったつもりでいろ。
② マンハッタン号には十分な食料もあり、幸宝丸の腕達者な拓三たちがいるので、鬼に金棒だ。
③ 米が何十俵あろうとアメリカ人の口に合うはずがない、拓三よ、無用の長物の米で大番狂わせをかましてくれ。
④ マンハッタン号はもう大丈夫、後はこの三五平に任せておけば、浦賀奉行の説得など赤子の手をひねるようなものだ。

問十二　傍線部I「総助は敬う目で三五平を見ていた」とあるが、その理由として最も適当なものを次の①～④から一つ選びなさい。解答番号は 30 。

① 三五平の食欲のなさは幸宝丸の仲間を思ってのことであり、よって三五平は個人よりも集団の幸福を大事にする人物だと思ったから。
② 炊事番が作ってくれた握り飯がいくらまずくても、残さず食べようとする姿から三五平は義理人情に厚い人物だと思ったから。
③ 異国船で待っている連中の窮状を片時も忘れず、彼らが辛い思いをしている限り三五平は自分の幸福など考えない人物だと思ったから。
④ 野島崎の番所まで何も食わず共に櫓を漕いで来たが、総助と違い、三五平はここまで空腹を我慢できる超人的な人物だと思ったから。

問三　波線部**w**～**z**の中で尊敬の表現はどれか。次の①～④から一つ選びなさい。解答番号は[21]。

①　w　②　x　③　y　④　z

問四　傍線部**A**「相手の応じ方は鈍かった」とあるが、その理由として**ふさわしくないもの**を次の①～④から一つ選びなさい。解答番号は[22]。

①　楽観的な性格で事の重大さが分からなかったから。

②　八丁櫓船の乗船許可を出す与力が不在だから。

③　責任を負いたくなかったから。

④　余計な仕事をしたくなかったから。

問五　傍線部**B**「あの船に残～てるはずだ」とあるが、この時の総助の心情として最も適当なものを次の①～④から一つ選びなさい。解答番号は[23]。

①　マンハッタン号の乗組員は別として日本人の船乗りたちは、今頃自分の帰りを心待ちにしているはずだ。

②　救助された幸宝丸の乗組員は、三五平の弱気な態度に愛想を尽かし、自分を信頼し始めているはずだ。

③　マンハッタン号の乗組員も救助された日本人の船乗りたちも、自分たち二人の働きを期待して待っているはずだ。

④　救助された日本人は、マンハッタン号乗組員達の飲み水と食料を減らしているので今頃は心細い思いをしているはずだ。

問六　傍線部**C**「わしら、こんなところで握り飯食うとってええんかのう」とあるが、この時の三五平の心情の説明として最も適当なものを次の①～④から一つ選びなさい。解答番号は[24]。

①　マンハッタン号を浦賀に入港させなければならないのに、何もせずにのうのうと握り飯を食べている自分達に疑問を抱いている。

②　白子遠見所の吉岡がやっとのことで与力に話をつけてくれたのに、何の役にも立っていない自分達に不甲斐(ふがい)なさを感じている。

③　野島崎の炊事番が心を込めて握り飯を作ってくれたのに、少しだけしか手を付けていない自分達は礼を失していると思っている。

④　マンハッタン号の乗組員は飲まず食わずの状態なのに、握り飯を喜んで食べようとしている自分達に憤りを隠せないでいる。

問七　傍線部**D**「総助は三五平の肩を強く叩いた」とあるが、その理由として最も適当なものを次の①～④から一つ選びなさい。解答番号は[25]。

①　使命を忘れた様子に怒りを感じて無意識に手が出てしまったから。

②　ぼやきばかりもらすので気合いを入れて立ち直らせたかったから。

③　苦しんでいる姿に同情して親愛の気持ちを伝えたかったから。

④　使命を果たすために頑張ってきたことを再認識させたかったから。

問八　傍線部**E**「海を照らす～詰めていた」とあるが、この描写がもたらす効果として最も適当なものを次の①～④から一つ選びなさい。解答番号は[26]。

「それを聞いて、わしゃあ安心した」

三五平は目元をゆるめて総助を見た。

「異国船に乗っとる拓三は、幸宝丸のかしき[注10]でよ。飛び切りの腕をしとる」

H 三五平は自分の胸を叩いた。

「異国船のかしきは大男で真っ黒じゃが、人柄はええ」

「まさにそうだ」

総助も深くうなずいた。コンサーの陽気で人なつっこく、親切な人柄には、救助された全員が好感を抱いていた。

「拓三は料理の腕もええが、人柄もええでよ。米さえあったら、異国船のかしきと息を合わせてメシの支度をするに決まっとる」

異国船はこれで大丈夫だと思ったようだ。三五平は竹皮の新しい握り飯を頬張った。

空腹を我慢して、ここまで一個を大事に食べただけだったのだ。

暗い中、I 総助は敬う目で三五平を見ていた。

（山本一力著『カズサビーチ』新潮社より）

注1　浦賀……現在の神奈川県横須賀市の地区。浦賀奉行所があった。江戸時代半ばから頻繁に外国船が浦賀沖に現れ、鎖国政策を敷く日本にとって外国船から江戸を守るため、この地は国防の要所となっていた。

注2　白子の遠見所……現在の千葉県長生郡にあった、沿岸警備の番所。

注3　野島崎御船番所……現在の千葉県南房総市にあった、房総半島最南端の外洋監視所。

注4　八丁櫓船……八本のオール（櫓）を持つ和船。船足が速かった。

注5　洲崎……現在の千葉県館山市にあった、浦賀水道（江戸湾）の監視所のこと。外国船が浦賀水道に入ったときはここから砲撃を行った。

注6　灯火屋……灯台。

注7　同心……江戸時代の下級役人。

注8　与力……江戸時代、同心の指揮、各種事務、奉行の補佐等をする職。

注9　白子の一件……白子の遠見所から野島崎御船番所に三人が舟で赴く際、舟の漕ぎ手が生水を飲んで腹を下してしまったことを言う。

注10　かしき……船舶の炊事係。

問一　1 ～ 3 に入るものとして最も適当なものを、それぞれ次の①～④から一つずつ選びなさい。解答番号は順番に 16・17・18。

1　①　いさかい　②　商取引　③　論争　④　談判

2　①　そむいて　②　あやかって　③　すがって　④　しがみついて

3　①　皮　②　足し　③　内　④　虫

問二　二重傍線部a・bの本文中における意味として最も適当なものをそれぞれ①～④から一つずつ選びなさい。解答番号は順番に 19・20。

a　火急の事態

①　避難すべき状況　②　未曾有の天変地異

③　先制攻撃の機会　④　一刻を争う情勢

b　暫時

①　お休みになって　②　時間をつぶして

③　ちょっとの間　④　ゆったりと

待っていた。ふたりとも竹皮包みを膝に載せていた。

白子から漕ぎ続けてきたと知った炊事番が、手早く用意した握り飯である。梅干しを埋め込んだ三つずつを、炊事番は竹皮に包んで手渡していた。

B「あの船に残ってる連中にも、こっちの明かりは見えてるはずだ」

総助は深い闇がかぶさった海を見た。

昇り始めた満月が、海の端まで光の帯を描き出している。無数の星が散っている低い空が、海と空との境目だった。

C「わしら、こんなところで握り飯食うとってええんかのう」

「しゃんめえさ、遊んでるわけじゃねえ」

総助は三五平のぼやきを吹き飛ばした。

「吉岡様だって、お武家なのに帆柱にへばりついて御用船を進めてくれたじゃねえか」

おめえもおれも、命がけで漕いだからこそ野島崎まで行き着けた……D総助は三五平の肩を強く叩いた。

三五平が手に持っていた握り飯が、岩に落ちた。三五平は慌てて拾った。端をわずかにかじっただけで、握り飯はほぼ残っていた。

E海を照らす灯火は強くて明るいが、灯火屋の真下に明かりは届かない。闇に溶け込んだまま、三五平と総助は白子の方角を見詰めていた。

幸宝丸と千寿丸の仲間が乗った異国船は、まだその方角にいるとふたりは考えていた。

「首尾よく浦賀の奉行所に連れてってもらえたらよう、身体を張ってお奉行様に頼みこもうぜ」

「あたぼうだって」

F三五平の物言いに力強さが戻っていた。

「自分らの食いもんを削って、わしらに食わせてくれたでよう」

三五平の両目は闇の中で光を帯びていた。

「御上のお慈悲に **2** よう、すぐにも船を浦賀に入れてもらうだよ」

「その意気だ、三五平」

乗る船は違っていても、三五平と総助は同い年である。強い口調の言い分を喜んだ総助は、またも強く三五平の肩を叩いた。

G思案顔のまま平らげ終えた三五平は、吸筒(すいづつ)に詰めた茶を呑んだ。野島崎賄(まかな)い所で用意された茶である。注9白子の一件もあり、三五平も総助も生水を飲むのは控えていた。

「異国船に運び上げた千寿丸の積み荷は、なにがあったね?」

運び上げた荷のなかに、無事な食料はあったのかと案じていた。

「水と酒と昆布(こんぶ)と米と薪を運び上げた」

総助は異国船に運び上げた数を正しく覚えていた。

「酒はたっぷり運び上げたが、腹の **3** には大してならねえだろうさ」

米も何十俵もあったが異国人の口に合うだろうかと、心配そうにつぶやいた。

「そんなに米があったのか、総助」

三五平が声を弾ませた。

千寿丸から運び上げた荷の大半は、四斗樽の酒……水夫のだれもが知っていた。

米俵が運び上げられたのも、水夫たちは見ていた。しかし俵の数はわずかだったと、三五平は思い込んでいた。

荷揚げの途中でひどい頭痛に襲われてしまい、船室で横になっていたからだ。何十俵もの米が異国船に積まれていたとは、いまのいままで思いもしないでいた。

① 人格の形成は単純明快な要因が作用して起こるのが世の常だが、幸か不幸かに影響されるわけではないから。

② 人間の理想的な人格形成は、苦労や逆境などの明確な外的要因によって規定されるばかりではないから。

③ 人間の自由を獲得する生き方の実現には複数の要因が必要であり、人生の逆境や不幸は一つでは足りないから。

④ 多くの苦労を経て人格が形成されるので、人格の理想像は悲劇的体験が少ないうちに抱くべきではないから。

問十二 この文章の表現の特徴として最も適当なものを次の①～④から一つ選びなさい。解答番号は 15 。

① 自己認識についての原理的な考察を進めるにあたり、複数箇所に例示を挿入しながら説明している。

② 自由と対になる概念を提示しながら、二項対立の構図を用いて、話題が明確になるように工夫している。

③ 時系列で経験談を並べることにより、抽象的になりやすい議論が現実感を帯びるように説明している。

④ 眼の構造についての説明を交えながら論を進め、自由の実態についての結論を明示して議論を終えている。

二 次の文章を読んで後の問いに答えなさい。

〈これまでのあらすじ〉

一八四五年、三五平(さごへい)が乗る「幸宝丸」の乗組員(のりくみいん)十一名と総助(そうすけ)が乗る「千寿丸」の乗組員十一名は、共にアメリカの大型捕鯨船(ほげいせん)マンハッタン号に救助された。船長のクーパーは救助した日本人二十二名を、鎖国政策を敷く日本に返還する決心をした。少ない食料と飲み水をやりくりしながらマンハッタン号は、房総半島の上総(かずさ)海岸沖までたどり着いた。三五平と総助は、マンハッタン号が正式に浦賀港[注1]に寄港するための、幕府側との交渉役に選ばれ、上陸して白子(しらこ)[注2]の遠見所(とおみどころ)の長、吉岡に事情を告げる。驚いた吉岡はすぐさま三五平と総助を連れて野島崎(のじまざき)[注3]御船番所(おふねばんしょ)に出向いた。

御用船は二月十七日六ツ半（午後7時）前に、野島崎御船番所に行き着いた。

「火急の事態[a]が出来(しゅったい)いたした[w]。直ちに八丁櫓船(はっちょうろせん)[注4]で洲崎(すのさき)[注5]に向かわせていただきたい[x]」

灯火屋[注6]同心(どうしん)[注7]に一気にこれを告げた。が、[A]相手の応じ方は鈍かった。

「いかなる事情があろうとも、ただいま与力(よりき)[注8]様は不在にござる[y]。出仕なされる[z]明朝まで暫時[b]お待ちいただきたい」

これだけ告げて同心は座を立った。役目外のことで、一切かかわりたくないのだろう。

吉岡には待つことしかできなかった。

房州特産の菜種油を燃やして海を照らす灯火屋である。夜の海を走る船には、なによりも頼りになる灯火だった。

吉岡が番所同心と 1 をしていたとき、三五平と総助は岩に座って

③ 自分の人生を他者のそれと比較して評価した際の、優劣の隔たりに頭を悩ませ続けているということ。

④ 自分の誇りを守るための評価が、自分の人生を卑下することにもなるという葛藤を繰り返しているということ。

問七 傍線部C「そこから『自由』の自覚が芽生える」とあるが、これはどういうことか。最も適当なものを次の①～④から一つ選びなさい。解答番号は 10 。

① 誰かの評価に準ずるのではなく、自分を認識するのは容易ではないと気づくことにより、「自由」が始まるということ。

② 自己を評価することが困難であっても、神の正体を追究することを通して、「自由」は立ち現れるということ。

③ 神は望んだものを与えてくれるわけではなく、自分の眼で確かめることによって、「自由」を発見できるということ。

④ 評価する自分と評価される自分との差異を埋めていくことこそが、「自由」を手にする最善策であるということ。

問八 傍線部D「私は『私』なのです」とあるが、これはどういうことか。最も適当なものを次の①～④から一つ選びなさい。解答番号は 11 。

① 自分に固有の情報を排除したときに、他の個体と共通する部分の集合こそが、「私」であるということ。

② 自分のことを突き詰めて知ろうとしたときに、動作の主体として見えてくる個体こそが、「私」であるということ。

③ 自分のことを認識しようとするときに、簡単にはうかがい知ることができない自分こそが、「私」であるということ。

④ 自分と他の個体が共通の認識を獲得したときに、社会に共有される自己存在こそが、「私」であるということ。

問九 傍線部E「知られた私～ありません」とあるが、これはどういうことか。最も適当なものを次の①～④から一つ選びなさい。解答番号は 12 。

① 人間が私を認識するとき、認識される私を認識した事実を忘却してしまうということ。

② 人間が私を認識するとき、「個体」としての私は細分化され残ることができないということ。

③ 人間が私を認識するとき、認識される私は「私」であり続けることができないということ。

④ 人間が私を認識するとき、主体としての「私」は完全に「個体」としての私になるということ。

問十 傍線部F「人間として～しれません」とあるが、その理由として最も適当なものを次の①～④から一つ選びなさい。解答番号は 13 。

① 行動の動機を外的要因に頼ることが主流となった現代において、必然性を無視した自由な生き方は必要とされなくなったから。

② 現象の必然を求めることが一般化した現代において、必然性は自由に生きようとすると確実に薄れてしまう程度のものだから。

③ 劣悪な環境が人格の形成方法を規定している現代において、高尚な生き方の実践を目指すこと自体が現実的ではないから。

④ 自分の弱みを他からの影響の帰結であると言い逃れできる現代において、多くの人が自己の責任を取る生き方をしないから。

問十一 傍線部G「人間の理想～いでしょう」とあるが、筆者がそのように考える理由として最も適当なものを次の①～④から一つ選びなさい。解答番号は 14 。

y　さし当たり

①　すみやかに　　②　今この場合

③　切羽詰まって　　④　付け加えて

問二　二重傍線部a〜cのカタカナで書かれている熟語に使われている漢字を含むものをそれぞれ①〜④から一つずつ選びなさい。解答番号は順番に 3 ・ 4 ・ 5 。

a　ベンギ

①　芸道のリュウギを守る。　　②　ギリ堅い性格。

③　サギの被害に遭う。　　④　ジギにかなった提言。

b　ヤッカイ

①　セッカイ手術を行う。　　②　カイゴ保険に加入する。

③　カイイな現象が起こる。　　④　病状がカイホウに向かう。

c　チンプ

①　反乱をチンアツする。　　②　ヤチンを支払う。

③　失態をチンシャする。　　④　不純物がチンデンする。

問三　（　i　）〜（　iv　）に入る語の組み合わせとして最も適当なものを次の①〜④から一つ選びなさい。解答番号は 6 。

①　i　しかし　ii　さらに　iii　ただし　iv　よって

②　i　しかし　ii　つまり　iii　たとえば　iv　もちろん

③　i　やはり　ii　つまり　iii　ただし　iv　もちろん

④　i　やはり　ii　さらに　iii　たとえば　iv　よって

問四　 I 〜 IV に入る語の組み合わせとして最も適当なものを次の①〜④から一つ選びなさい。解答番号は 7 。

①　I　個体　II　個人　III　個人　IV　個人

②　I　個体　II　私　III　私　IV　私

③　I　私　II　私　III　個人　IV　私

④　I　私　II　個人　III　私　IV　個人

問五　傍線部A「私は自分を認識することができません」とあるが、その理由として最も適当なものを次の①〜④から一つ選びなさい。解答番号は 8 。

①　自分を認識できたとしても、主観に頼った強引な手法による場合が多く、客観的な視座に基づいていないから。

②　自分を認識するにあたり、主観的な認識と分析的な認識による自分という個人の発見は、両立できないから。

③　自分を認識しようとする際に、動作の主体である自分自身が動作の対象であることはできないから。

④　自分を認識しようとすると、主体として自分以外のものを認識することはほとんど不可能になるから。

問六　傍線部B「憂き目」とあるが、これの具体的内容として最も適当なものを次の①〜④から一つ選びなさい。解答番号は 9 。

①　人の一生の恨みの深さについて、自分で評価をしなくてはいけない責任を背負い続けているということ。

②　他者から評価される自分と、自らが評価したい自分の姿の隔絶を突きつけられ続けているということ。

くらいの限られた意味に使われることが多いようです。ただし、何か危殆[注1]に瀕し、権利が脅かされたような事態になったとき、私は自分の国籍、戸籍、年齢、職業、居住所などを明らかにし、自分のぎりぎりの権利を守らねばなりません。そういうとき私は個人に立ち還るのであって、決して「 Ⅰ 」に立脚するのではありません。

（ iii ）、警察から問われて、何かの訊問を受けるようなことが起こった場合に、私は仮りに深淵[注2]なる自分の思想世界を持っていて、それを警察官の前で蘊蓄[注3]を傾けて語ったとしても、相手にされないでしょう。私は「 Ⅱ 」であることが許されず、憲法が保障する「 Ⅲ 」に立ち還る以上のことは何もできません。

「 Ⅳ 」とはいったい何でしょう。これは「自由」とは何かと同じくらい微妙かつ際どい概念なのです。否、形態のある概念、まとめ上げることがどうしてもできない何かです。概念化する一歩手前の処で姿も形も消えて見えなくなってしまう[b]ヤッカイきわまりないしろもの、それが「私」であり、私の「自由」なのです。

（ iv ）、「私」を知ることはできないとたった今申しましたが、人間は誰でも瞬間瞬間に私を知って生きています。[E]ただし知られた私は次の瞬間にはもう「私」ではありません。既知の私は、「個体」や「個人」の側にどんどん組み込まれていきます。そして「私」はつねに残るXです。「私」は二つに分裂するのです。主体としての「私」は生きている限り決して消えません。

このように絶え間なく揺れ動いている世界を前にしたときに「私」もまた休むことを知らない運動体ですが、正体がどこにあるかじつに見定め難いのです。私は先に何か原因があって、あるいは理由があって、行動がなされた場合に、それは早くも自由ではない、必然であると申しました。現代のように人が自分の弱点を悪い環境のせいにし、自己責任を逃れる口実が蔓延している時代に、[F]人間としての高貴な生き方はどのようにして可能かを考えるのは現実味を欠いて、滑稽とさえ思えるかもしれません。

私は先に素人小説家から持ち込まれたある作品を批評して、人生の不幸とか不運とかいった原因や理由がはっきりした動機に基づいて悲劇を描くことは[c]チンプになりやすく、いい小説を書くのはいかに難しいかを指摘したつもりでした。幸福を絵に描いたような世間の尊敬と富と社会的地位を与えられた場所で育ったにもかかわらず、人間の悲劇的宿命を静観しつづけた人格として真っ先に思い浮かぶのは、お釈迦様です。そして、もう一人はたとえば、ドイツの詩人ゲーテ[注4]です。高い人格の形成に逆境が不可欠の条件だなどと決めてかかるのは間違いです。少なくとも[G]人間の理想像は、若い時代の不幸に何か原因や理由を一義的に求める類いの単純化されたものの考え方に左右されるべきではないでしょう。

（西尾幹二『あなたは自由か』ちくま新書より）

注1　危殆に瀕し……非常に危ない状態になって。
注2　深淵……深いふち。ここでは奥深く、底知れないことをたとえている。
注3　蘊蓄を傾けて……自分の持っている知識・技能のすべてを出しつくして。
注4　ゲーテ……一七四九年—一八三二年。ドイツの詩人、小説家。

問一　波線部x・yの本文中の意味として最も適当なものをそれぞれ①～④から一つずつ選びなさい。解答番号は順番に 1 ・ 2 。

x　安易な
① 心のやすまる　② 軽々しい
③ たやすい　④ ごく普通の

二〇二一年度 成田高等学校

【国　語】〈五〇分〉〈満点：一〇〇点〉

一　次の文章を読んで後の問いに答えなさい。

自由の概念にはいろいろな形態があり、種類もとりどりであることは本書の叙述の中で確かめてこられたと思います。本書は自由の概念のオンパレード、自由とは何かについての定義の集成の書であるかのような趣きさえあります。

（　i　）安易な自由観はひとつもなく、最後はつねに「自由は存在しない」の岩盤にぶつかっています。

たとえば私は自分を認識することができません。自分以外のいっさいを認識することのできるこの私は、認識する主体であるところの私だけは認識できないのです。強いて認識しようとすれば「認識する私」と「認識される私」の二つにベンギ上分裂させるほかなく、前者の認識方法がどんなに科学的・客観的・分析的に緻密化しても、それをする主体であるところの自分は謎のようにつねに残り、認識されることを拒絶しています。

遠くから道を歩いてくるAさんを見ていて、あっ、あれはAさんだな、と分かるのはさし当たりAさんを「認識した」ことになる一例です。このレベルの認識だって、自分を認識するということになると、とたんに難しくなるのはお分かりでしょう。試みにAさんの場所に自分を置いてみれば「自分を認識する」のはほとんど不可能だということにお気づきになるでしょう。

社会生活上の言葉として分かりやすくするために「認識する」を「評価する」に置き換えてみます。芸術家であろうと会社員であろうと誰しも自分の仕事に責任と誇りを持って生きていますが、各々の人生の価値に最終的な判定を下す者はこの地上にはおりません。私たちは「評価される私」と「評価する私」とにつねに分裂する憂き目にさらされて生きています。「評価する私」は己惚れと卑下の間を揺れ動き、「評価される私」の評価に対したいがい納得していません。学校でも会社でもみんな相応に恨みを持って生きつづけているに相違ありません。死の真際まで心のどこかで迷いつづけるでしょう。私たちが救済されるか否かはそのことと無関係ではないのです。

「評価する」と「評価される」において、明らかに自分というものは二つに分裂して、落差は埋まりません。私自身の人生に即していえば、私はいつでも評価してくる相手に対して拒否します。（　ii　）、神様以外にこの地上で私を評価するものはいないんですから、神がいなければ私が私を評価するしかない。結局は評価できないということであって、それは救いはないということになる。そこから「自由」の自覚が芽生えるのです。

本当の「自由」はそこから始まるんじゃないでしょうか。自分というものを簡単に評価あるいは認識できると思ったら間違いです。

いちばん分かりやすい例でいうと、私は眼を持っていて、いっさいの外の世界を眼で見ています。しかし私は自分の眼を見ることができません。私の眼球は他の人間のそれと格別異なるものではありません。個体としての私は他の個体と共通しているからです。けれども他の個体は私の眼を見ることができるのに、私だけが個体としての私の眼を見ることができないのです。そのときの私は個体ではありません。私は「私」なのです。

よく人は自分自身を知れ、と言います。難しいことで、自分をとことん奥底まで知ることなど誰にもできません。己れの限界を悟り、節度を守れ、

英語解答

1 (1) ④　(2) ②　(3) ①　(4) ③
(5) ②

2 (1) ③　(2) ④　(3) ①　(4) ④
(5) ③　(6) ②　(7) ①　(8) ②

3 (1) 14…③　15…④
(2) 16…⑤　17…①
(3) 18…②　19…③
(4) 20…④　21…③
(5) 22…②　23…④

4 (1) ①　(2) ③　(3) ③　(4) ④
(5) ①，⑤

5 (1) ②　(2) ④　(3) ③　(4) ①
(5) ②，⑥

1〔放送問題〕解説省略

2〔適語(句)選択〕

(1)London「ロンドン」は the United Kingdom「イギリス」の the capital「首都」である。「ロンドンはイギリスの首都だ」

(2)この文の have been to ～ は「～へ〔に〕行ったことがある」という意味で用いられている(現在完了の‘経験’用法)。これとともに用いる疑問詞のまとまりとして，‘回数’を尋ねる how many times ～「～回」が適切。「私は，あなたがハワイに何回行ったことがあるか知らない」

(3) A：招待してくれてありがとう。もう帰らなくちゃ。／B：まさか！　まだ10時だよ。//もう帰らないといけないと言うAをBが引きとめているので，「まだ」10時だ，という流れが自然。これは only「ただ～しかない」で表せる。　come on「(相手に異議を示して)ねえ，まさか，そんな」

(4)A：ビニール袋をもらえますか？／B：はい。３円です。//いわゆる「レジ袋」は，plastic bag「ビニール袋」と表す。

(5)空所から station までが，その前の The boy を修飾するまとまりになっている。「少年」は見知らぬ人に「話しかけられた」と考えられるので，受け身の意味のまとまりをつくる形容詞的用法の過去分詞を用いた spoken to が適切。speak to ～「～に話しかける」「駅の近くで見知らぬ人に話しかけられた少年は，私の兄〔弟〕だった」

(6)a new camera の camera の部分だけを受ける代名詞として，one が適切。「私は最近カメラをなくした。すぐに新しいのを買わなければならない」

(7)A：ポール，京都はどう？／B：うん，きれいな街で，着物を着ている人も見たよ。//Bが京都の様子を答えていることから，Aは京都の感想を尋ねていると推測できる。　How do you like ～？「～はどうですか」

(8)空所の後に to Ted「テッドにとって」とあることから，「(物事が人にとって)驚くべき，驚くような」を表す be surprising を用いる。「彼女が死んだというニュースは，テッドにとって驚きだった」

3〔整序結合〕

(1)A drawing is a picture「線画とは絵のことです」が文の骨組み。「～で描く」は「あなたが～でつくる」と読み換えて you make with pens, pencils, or crayons とまとめ，a picture の後に置いて後ろから修飾する形にする。‘名詞＋主語＋動詞...’で，‘名詞’を後ろから‘主語＋動詞...’のまとまりが修飾する形がつくれる。　A drawing is a picture you make with pens, pencils, or crayons.

(2)「〈人〉が～するのに(時間が)…かかる」は‘It takes＋人＋時間＋to ～’で表せる。これを過去形の疑問文の形にすればよい。　How long did it take you to finish your homework？

(3)‘nothing is as＋形容詞＋as ～’で「～ほど…なものはない」が表せる。　Nothing is as interesting as English to me.

(4)「専門家によると～そうです」を「専門家は～と言っている」と読み換え，Experts say that ～ と始める。「～が起こる」は there is / are「～がある〔いる〕」を用いて表し，未来のことなので助動詞 will を使って there will be ～ とする。　Experts say that there will be a big information revolution in a few years.

(5)「〈人〉が～するには〈主語〉は…である」という文は，‘主語＋be動詞＋形容詞＋for＋人＋to ～’の形で表せる。play の後には，「～の中で」という意味の in を置く。　This park is dangerous for children to play in.

4〔長文読解総合－説明文〕

《全訳》❶ドローンパイロットとは，ドローンを飛ばす人のことだ。都市部では，ドローンパイロットは地方自治体をはじめ，建設業者を含むさまざまな企業で働いている。建設業者はドローンパイロットに，建設したい土地の地図をつくってもらう。ドローンを使って，超高層建築物の建設など大きなプロジェクトを監視することもある。ドローンパイロットと連携する地方自治体も増えている。このパイロットたちは，洪水やその他の自然災害を見張っている。ドローンパイロットは，消防士，警察，救護員との協力も始めている。火災時には，消防士が中に入る前に，ドローンが危険を確認することができる。将来的にはドローンパイロットが交通違反切符を切ったり，その他の警察の仕事をしたりするかもしれない。救護員は，救助が困難な状況でドローンパイロットを活用している。水の上を飛んで溺れている人を助けることができるドローンもある。❷ドローンパイロットはまた，田舎の地域でも働いている。彼らは，農家や，動物や自然の保護団体，捜索救助隊や，探検家のために働くことができる。ドローンパイロットはたくさんの方法で農家を助けられる。ドローンを使って土を観察したり，種をまいたり，農作物ができたときに農家に知らせたりすることができる。また，ドローンは動物を観察し，それらが健康であることを確かめるためにも使える。動物や自然の保護団体は，ドローンパイロットと協力して野生動物や森林を見守ることができる。ドローンパイロットは，動物や自然の場所を保護するのに役立つ。彼らは，犯罪が起きているときに警察を呼ぶことも可能だ。人々が動物を殺したり，保護区域で木を伐採したりするのを阻止できるのだ。❸ドローンパイロットは，捜索救助隊にとっても助けになる。ドローンは遭難者を見つけるのに役立つ。ドローンは危険な場所にも飛んでいける。危険にさらされている人に，ロープや水，食料，薬などを配達することさえ可能だ。軍隊にとっても，ドローンパイロットの活用法は多い。ドローンは，兵士が危険な場所に入る前に，空中の写真やビデオを撮影することができる。武器を搭載した大型ドローンもある。❹ドローン探検家の仕事は，ドローンを使って未知の場所へ行くことだ。人々はドローン探検家と協力して，地図や極限環境を写した映画，その他いろいろなものを制作している。ドローンは未知の場所に飛び込み，コンピュータプログラムを使って地図をつくることができる。ドローンは極限環境を写した映画でよく使われている。足を踏み入れるのが難しい興味深い場所に飛んでいける。火山の上を飛んだり，洞窟などの空間を通り抜けたりすることもできる。ドローン探検家は，考古学者たちとも連携してきた。彼らは，特殊なカメラを搭載したドローンを地上に飛ばし，発掘する場所を見つけている。❺大学や民間企業は，ドローンパイロットのコースを提供している。しかし，これらのコースは飛行機を飛ばすための授業とは異なる。ドローンパイロットは，航空機のパイロットと同じコースを取る必要はない。中には，遠隔操作でドローンを飛ばしたい人だけを教えるドローンコースもある。また，自動飛行するドローンをプログラムしたい人のためのプログラミングコースもある。ドローンパイロットは自分で写真やビデオを編集することが多いため，写真やビデオのコースも修了しなければならない。ドローンパイロットになりたい人は，ドローンを使ってやりたい仕事について考える必要がある。通常，ドローンパイロットとして働きたい人は2つの分野を勉強する。例えば，農場で働くドローンパイロットは，通常のドローンコースに加えて，農業か科学を学ぶ必要がある。**6**ドローンパイロットは生涯教育のコースも修了しなければならない。技術は常によくなり，変化している。ドローンパイロットは，使用する技術とともに成長し，変化しなければならないのだ。

(1)<**適語句補充**>'get＋人＋to ～' で「〈人〉に～させる〔してもらう〕」。建設業者がドローンを使ってパイロットにしてほしいこととして，map the land「土地の地図をつくる」が適切。この map は「地図をつくる」といった意味で，その直後の the land を they want to build on「彼ら(建設業者)が建設したい」が後ろから修飾している。

(2)<**適語句補充**>1．は，直前の「交通違反切符を切る」と並列される事柄なので，police「警察」の仕事だとわかる。2．は，その前の文で述べられている「救護員」に関わる事柄で，直前には「水の上を飛んで」とあることから，水中の救護に関連すると推測できる。drowning は「溺れている」という意味。3．は，直前の「動物を観察する」と並列される事柄として，「それら(動物)が健康であることを確かめる」が適切。make sure ～ で「～(ということ)を確かめる」。

(3)<**内容真偽**>第5段落第2，3文参照。航空機のパイロットと同じコースを取る，つまり同じ授業を受ける必要はないと述べられている。

(4)<**適語句選択**>空所の前では「2つの分野を勉強する」と述べられており，空所の後では，農場で働くパイロットを例に，学ぶべき2つの分野が具体的に示されている。よって，具体例を示すはたらきを持つ For example「例えば」が適切。

(5)<**内容真偽**>①「ドローンは，危険にさらされている人間だけでなく，植物や動物も助けることができる」…○　第2段落第5文～第3段落第4文に一致する。　②「ドローンパイロットは，救助隊を捜索し，物資を渡すことができる」…×　第3段落第1～4文参照。ドローンパイロットは遭難者を捜索し，物資を届ける。　③「軍は命がけで敵を攻撃するためにドローンを活用する」…×　第3段落最後の3文参照。このような記述はない。　④「考古学者たちは，歴史的なものを発見できる場所を自分で簡単に見つけることができる」…×　第4段落最後の2文参照。　⑤「ドローンパイロットになった後も，新しい技能を学び続けなければならない」…○　第6段落に一致する。　⑥「技術はまだ進歩しているので，ドローンはどこへでも何でも運ぶことができるようになるだろう」…×　このような記述はない。

5 〔長文読解総合－物語〕

《**全訳**》**1**クリスマスの2日後のこと，ズール一族の女性と学校に通うその息子が，オンディニでの私の朝の診療が終わるのを待ちながら座っていた。女性は私に，彼女の年老いた母が飼う牛のところへ来てほしいと言い，その牛は仔牛(こうし)を産むところであった。しかし，仔牛はもう2日たっても出てこず，かわいそうな牛は消耗していた。「あなたは優秀な獣医だと聞いています」と女性は私に言った。**2**そこで，少年と女性，助手のムバンボと私は，自動車に乗って出発した。岩や穴だらけの悪路を車で1時間走り，45分ほど歩くと，川のほとりの人里離れた村落に出た。木の下にはかわいそうな老牛がいて，それはもうひどく疲れているように見えた。私はバッグを下ろし，牛を飼っているおばあちゃんに挨拶した。私は彼女を村長と呼んだ。彼女は村落の一族の長だった。**3**それから牛を見ると，仔牛はまだ生きていてとても大きいことがわかった。そこで私はムバンボに手伝ってもらい，牛を眠らせて帝王切開(外科手術による出産)を行った。終えると，私たちを見つめる50人ほどの群衆がいた。今や雄の仔牛は自分の足で立とうとしており，頭を左右に振り動かしていた。**4**イ「お金の話をしなくてはね」 彼女はみんなに聞こえるように大声で言った。**5**「では」と私は言った。「あなたにはほとんど死にそうな牛と仔牛がいましたが，私が来て仔牛を取り出したので，今は両方とも生きています。そうですね？」**6**彼女は同意し，50人の群衆も同意した。**7**「さらに私は，はるばるオンディニから，のどが渇く自動車でやってきました――日曜日にビールを飲んでいる男と同じくらいのどが渇くやつです」**8**人々は笑顔になり，笑い声も起こった。**9**「そして，もしこの仔牛をきちんと世話して，彼が強い若牛に成長したなら，１歳になる頃には，オンディニの市場で1500ランドの値がつくでしょう。そうですね？」**10**「そうだろう」**11**「そして，牛も…年老いて今は疲れていますが，もし生きて元気になれば，来年は2500ランド以上で売れますね」**12**同意する大きな声が群集から聞こえた。**13**「ですので村長，私の仕事は，今まであなたが持っていなかった約4000ランドをあなたに与えたことになります」**14**「そのとおりだ」**15**「半分にするのはどうでしょう――私は2000ランドをいただいても？」**16**「それは多すぎる」と，老女は友人たちと小声で短く話してから言った。**17**「そうですね」と私は言った。「でも，牛の方は長く生きないかもしれません。今は善意の季節ですから，そんなに多くは求めない方がいいでしょう。その半分――750ランドだけお支払いください」**18**さらに大きな賛同の声が起こり，人々はうなずいた。**19**「待ってよ！」と祖母の後ろに立っていた少年が言った。「その半分は750じゃなくて1000だよ！」**20**「おや！」と私は言った。「君は頭のいい子だね。でも私が750と言ったら，750のままで変えないよ」**21**その後の騒ぎのすごいこと！　みんな笑っていた。おばあちゃんは200ランド札を大きく１つかみして取り出し，そのうちの４枚を私にくれた。**22**私は彼女からお金を受け取り，お札を数えて言った。「村長，これは多すぎます」**23**「お釣りは助手のムバンボのために取っておきなさい」と彼女は言った。**24**善意の季節はすばらしい。

⑴＜**語句解釈**＞第１段落第１，２文から，「私」は自分のclinic「診療所」を持っており，牛を診てほしいと頼まれていることから，②の「病気の動物を世話する人」であると判断できる。　vet〔veterinarian〕「獣医」

⑵＜**適文選択**＞第４段落以降は，「私」が行った治療に対する代金についてのやりとりになっているので，これを切り出す言葉として④が適切。

⑶＜**語句解釈**＞治療費についてのやりとりの中の言葉であること，「私」が「はるばる」やってきたと言っていること，「のどが渇く車」が日曜日の酒飲みにたとえられていることなどから，燃料をたくさん必要とする車をたとえたものだとわかる。

⑷＜**指示語**＞第15段落で「私」は代金として2000ランドを最初に提示したが，それは高すぎると言われた。そこで「私」は，長生きしないかもしれない親牛の見込み額を差し引き，仔牛の見込み額の半分である750ランドを提示した。これに対して少年は，最初に提示した額の半分と考えたため，1000ランドだろうと言ったのである。

⑸＜**内容真偽**＞①「ズールー族の女性と息子は，祖母である村長と一緒に筆者のもとへやってきた」…×　第１段落第１文参照。祖母は来ていない。　②「ズールー族の女性は，出てこないかわいそうな仔牛を筆者に助けてもらいたかった」…○　第１段落第２，３文に一致する。　③「その年のクリスマスシーズンはとても暑かったので，牛は病気になって死にかけていた」…×　このような記述はない。　④「治療を見ていた50人の群衆は，雄の仔牛を買うために750ランドを支払うことに賛成した」…×　第17段落参照。750ランドは「私」が村長に提示した治療費の金額。　⑤「筆者は数学が得意ではなかったので，仕事の見返りにお金を要求しすぎた」…×　このような記述はない。　⑥「村長は筆者とムバンボにとても感謝したので，ささやかなプレゼントを返した」…○　第21～23段落に一致する。

数学解答

1 (1) ア…1　イ…1　ウ…4
(2) エ…1　オ…3　カ…4　キ…1
ク…7　ケ…0
(3) コ…4　サ…3　シ…1　ス…5
(4) セ…2　ソ…4　タ…1　チ…5

2 (1) ア…1　イ…5　ウ…0
(2) エ・オ…2，8
(3) カ…5　キ…3
(4) ク…1　ケ…3　コ…5

3 (1) 2　(2) イ…1　ウ…2
(3) エ…4　オ…3　カ…3
(4) キ…3　ク…3

4 (1) ア…1　イ…5
(2) ウ…1　エ…5
(3) オ…1　カ…4　キ…5　ク…1
ケ…2

5 (1) ア…－　イ…1　ウ…3
(2) エ…－　オ…1　カ…3　キ…2
(3) ク…5　ケ…3　コ…2　サ…5
シ…9
(4) ス…2　セ…0　ソ…8　タ…9

1〔独立小問集合題〕

(1)＜**数の計算**＞与式$=4\times(-9)\times\left(-\frac{9}{2}\right)+\left(-\frac{4}{3}\right)\div\frac{1}{36}=162+\left(-\frac{4}{3}\right)\times36=162-48=114$

(2)＜**式の計算**＞与式$=\frac{10(2x+5y)-14(3x-y)+35(x-3y)}{70}=\frac{20x+50y-42x+14y+35x-105y}{70}=\frac{13x-41y}{70}$

(3)＜**式の計算**＞与式$=49x^2-9y^2-(45x^2+5xy-36xy-4y^2)=49x^2-9y^2-45x^2+31xy+4y^2=4x^2+31xy-5y^2$

(4)＜**平方根の計算**＞与式$=(45+12\sqrt{15}+12)-(45-12\sqrt{15}+12)=(57+12\sqrt{15})-(57-12\sqrt{15})=57+12\sqrt{15}-57+12\sqrt{15}=24\sqrt{15}$

2〔独立小問集合題〕

(1)＜**一次方程式の応用**＞10％の食塩水の量を x gとする。4％の食塩水300 gに10％の食塩水 x gを混ぜたので，これに含まれる食塩の量は，$300\times\frac{4}{100}+x\times\frac{10}{100}=12+\frac{1}{10}x$(g)である。また，これらを混ぜてできる6％の食塩水の量は $300+x$ gとなるから，含まれる食塩の量は，$(300+x)\times\frac{6}{100}=18+\frac{3}{50}x$(g)となる。よって，含まれる食塩の量について，$12+\frac{1}{10}x=18+\frac{3}{50}x$ が成り立つ。これを解くと，$600+5x=900+3x$，$2x=300$，$x=150$(g)となる。

(2)＜**二次方程式の応用**＞点Pの速さは毎秒3 cm，点Qの速さは毎秒2 cmだから，$30\div3=10$，$20\div2=10$ より，2点P，Qは出発して10秒後にそれぞれ点A，点Cに着く。よって，出発して x 秒後に△PCQの面積が48 cm²になるとすると，$0<x<10$ である。右図1で，$CP=3x$，$BQ=2x$ であり，$QC=BC-BQ=20-2x$ となるから，$\triangle PCQ=\frac{1}{2}\times CP\times QC=\frac{1}{2}\times3x\times(20-2x)=-3x^2+30x$ と表せる。よって，$-3x^2+30x=48$ が成り立つ。これを解くと，$x^2-10x+16=0$，$(x-2)(x-8)=0$　$\therefore x=2, 8$　これらはともに $0<x<10$ を満たすから，適する。したがって，2秒後と8秒後である。

図1
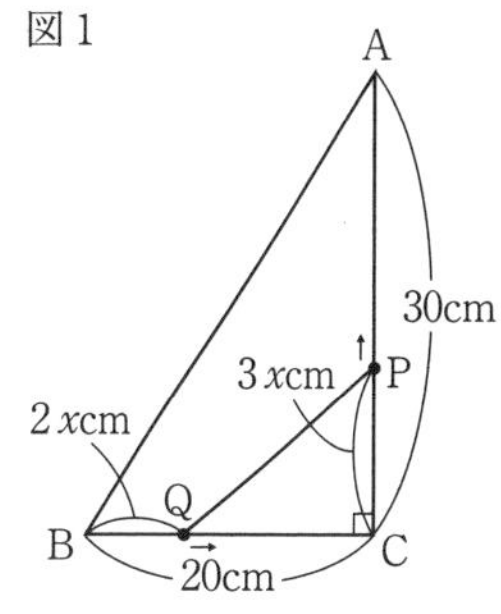

(3)＜**図形―面積**＞△ABCを点Bを回転の中心として反時計回りに120°回転移動したとき，辺ACが通過してできる図形は，右図2の斜線部分である。この図形の面積は，(〔おうぎ形BAA′〕＋△ABC)－(△A′BC′＋〔おうぎ形BCC′〕)として求められる。△ABC＝△A′BC′だから，〔おうぎ形BAA′〕－〔おうぎ形BCC′〕となる。△ABCで三平方の定理より，$BA^2=BC^2+AC^2=(\sqrt{3})^2+(\sqrt{5})^2=8$であり，∠ABA′＝∠CBC′＝120°だから，求める図形の面積は，$\pi\times BA^2\times\frac{120^\circ}{360^\circ}-\pi\times BC^2\times\frac{120^\circ}{360^\circ}=\pi\times8\times\frac{1}{3}-\pi\times(\sqrt{3})^2\times\frac{1}{3}=\frac{5}{3}\pi$(cm²)である。

図2

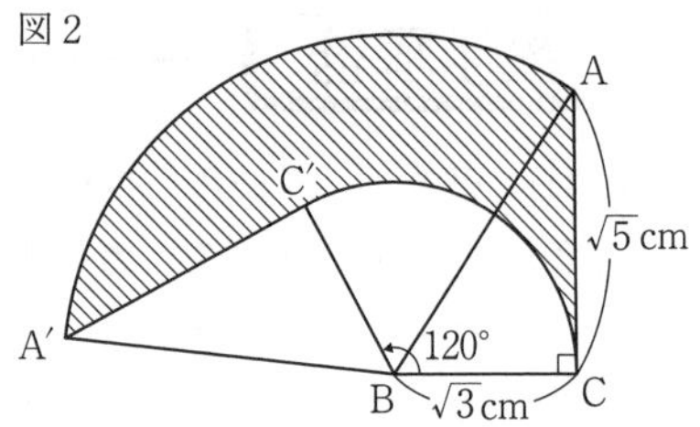

(4)＜**図形―角度**＞右図3で，四角形OABCは，平行四辺形でOA＝OCだから，ひし形である。よって，点Oと点Bを結ぶと，OB＝OA＝OC＝AB＝BCとなるから，△OAB，△OBCは正三角形である。これより，∠AOB＝∠BOC＝60°となるから，∠ROC＝∠AOB＋∠BOC＝60°＋60°＝120°である。また，∠POA＝180°－∠ROC＝180°－120°＝60°である。点Oと点Qを結ぶと，$\overset{\frown}{PQ}=\overset{\frown}{QA}$より，∠POQ＝∠QOA＝$\frac{1}{2}$∠POA＝$\frac{1}{2}$×60°＝30°となるから，$\overset{\frown}{PQ}$に対する円周角と中心角の関係より，∠OCR＝$\frac{1}{2}$∠POQ＝$\frac{1}{2}$×30°＝15°である。したがって，△ORCで内角と外角の関係より，∠ORQ＝∠ROC＋∠OCR＝120°＋15°＝135°となる。

図3

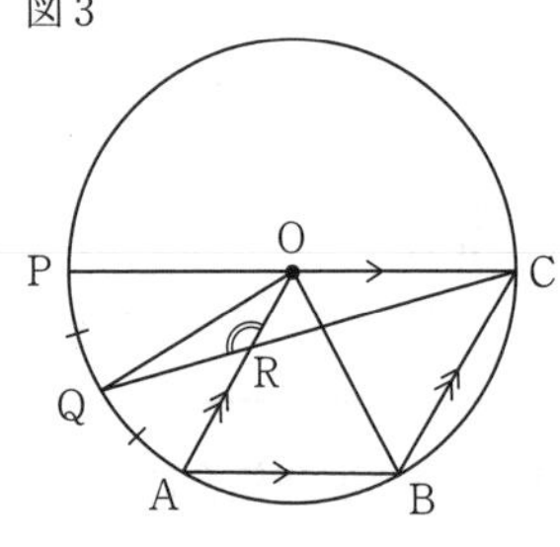

3 〔空間図形―正四角錐〕

《**基本方針の決定**》(4)　球Oの中心を含む断面で考える。

(1)＜**長さ―三平方の定理**＞右図1で，△ACDはAC＝ADの二等辺三角形だから，AH⊥CDより，点Hは辺CDの中点になり，CH＝$\frac{1}{2}$CD＝$\frac{1}{2}$×2＝1である。よって，△ACHで三平方の定理より，AH＝$\sqrt{AC^2-CH^2}=\sqrt{(\sqrt{5})^2-1^2}=\sqrt{4}=2$(cm)となる。

図1

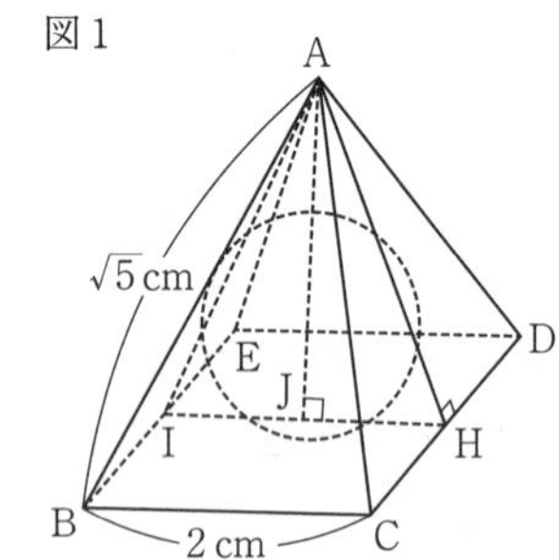

(2)＜**面積**＞右図1で，正四角錐A-BCDEの4つの側面は合同だから，表面積は，4△ACD＋〔正方形BCDE〕で求められる。△ACD＝$\frac{1}{2}$×CD×AH＝$\frac{1}{2}$×2×2＝2，〔正方形BCDE〕＝2²＝4だから，表面積は，4×2＋4＝12(cm²)である。

(3)＜**体積―特別な直角三角形**＞右上図1で，辺BEの中点をIとし，点Aから面BCDEに垂線AJを引くと，3点A，I，Hを通る平面は面BCDEに垂直であるから，点Jは線分IH上の点となる。AI＝AH＝2だから，点Jは線分IHの中点となる。IH＝BC＝2より，AI＝AH＝IHとなり，△AIHは正三角形だから，△AJHは3辺の比が1：2：$\sqrt{3}$の直角三角形になる。よって，AJ＝$\frac{\sqrt{3}}{2}$AH＝$\frac{\sqrt{3}}{2}$×2＝$\sqrt{3}$となるから，〔正四角錐A-BCDE〕＝$\frac{1}{3}$×〔正方形BCDE〕×AJ＝$\frac{1}{3}$×4×$\sqrt{3}$＝$\frac{4\sqrt{3}}{3}$(cm³)である。

図2

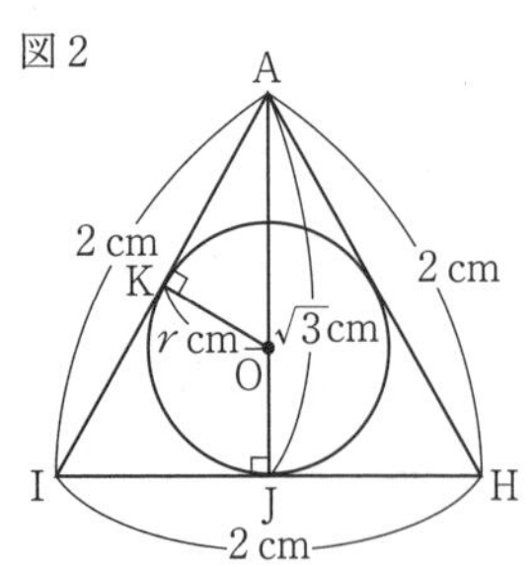

(4)＜**長さ―相似**＞右上図1で，球Oと，面ABE，面ACD，面BCDEが接する点は，それぞれ，線分AI上，線分AH上，線分IH上にあるから，3点A，I，Hを通る断面は，右図2のようになる。円Oと辺AIの接点をKとし，点Oと点Kを結ぶと，∠AKO＝∠AJI＝90°，∠OAK＝∠IAJより，△AOK∽△AIJとなる。これより，AO：AI＝OK：IJである。

OK＝OJ＝r(cm)とすると，AJ＝$\sqrt{3}$ より，AO＝AJ－OJ＝$\sqrt{3}-r$ となる。また，IJ＝$\frac{1}{2}$IH＝$\frac{1}{2}$×2＝1である。よって，($\sqrt{3}-r$)：2＝r：1が成り立ち，$2r=\sqrt{3}-r$ より，$r=\frac{\sqrt{3}}{3}$(cm)となる。

4〔場合の数・確率―カード〕

(1)＜**場合の数**＞6枚のカードから順に2枚のカードを引くとすると，1枚目は6通り，2枚目は5通りの引き方があるから，引き方は6×5＝30(通り)となるが，同時に2枚引くときは，1枚目と2枚目が入れかわったものも同じものとするから，30通りの中に同じものが2通りずつあることになる。よって，同時に2枚引くときのカードの引き方は，全部で30÷2＝15(通り)である。

(2)＜**確率**＞(1)の15通りのうち，カードの数字の和が4の倍数になるのは，(1，3)，(2，6)，(3，5)の3通りだから，求める確率は $\frac{3}{15}=\frac{1}{5}$ となる。

(3)＜**確率**＞カードの引き方は1回目，2回目ともに6通りあるから，引き方は全部で6×6＝36(通り)あり，a，b の組も36通りある。このうち，$a+b$ が4の倍数になるのは，(a，b)＝(1，3)，(2，2)，(2，6)，(3，1)，(3，5)，(4，4)，(5，3)，(6，2)，(6，6)の9通りだから，$a+b$ が4の倍数になる確率は $\frac{9}{36}=\frac{1}{4}$ である。また，$a\times b$ が4の倍数になるのは，(a，b)＝(1，4)，(2，2)，(2，4)，(2，6)，(3，4)，(4，1)，(4，2)，(4，3)，(4，4)，(4，5)，(4，6)，(5，4)，(6，2)，(6，4)，(6，6)の15通りだから，$a\times b$ が4の倍数になる確率は $\frac{15}{36}=\frac{5}{12}$ である。

5〔関数―関数 $y=ax^2$ と直線〕

《**基本方針の決定**》(3)　AB∥PCとなる。

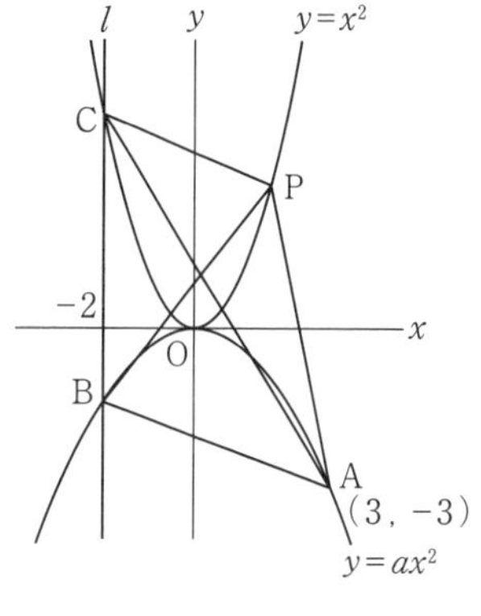

(1)＜**比例定数**＞右図で，放物線 $y=ax^2$ はA(3，－3)を通るから，$-3=a\times3^2$ が成り立ち，$a=-\frac{1}{3}$ となる。$\left(\frac{-1}{3}\text{と解答する}\right)$

(2)＜**直線の式**＞右図で，(1)より，点Bは放物線 $y=-\frac{1}{3}x^2$ 上の点となる。点Bの x 座標は－2だから，$y=-\frac{1}{3}\times(-2)^2=-\frac{4}{3}$ より，$\mathrm{B}\left(-2,\ -\frac{4}{3}\right)$である。A(3，－3)だから，直線ABの傾きは$\left\{-3-\left(-\frac{4}{3}\right)\right\}\div\{3-(-2)\}=-\frac{5}{3}\div5=-\frac{1}{3}$ となり，その式は $y=-\frac{1}{3}x+b$ とおける。点Aを通るので，$-3=-\frac{1}{3}\times3+b$，$b=-2$ となり，直線ABの式は $y=-\frac{1}{3}x-2$ である。$\left(y=\frac{-1}{3}x-2\text{ と解答する}\right)$

(3)＜**座標**＞右上図で，△ABP＝△ABCとなるとき，△ABPと△ABCの底辺を辺ABと見ると，高さが等しいから，AB∥PCとなる。(2)より直線ABの傾きは $-\frac{1}{3}$ だから，直線PCの傾きも $-\frac{1}{3}$ となる。直線PCの式を $y=-\frac{1}{3}x+k$ とおく。点Cは放物線 $y=x^2$ 上の点で x 座標が－2だから，$y=(-2)^2=4$ より，C(－2，4)である。直線 $y=-\frac{1}{3}x+k$ は点Cを通るから，$4=-\frac{1}{3}\times(-2)+k$，$k=\frac{10}{3}$ となり，直線PCの式は $y=-\frac{1}{3}x+\frac{10}{3}$ である。点Pは放物線 $y=x^2$ と直線 $y=-\frac{1}{3}x+\frac{10}{3}$ の交点だから，$x^2=-\frac{1}{3}x+\frac{10}{3}$，$3x^2+x-10=0$ より，$x=\frac{-1\pm\sqrt{1^2-4\times3\times(-10)}}{2\times3}=\frac{-1\pm\sqrt{121}}{6}$

$=\dfrac{-1\pm11}{6}$となり，$x=\dfrac{-1+11}{6}=\dfrac{5}{3}$，$x=\dfrac{-1-11}{6}=-2$である。よって，点Pの$x$座標は$\dfrac{5}{3}$だから，$y=\left(\dfrac{5}{3}\right)^2=\dfrac{25}{9}$より，$\mathrm{P}\left(\dfrac{5}{3},\ \dfrac{25}{9}\right)$となる。

(4)<**面積**>前ページの図で，△ABP＝△ABCだから，〔四角形ABCP〕＝△PCB＋△ABP＝△PCB＋△ABCである。$\mathrm{B}\left(-2,\ -\dfrac{4}{3}\right)$，C(－2，4)より，$\mathrm{BC}=4-\left(-\dfrac{4}{3}\right)=\dfrac{16}{3}$であり，2点P，Aの$x$座標$\dfrac{5}{3}$，3より，底辺を辺BCと見ると，△PCBの高さは$\dfrac{5}{3}-(-2)=\dfrac{11}{3}$，△ABCの高さは$3-(-2)=5$となる。よって，$\triangle\mathrm{PCB}=\dfrac{1}{2}\times\dfrac{16}{3}\times\dfrac{11}{3}=\dfrac{88}{9}$，$\triangle\mathrm{ABC}=\dfrac{1}{2}\times\dfrac{16}{3}\times5=\dfrac{40}{3}$となるから，〔四角形ABCP〕$=\dfrac{88}{9}+\dfrac{40}{3}=\dfrac{208}{9}$である。

2021年度／成田高等学校

国語解答

一 問一　x…③　y…②
問二　a…④　b…②　c…③
問三　②　問四　③　問五　③
問六　②　問七　①　問八　③
問九　③　問十　④　問十一　②
問十二　①

二 問一　1…④　2…③　3…②
問二　a…④　b…③　問三　④
問四　①　問五　③　問六　①
問七　④　問八　②　問九　①
問十　②　問十一　②　問十二　③
問十三　④

三 問一　②　問二　③　問三　④
問四　②　問五　③　問六　②
問七　①　問八　③　問九　④
問十　②　問十一　②

一〔**論説文の読解―哲学的分野―哲学**〕出典；西尾幹二『あなたは自由か』。

≪本文の概要≫「私」は，自分以外のいっさいを認識できたとしても，自分自身を認識することはできない。「私」は，自分が何者であるかを考えようとした瞬間，「認識する私」と「認識される私」に分裂してしまう。すると，どんなに緻密に「認識される私」を追究しようとしても，結局は「認識する私」という主体は残り続け，自分という存在をつかみきれないのである。しかし「自由」とは，「私」を知ることができないことから始まる。生物としての自分が個体として，社会的な自分が個人として扱われたとしても，わかりきることが不可能な「私」という謎だけは，環境や社会といった外部の仕組みに取り込まれることはない。自己責任を逃れ，自分以外の外部的な原因によって人格が形成されると考えるのではなく，「私」自身で生き方を決める精神にこそ「自由」があるはずである。

問一＜語句＞x.「安易」は，努力しなくても，わけもなくできること。　y.「さし当たり」は，現在のところ，という意味。

問二＜漢字＞a.「便宜」と書く。①は「流儀」，②は「義理」，③は「詐欺」，④は「時宜」。　b.「厄介」と書く。①は「切開」，②は「介護」，③は「怪異」，④は「快方」。　c.「陳腐」と書く。①は「鎮圧」，②は「家賃」，③は「陳謝」，④は「沈殿」。

問三＜接続語＞i.自由の概念にはいろいろな形態があるが，どの考え方であっても自由を実現するのは容易なことではない。　ii.「私」が，自分を評価しようとする相手を拒否することにしているのは，本当の意味で自分を評価できる人間は，自身を含めても存在しないからである。　iii.権利が脅かされそうな事態においては，人は「私」ではなく，社会的な属性を持った「個人」として振る舞う必要があり，その例として，警察からの訊問が挙げられる。　iv.確かに「私」という存在をつかみきることはできないが，人は生を送る中で，「私」がどのような人間であるかを「瞬間」に「知って生きて」いる。

問四＜文章内容＞Ⅰ.権利が脅かされそうな事態においては，人は国籍や職業などの社会的な属性を持った「個人」として扱われるため，「私」の内面は重視されない。　Ⅱ.仮に警察から訊問を受けたとき，「私」の持つ思想や内面を語ったとしても，相手にはされない。　Ⅲ.警察から訊問を受けるような場合には，人は社会に属した「個人」の一人として見なされる。　Ⅳ.「私」とは，ある形を持った概念では定義しきれない何かである。

問五＜文章内容＞「私」は，自分のことを認識しようとする場合，「認識する私」と「認識される私」に分裂してしまう。すると，どれだけ「私」を認識の対象にしようとしても，際限なく「認識する私」が生じ続けるため，「私」は，認識の対象になりきることが不可能なのである。

問六＜文章内容＞人は，自分の人生が価値のあるものだと信じ，自らを高く評価したいと願う。それが，「評価する私」である。しかし実際に周囲から「評価される私」は，満足のいくものではないため，人は，その落差に悩み苦しむことになる。

問七＜文章内容＞自分を完全に評価することは，自分自身を含めたどんな人間にも不可能である。だからこそ，他人からの評価に頼らず人生を自らの意志で決める，すなわち「自由」の姿勢を取ることが重要になってくるのである。

問八＜文章内容＞自分自身の眼を見ることが不可能なのと同じように，人は，自分のことを認識することはできない。しかし自らを知ろうとする自分自身は常に存在し続けており，その存在こそが，「私」という得体の知れない自分なのである。

問九＜文章内容＞「私」の認識された部分は，生物学的な特徴であれば「個体」，社会的な特徴であれば「個人」という枠組みで説明できるものになり，正体がつかめない，概念化できない何かである「私」ではなくなってしまう。

問十＜文章内容＞現代人は，環境などの外的な要因を，物事を判断する原因や理由にする生き方をしており，人生を自らの意志と責任によって決めていく姿勢を忘れてしまっている。

問十一＜文章内容＞高い人格形成は，必ずしも悲劇的な出来事によってもたらされるばかりではない。お釈迦様やゲーテのように，恵まれた立場から人間の宿命を見つめる場合もある。どのような立場であっても，環境などの外的な原因ではなく，自らの意志や行いによって理想像を求めていくことが，「自由」な生き方と高い人格形成をもたらすのである。

問十二＜表現＞本文は，「自由」や「私」といった抽象的な話題を，道を歩く人や警察からの訊問といったたとえ話で具体的に説明しながら，読者にわかりやすい形で深めていく(①…○，③…×)。「私」は「自由」と同様に明確な定義をしきれない概念であるが，だからこそ他人や環境に左右されない生き方を送ることが重要なのである(②・④…×)。

二 〔小説の読解〕出典；山本一力『カズサビーチ』。

問一＜語句＞1.「談判」は，交渉をすること。　2.「すがる」は，助力を求めて頼み込む，頼りにする，という意味。　3.「腹の足し」は，空腹を癒やす食べ物のこと。

問二＜語句＞a.「火急の事態」は，問題や危機などが差し迫った状況のこと。　b.「暫時」は，しばらくの間のこと。

問三＜敬語＞w.「いたす」は「する」の謙譲語。　x.「いただく」は「もらう」の謙譲語。　y.「ござる」は「ある」の丁寧語。　z.「なさる」は「する」の尊敬語。

問四＜文章内容＞吉岡は，同心に，八丁櫓船で洲崎に向かわせてほしいと頼んだ。しかし同心は，「役目外」の仕事に関わりたくなかったため(①…×，③・④…○)，与力が出仕するまで待つよう吉岡に告げたのである(②…○)。

問五＜心情＞幕府側から浦賀への寄港許可が下りるかどうかは，総助たちのはたらきにかかっていた。そのため，総助は，マンハッタン号の人々の期待に何とかして応えたいと思っていた。

問六＜心情＞三五平と総助は，野島崎御船番所から洲崎に向かう許可が出るまで待つことしかできないため，握り飯を食べていた。しかし一刻も早くマンハッタン号を浦賀に寄港させなければならない状況下のため，三五平は，何もしていない自分たちにもどかしさを感じていた。

問七＜文章内容＞事態がなかなか進展しないことに，三五平は，もどかしさを募らせていた。これに対し総助は，「命がけで漕いだからこそ野島崎まで行き着けた」という自分たちのこれまでのはたらきを振り返り，三五平を励ましたかったのである。

問八＜表現＞総助と三五平は，幕府側に頼み込み，何としてでもマンハッタン号を浦賀に寄港させるという決心を持っていた。しかしその展望とは裏腹に，二人は，現在は野島崎で立ち往生しており，特に打開策もない状況であった。

問九＜心情＞三五平は，待機するしかない自分たちの状況に不安を覚えていた。しかし食料を削ってまで自分たちを助けてくれたマンハッタン号の人たちと，船で待つ仲間のことを思い出し，マンハッタン号の入港を幕府側に頼み込もうと，決意を新たにした。

問十＜文章内容＞握り飯を食べている最中も，三五平は，マンハッタン号の人々が限られた食料で耐えるしかない状況なのではないかと心配していたのである。

問十一＜心情＞三五平は，マンハッタン号には十分な食料があると聞いて安心し，腕のよい料理人である拓三の力もあれば，きっと困難を乗りきれるという自信を持ち始めた。

問十二＜文章内容＞三五平は，自らの空腹よりもマンハッタン号の仲間たちの空腹を心配しており，握り飯にも容易に手をつけようとはしなかった。その様子から総助は，三五平の人情の厚さを感じ取り，尊敬の念を抱いたのである。

問十三＜表現＞本文は，三人称の視点から語られており，登場人物はそれぞれの立場に応じた話し言葉で会話を交わしている(④…○)。

三〔古文の読解―日記〕出典；紀貫之『土佐日記』。

≪現代語訳≫十九日。天気が悪く，縁起も悪いので，船は出さない。二十日。昨日のような天気なので，船は出さない。人々は皆心配し嘆いている。苦しく待ち遠しいので，ただ，日が過ぎていくのを，今日で何日目だ，二十日目だ，三十日目だと数えているために，指も傷んでしまうようだ。とても心細い。夜は寝るに寝ることができない。／二十日の夜に月が出た。山の端もなくて，海の中から出てくる。こういう光景を見て，昔，阿倍仲麻呂という人は，中国に渡って，(日本に)帰ってくるときに，船の乗り場で，中国の人が，別れの宴を開き，別れを惜しんで，その国の漢詩づくりなどをした。飽き足りなかったのだろう，二十日の夜の月が出るまで続いた。その日の月は，海から出てきた。これを見た仲麻呂さんは，「私の国では，このような歌を，神も神代からおよみになり，今では身分が上中下全ての人も，このように，別れを惜しみ，喜んだり，悲しんだりしたときに歌をよむのです」と言って，／大海原を見渡すと見える月は，春日にある三笠の山から出る月と同じなのだなあ／という歌をよんだ。あちらの国の人は，聞いてもわからないだろうと，思われたけれども，言葉の意味を，漢字に書き直して，日本語の通訳に伝えたところ，歌の意味を理解できたのだろうか，思っていたよりもずっと賞賛した。中国とこの国とでは，言葉は異なっているものであるけれども，月の光は同じはずであるので，人の心も同じことなのではないだろうか。／さて，今，仲麻呂の故事に思いをはせて，ある人がよんだ歌がこれである。／都では，山の端で見た月だけれども，ここでは波から出て波に入っていくなあ

問一＜**古典の知識**＞「唐土」は，「もろこし」と読み，中国を指す。「天竺」は，「てんじく」と読み，インドを指す。「震旦」は，「しんたん」と読み，古代中国の異称。「呉越」は，「ごえつ」と読み，「呉」と「越」という中国の春秋時代にあった二つの国を指す。

問二＜**古文の内容理解**＞ａ．阿倍仲麻呂が帰国するとき，中国の人々は，送別会を開き，皆で別れを惜しんで中国の詩である漢詩をつくった。　ｂ．阿倍仲麻呂のつくった歌は日本語であったため，阿倍仲麻呂は，歌の意味を漢字に直し，日本語のわかる人に伝えた。

問三＜**古文の内容理解**＞ア．阿倍仲麻呂の歌は日本語であったため，言葉の意味を漢字に直して通訳に伝えることにした。　イ．中国と日本では使われている言葉が異なっている。　ウ．たとえ使われている言葉が違うものであっても，月の光はどの土地でも同じものなのである。

問四＜**現代語訳**＞「心もとなし」は，ここでは待ち遠しい，という意味。紀貫之たちは，天候が悪いために何日も船が出せない状況を不安に思い，早く京都に戻りたいと感じていた。

問五＜**古文の内容理解**＞紀貫之たちは，天候不順で船を出せないまま，ただ日数をむなしく数えていくだけの状況に心細くなり，夜も寝られないほど不安になっていた。

問六＜**古文の内容理解**＞中国の人々と阿倍仲麻呂は，互いに別れが惜しくなったため，送別の宴会や漢詩づくりを，二十日の夜の月が出るまで続けたのである。

問七＜**古文の内容理解**＞遠い中国の地で見た見事な月は海から出てきたものであるが，同じ月が日本では三笠の山から出ているかもしれないと感じた阿倍仲麻呂は，現地の人々との別れの名残惜しさと，母国への懐かしさを抱いていた。

問八＜**古文の内容理解**＞たとえ言葉が違っていても，別れを惜しみ故郷を恋しく思う人の心のあり方は同じであるため，阿倍仲麻呂の歌は，中国の人々からも賞賛されたのである。

問九＜**古文の内容理解**＞海から出る月を見た紀貫之は，故郷から遠く離れた地で同じような月を見た阿倍仲麻呂に思いをはせ，京都に戻りたいという心情を歌に込めた。

問十＜**古文の内容理解**＞海から出る月を見た阿倍仲麻呂は，日本の地でも同じような見事な月が三笠の山から出ているかもしれないという歌をつくった。しかしこの歌は日本語であり，そのままでは中国の人々に通じないため，意味を漢字に直して通訳に伝えてもらった。すると中国の人々は，阿倍仲麻呂の歌を評価し，言葉の違いを乗り越え，別れを惜しみつつも故郷を恋しく思う心を理解し合うことができたのである。

問十一＜**文学史**＞『源氏物語』は，平安時代に成立した紫式部による物語。『万葉集』は，奈良時代に成立した現存する日本最古の和歌集。『平家物語』は，鎌倉時代に成立した軍記物語。『徒然草』は，鎌倉時代に成立した兼好法師による随筆。

Memo

Memo

2020年度 成田高等学校

【英　語】（50分）〈満点：100点〉

■放送問題の音声は，当社ホームページ（http://www.koenokyoikusha.co.jp）で聴くことができます。

1 対話とナレーションを聞き，それぞれの質問に対する答えとして最も適切なものを次の①～④から一つずつ選びなさい。

(1) [1]

① His parents　② His cousin　③ His friend　④ His younger brother

(2) [2]

① Walk to Sakura station.　② Miss the next train.

③ Take a taxi to Sakura station.　④ Wait for the next train.

(3) [3]

① Twice and 3 kilometers　② Four times and 12 kilometers

③ Twice and 9 kilometers　④ Four times and 36 kilometers

(4) [4]

① The food his host family served　② The view of Sydney Harbor

③ Learning English at university　④ Communication with his host family

(5) [5]

① Sea turtles have long lives and some live for as long as 80 years.

② Some mother turtles have babies when they become thirty years old.

③ More and more people use fishing nets to catch turtles for their meat or shells.

④ Sea turtles are killed by various things made by humans.

※　リスニングテスト放送文は，英語の問題の終わりに付けてあります。

2 [ ] に入る最も適切なものを次の①～④から一つずつ選びなさい。

(1) My grandfather often [6] me that he wanted to visit New York.

① told ② spoke ③ said ④ talked

(2) Most children [7] go camping are between the ages of seven and sixteen.

① whom ② which ③ who ④ whose

(3) Could you [8] me your umbrella?

① borrow ② lend ③ use ④ take

(4) [9] in French?

① What is called this flower ② What is this flower called

③ How called is this flower ④ How is called this flower

(5) Tomoko is [10] than Satoru. She was in elementary school when he was born.

① seven years younger ② younger seven years

③ seven years older ④ older seven years

(6) I will wait for you [11] five o'clock.

① until ② before ③ for ④ by

(7) John is [12] a nice person that everybody loves him.

① very ② so ③ too ④ such

(8) A: I haven't seen Paul recently. What happened to him?

B: Don't you know he [13] Spain about a month ago to study art?

① has been in ② has visited ③ left for ④ went

3 次の各文において，日本語の意味に合うようにそれぞれ下の①～⑤の語句を並べ替えて空所を補い，文を完成させなさい。ただし，文頭にくる単語も小文字で始めてあります。解答は［14］～［23］に入るものの番号のみを答えなさい。

(1) 宿題を手伝ってくれてありがとう。

_____ ［14］ _____ ［15］ _____ help me with my homework.

① nice　② to　③ it's　④ of　⑤ you

(2) そのイスを見るといつも私は祖母を思い出す。

I can't see _____ ［16］ _____ ［17］ _____ .

① thinking　② of　③ without　④ the chair　⑤ my grandmother

(3) その男は自分がどれほど運が良いかについて話した。

The man talked _____ ［18］ _____ ［19］ _____ .

① lucky　② about　③ he　④ how　⑤ was

(4) その当時90歳まで生きる人は，ほとんどいませんでした。

_____ ［20］ _____ ［21］ _____ 90 in those days.

① few　② to　③ lived　④ people　⑤ be

(5) この授業を取れば，歴史がもっとよくわかるようになるでしょう。

_____ ［22］ _____ ［23］ _____ a better understanding of history.

① lead　② you　③ this class　④ to　⑤ will

4 次の英文を読んで，後の問いに答えなさい。*の付いている語句には注があります。

（　　ア　　） What were our *ancestors like?

In 1974, 40 percent of a female *skeleton was found in *Ethiopia. Scientists called her イ Lucy. She lived about 3.2 million years ago. She was about 1.1 meters tall and probably *weighed about 29 kilograms. Her skull was small, so she didn't have a big brain.

In 1984, another skeleton, called イ Turkana Boy, was found in Kenya. It's the oldest nearly *complete human skeleton we have today. He lived about 1.5 million years ago. Scientists think he was between 8 and 12 years old when he died, and about 1.6 meters tall.

From *fossils, scientists know that the first humans lived in Africa about 4 million years ago. But where did they go next? Probably to Southeast Asia, but for many years, scientists didn't discover any really old human bones there. Then, in 2009, a piece of skull was found in *Laos. It was more than 46,000 years old and showed that early groups of people traveled through this country, maybe on their way to China.

Sometimes when we find old bones, we don't know what kind of person they came from. In 1996, a skeleton was discovered in the state of Washington, USA. Scientists called it Kennewick Man. At first, scientists said he was a white man, but Native Americans said he belonged to them. The two groups started fighting over Kennewick Man. The scientists wanted to study the skeleton, but the Native Americans wanted to *bury him. *For the time being, the bones were put in a museum, and the Native Americans went there often to pray.

（ ① ） They studied the skeleton and discovered Kennewick Man was about 40 years old when he died, weighed about 73 kilograms, and was 1.73 meters tall. （ ② ） He ate fish and other sea animals. （ ③ ） They also discovered that he lived about 9,300 years ago! （ ④ ） So, he wasn't white or Native American. In fact, his people probably came from southern Asia.

In 2013, Richard Ⅲ, an English king who died in 1485, was suddenly in the news again. His skeleton was found under a parking lot in *Leicester, England. This was exciting for science, but a problem, too. Where should they bury him? Some people said in Leicester, near where he was found. Others said London was the right place for an important king. And other people said in *York, where his family was important.

ウ Bones can also tell us a lot of about the lives of famous people from the past. In 1922, to the surprise of the whole world, a *fantastic *tomb was discovered in Egypt. Inside the *coffin, there was a *mummy. Long ago, when important Egyptian people died, their bodies were made into mummies. Water was taken out of the body with salt. Then special *chemicals were used to stop nature from *destroying the body.

出典 *BONES AND THE STORIES THEY TELL* 一部改変 CAMBRIDGE UNIVERSITY PRESS

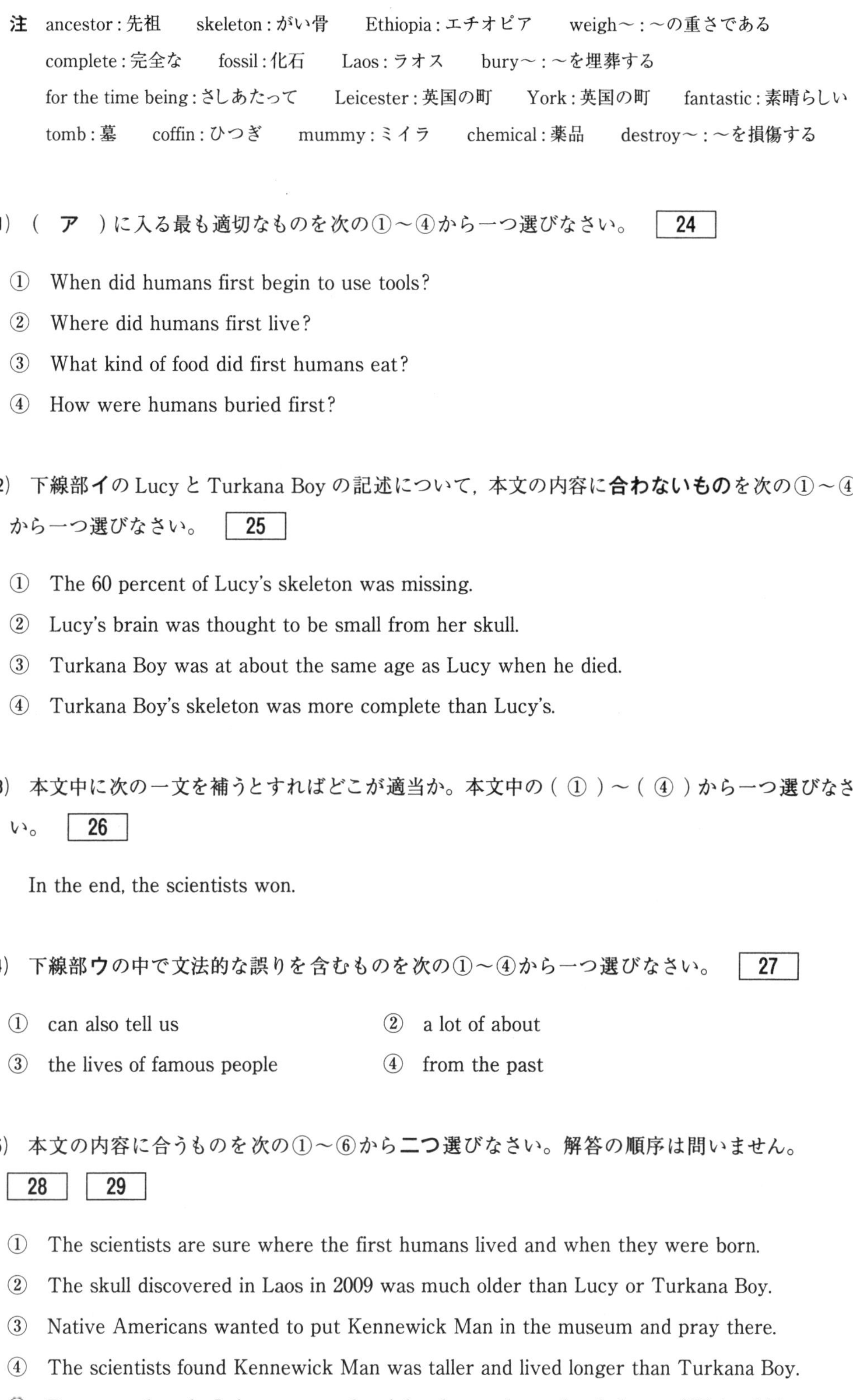

注 ancestor : 先祖　skeleton : がい骨　Ethiopia : エチオピア　weigh～ : ～の重さである
complete : 完全な　fossil : 化石　Laos : ラオス　bury～ : ～を埋葬する
for the time being : さしあたって　Leicester : 英国の町　York : 英国の町　fantastic : 素晴らしい
tomb : 墓　coffin : ひつぎ　mummy : ミイラ　chemical : 薬品　destroy～ : ～を損傷する

(1)（ **ア** ）に入る最も適切なものを次の①～④から一つ選びなさい。 **24**

① When did humans first begin to use tools?
② Where did humans first live?
③ What kind of food did first humans eat?
④ How were humans buried first?

(2) 下線部**イ**の Lucy と Turkana Boy の記述について，本文の内容に**合わないもの**を次の①～④から一つ選びなさい。 **25**

① The 60 percent of Lucy's skeleton was missing.
② Lucy's brain was thought to be small from her skull.
③ Turkana Boy was at about the same age as Lucy when he died.
④ Turkana Boy's skeleton was more complete than Lucy's.

(3) 本文中に次の一文を補うとすればどこが適当か。本文中の（ ① ）～（ ④ ）から一つ選びなさい。 **26**

In the end, the scientists won.

(4) 下線部**ウ**の中で文法的な誤りを含むものを次の①～④から一つ選びなさい。 **27**

① can also tell us　② a lot of about
③ the lives of famous people　④ from the past

(5) 本文の内容に合うものを次の①～⑥から**二つ**選びなさい。解答の順序は問いません。
28 **29**

① The scientists are sure where the first humans lived and when they were born.
② The skull discovered in Laos in 2009 was much older than Lucy or Turkana Boy.
③ Native Americans wanted to put Kennewick Man in the museum and pray there.
④ The scientists found Kennewick Man was taller and lived longer than Turkana Boy.
⑤ Everyone thought Leicester was the right place to bury the skeleton of Richard Ⅲ.
⑥ Ancient Egyptians knew that using salt water could destroy the dead body.

5 次の英文を読んで，後の問いに答えなさい。*の付いている語句には注があります。

Once upon a time, there was a rich man in *Thailand. His name was Chulong. He was a very rich man. But he wanted more money.

One day he was walking in his garden. He saw a strange bird in a *bush. It was very small. But it had excellent and colorful *features. Its voice was also very sweet. Chulong had never seen such a bird in his life. He slowly went near the bush quietly. He caught the bird. Now the bird began to speak.

"Why have you caught me?" the bird asked. "I want to make money. I can sell you for a lot of money," said Chulong.

"But you are already rich. Why do you want more?" asked the bird. "Because I want to become richer and richer," answered Chulong. "But do not dream of making money through me!" said the bird. "You cannot sell me. Nobody will buy me, because, *in imprisonment, I lose my beauty and my sweet voice." Then it slowly turned into a black bird.

The beautiful bird now looked like a *crow. Chulong's (　　ア　　). He said angrily, "I will kill you, and I will eat your meat." イ"<u>食えるものなら食ってみろよ。小さくて肉なんて取れやしないぜ</u>," replied the bird.

Chulong could not answer. The bird then *suggested, "Well, set me free. In return I will teach you three simple but useful rules." ウ"<u>What is the use of the rules?</u> I want only money," said Chulong. He was *irritated.

"But these rules can *profit you greatly," added the bird. "Profit me! Really? Then I will set you free. But how can I trust you? You may fly away," said Chulong. "I give you my word. And I always keep my word," said the bird.

Chulong wanted to take a chance. He released the bird. It flew up at once. Then it sat on the branch of a tree. Its color started changing. It became beautiful again. Chulong asked, "Now teach me the rules."

"Certainly," said the bird. Then it added, "The first rule is Never believe everything others say. The second rule is Never be sad about something you do not have. The third rule is Never throw away the thing you have in your hand."

"You *silly bird," shouted Chulong. And he added, "These three rules are known to everyone. You have *cheated me!"

But the bird said, "Chulong, just sit down for a while. Think about all your actions of today. You had me in your hands, but you threw me away and released me. You believed all that I said. And you are sad about not having me. The rules are simple. But (　　エ　　). Now do you see the value of the rules?" and it flew away.

出典：http://www.english-for-students.com/Three-Simple-Rules.html　一部改変

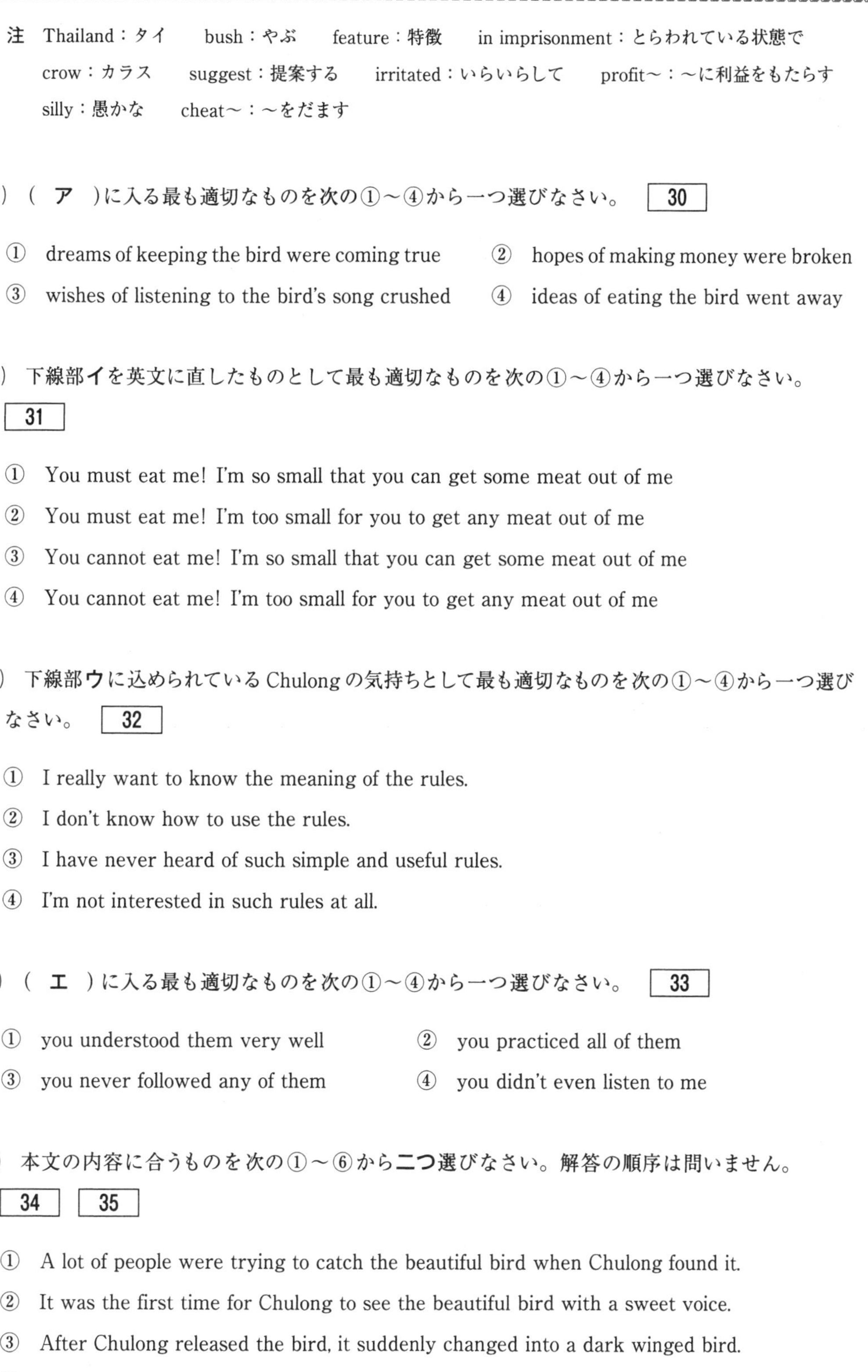

注　Thailand：タイ　bush：やぶ　feature：特徴　in imprisonment：とらわれている状態で
crow：カラス　suggest：提案する　irritated：いらいらして　profit～：～に利益をもたらす
silly：愚かな　cheat～：～をだます

(1)　(　ア　)に入る最も適切なものを次の①～④から一つ選びなさい。 30

① dreams of keeping the bird were coming true　② hopes of making money were broken
③ wishes of listening to the bird's song crushed　④ ideas of eating the bird went away

(2)　下線部**イ**を英文に直したものとして最も適切なものを次の①～④から一つ選びなさい。
31

① You must eat me! I'm so small that you can get some meat out of me
② You must eat me! I'm too small for you to get any meat out of me
③ You cannot eat me! I'm so small that you can get some meat out of me
④ You cannot eat me! I'm too small for you to get any meat out of me

(3)　下線部**ウ**に込められているChulongの気持ちとして最も適切なものを次の①～④から一つ選びなさい。 32

① I really want to know the meaning of the rules.
② I don't know how to use the rules.
③ I have never heard of such simple and useful rules.
④ I'm not interested in such rules at all.

(4)　(　エ　)に入る最も適切なものを次の①～④から一つ選びなさい。 33

① you understood them very well　② you practiced all of them
③ you never followed any of them　④ you didn't even listen to me

(5)　本文の内容に合うものを次の①～⑥から**二つ**選びなさい。解答の順序は問いません。
34 35

① A lot of people were trying to catch the beautiful bird when Chulong found it.
② It was the first time for Chulong to see the beautiful bird with a sweet voice.
③ After Chulong released the bird, it suddenly changed into a dark winged bird.
④ Chulong got angry to hear the three rules because they were not new to him.
⑤ Chulong told the beautiful bird that he would sell its meat after he killed it.
⑥ At last, Chulong understood the value of useful rules and they made him much richer.

＜リスニングテスト放送文＞

(1)

W: What are you doing this vacation, Jeff?

M: I'm going to visit Hokkaido and spend a week with my grandparents.

W: Is your family going too?

M: No, my father and mother are busy, so I'm going on my own.

W: Are you going to be alone with your grandparents the whole time?

M: No, my cousin living in Tokyo is coming to stay with us, too. He's a little younger than I am. My grandparents will take us to the Snow Festival.

W: Sounds like fun. Have a good time.

Q: Who is Jeff going to stay with when he visits his grandparents?

① His parents　② His cousin

③ His friend　④ His younger brother

(2)

W: Oh, no! We've missed the train.

M: The train comes only once an hour.

W: When is the next one?

M: Forty minutes later.

W: I don't want to wait for such a long time.

M: Take a taxi?

W: No. It's expensive.

M: Shall we go on foot?

W: Good idea! We'll get to Sakura station in half an hour.

Question: What will they do next?

① Walk to Sakura station.　② Miss the next train.

③ Take a taxi to Sakura station.　④ Wait for the next train.

(3)

M: Nice to see you again, Emi. You look healthy and cool.

W: Thank you. I decided to start running two months ago and I haven't stopped.

M: Great. How often do you run in a week?

W: At first, I ran only twice a week. But I tried to run more often little by little. Now I run twice as much.

M: Wow, how far do you run each time?

W: At first, only 3 kilometers, but now, I run three times as far as before.

Question: How many times and how far does the woman run in a week now?

① Twice and 3 kilometers ② Four times and12 kilometers

③ Twice and 9 kilometers ④ Four times and 36 kilometers

(4)

Dear Darrell & Deborah

Thank you for taking such good care of me during my stay in Sydney. I have made it back to Japan safely. I had a great time and made wonderful memories staying with you. I miss your delicious food already and I can't forget the view of Sydney Harbor from the pleasure boat at sunset. Also I'm happy that my English has improved dramatically. However, the greatest part of my homestay was talking with you and your family about myself, Japanese culture and Australia. Thank you again for giving me great memories! I'm looking forward to seeing you in the near future.

Best regards, Yasuyuki

Question: What did Yasuyuki enjoy most during his homestay in Sydney?

① The food his host family served ② The view of Sydney Harbor

③ Learning English at university ④ Communication with his host family

(5)

Sea turtles can be found all over the world. They are called "Umigame" in Japanese. They are one of the oldest animals and can live for as long as eighty years. They need to live for a long time because some mother turtles do not begin to have their babies until they are twenty or even thirty years old. Now more and more sea turtles are dying mainly because of human activities. If they are caught in fishing nets by accident, they can't move and finally they die. They are also killed for their meat or shells. Dying because of eating plastic bags by mistake is also a serious problem.

Question: Which sentence is not true?

① Sea turtles have long lives and some live for as long as 80 years.

② Some mother turtles have babies when they become 30.

③ More and more people use fishing nets to catch turtles for their meat or shells.

④ Sea turtles are killed by various things made by humans.

【数　学】（50分）〈満点：100点〉

1　次のア～タの□に当てはまる数や符号を答えなさい。

(1)　$7-(-3)\times(-2)^2-5^2=$ アイ

(2)　$\dfrac{3x+4}{2}-\dfrac{5x-2}{3}=\dfrac{\boxed{ウエ}}{\boxed{オ}}x+\dfrac{\boxed{カ}}{\boxed{キ}}$

(3)　$\dfrac{\sqrt{147}}{5}-\sqrt{27}+\dfrac{\sqrt{108}}{7}\div\dfrac{15}{14}=\dfrac{\boxed{クケ}\sqrt{\boxed{コ}}}{\boxed{サ}}$

(4)　$-x^2y\div\dfrac{16}{21}xy^2\times\left(-\dfrac{4}{3}x^2y^3\right)^2=\dfrac{\boxed{シス}}{\boxed{セ}}x^{\boxed{ソ}}y^{\boxed{タ}}$

2　次のア～タの□に当てはまる数や符号を答えなさい。

(1)　下の度数分布表は，あるペットショップの1週間の来客数を曜日ごとにまとめたものである。1週間の来客数の平均は275人であり，日曜日の来客数は木曜日よりも60人多かった。このとき，$x=$ アイウ，$y=$ エオカ である。

曜日	月	火	水	木	金	土	日
人数	250	200	240	x	255	300	y

(2)　$\dfrac{7}{26}$ と $\dfrac{21}{65}$ のそれぞれに同じ分数を掛けてともに積が自然数となる分数のうち，最も小さいものは $\dfrac{\boxed{キクケ}}{\boxed{コ}}$ である。

(3)　1個当たり原価5000円で仕入れた品物に対して，原価のx％の利益を見込んで定価をつけて売ってみたところ，売れ行きが悪かったため定価のx％引きの4800円で売った。このとき，$x=$ サシ である。

(4)　図のように，1辺が2の正六角形ABCDEFがあり，この正六角形のすべての辺に接する円Oがある。辺EF, FAと円Oとの接点をそれぞれG, Hとする。線分ADと円Oとの交点のうち，点Dに近い方の点をIとする。このとき四角形OIGHの面積は $\dfrac{\boxed{ス}\sqrt{\boxed{セ}}+\boxed{ソ}}{\boxed{タ}}$ である。

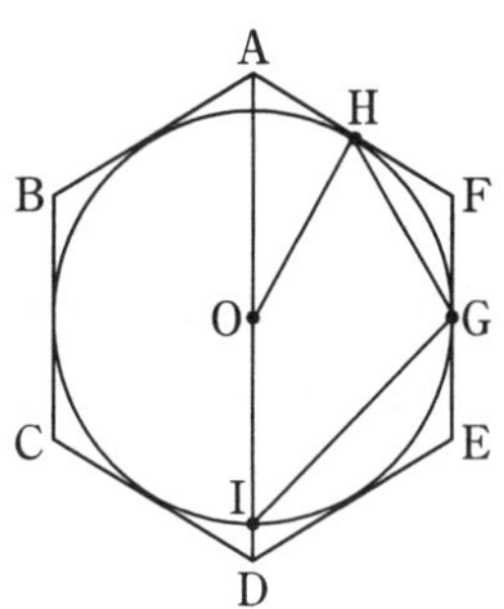

図のように，放物線 $y=ax^2$ と直線 $y=3x$ が原点Oと点Aで交わっている。点Aの x 座標は $\frac{3}{2}$ である。点Bは点Aから x 軸に引いた垂線と x 軸との交点である。点Cの座標は $(0,6)$ である。直線BCと放物線 $y=ax^2$ との2つの交点が点D, Eであり，点Dの x 座標は負である。点Fは直線 $y=3x$ と直線BCの交点である。このとき，次の**ア**～**サ**の□に当てはまる数や符号を答えなさい。

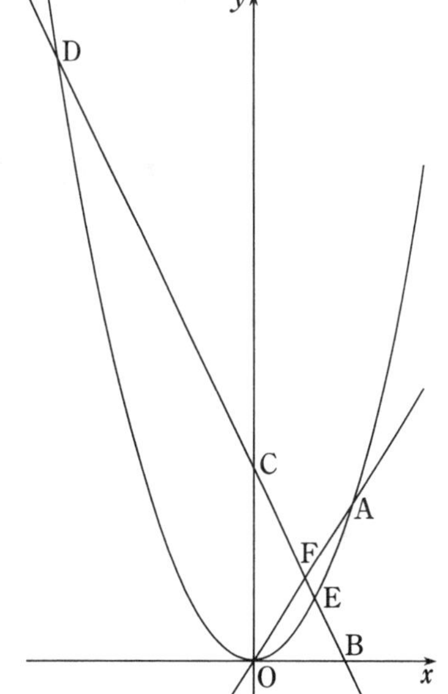

(1) $a=$ ア である。

(2) D(イウ , エオ)，E(カ , キ)である。

(3) △AEFと△ABEの面積比を最も簡単な整数比で表すと ク : ケ である。

(4) △ABFと△ODFの面積比を最も簡単な整数比で表すと コ : サ である。

図のように，正八角形ABCDEFGHがあり，頂点Aに黒と白の石がある。大小2つのさいころを同時に1回だけ振る。黒の石は大きいさいころの出た目の数だけ時計回りに，白の石は小さいさいころの出た目の数だけ反時計回りに頂点を移動する。

このとき，次の**ア**～**サ**の□に当てはまる数や符号を答えなさい。

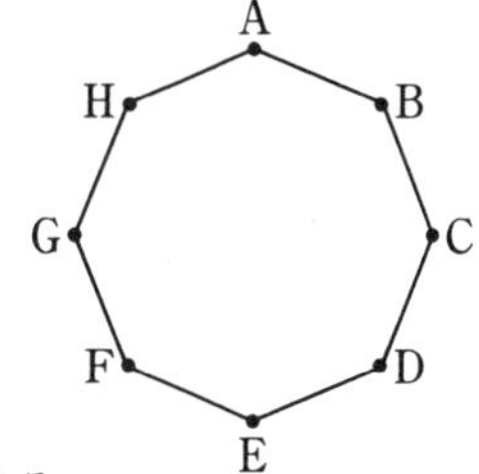

(1) 大小2つのさいころの目の出方は全部で アイ 通りある。

(2) 2つの石を移動した後に，2つの石が同じ頂点にある確率は $\frac{\text{ウ}}{\text{エオ}}$ である。

(3) 2つの石を移動した後に，2つの石がある頂点を結んだ線分が，正八角形の辺になる確率は $\frac{\text{カ}}{\text{キク}}$ である。

(4) 2つの石を移動した後に，2つの石がある頂点を結んだ線分が，正八角形の対角線になる確率は $\frac{\text{ケ}}{\text{コサ}}$ である。

5 図のように，2つの円Aと円Bが点Cで接している。直線ℓはこの2つの円に接し，それぞれの接点をD, Eとする。点Cにおける2つの円の接線をmとし，ℓとmの交点をFとする。2つの円A, Bの中心を通る直線をnとし，ℓとnの交点をGとする。AG＝2，∠AGD＝30°のとき，次の**ア〜サ**の□に当てはまる数や符号を答えなさい。ただし，円周率はπとする。

(1) ∠DAG＝[アイ]°である。

(2) 斜線部分のうち，図㋐の面積は $\dfrac{\sqrt{[ウ]}}{[エ]}-\dfrac{[オ]}{[カ]}\pi$ である。

(3) BE＝[キ]である。

(4) 斜線部分のうち，図㋑の面積は $[ク]\sqrt{[ケ]}-\dfrac{[コ]}{[サ]}\pi$ である。

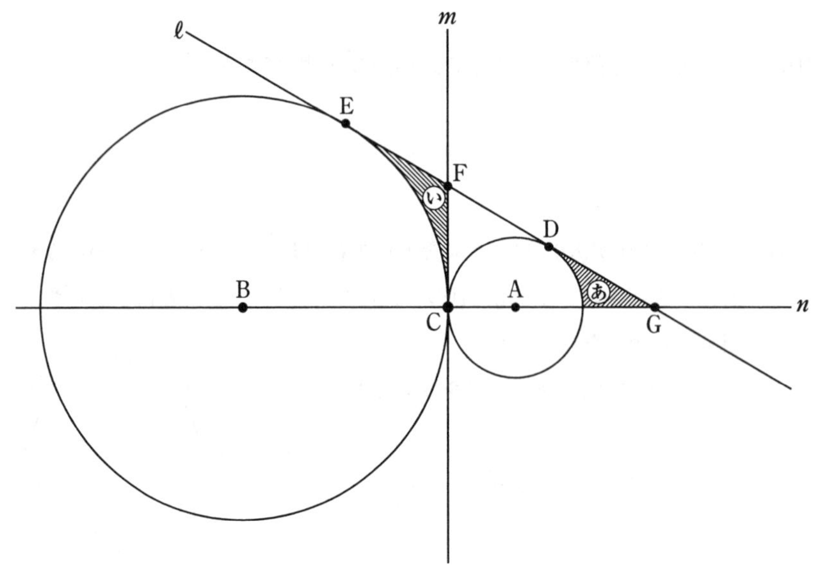

解答上の注意

1．選択形式「①～④のうちから1つ選びなさい。」という場合，選んだ番号をマークしなさい。

(例)　ア で ③ を選択したとき

ア	㊀ ⓪ ① ② ● ④ ⑤ ⑥ ⑦ ⑧ ⑨

2．選択形式以外の場合

(1)　ア, イ, ウ …….の一つ一つには，それぞれ「0」から「9」までの数字，または「－(マイナス)」のいずれか一つが対応します。それを ア, イ, ウ …….で示された解答欄にマークしなさい。　(例)　イウ に －8 と答えるとき

イ	● ⓪ ① ② ③ ④ ⑤ ⑥ ⑦ ⑧ ⑨
ウ	㊀ ⓪ ① ② ③ ④ ⑤ ⑥ ⑦ ● ⑨

(2)　分数形で解答が求められているときは，もっとも簡単な分数で答えます。符号は分子につけ，分母につけてはいけません。

(例)　$\dfrac{\boxed{エオ}}{\boxed{カ}}$ に $-\dfrac{4}{5}$ と答えるときは，$\dfrac{-4}{5}$ として

エ	● ⓪ ① ② ③ ④ ⑤ ⑥ ⑦ ⑧ ⑨
オ	㊀ ⓪ ① ② ③ ● ⑤ ⑥ ⑦ ⑧ ⑨
カ	㊀ ⓪ ① ② ③ ④ ● ⑥ ⑦ ⑧ ⑨

(3)　式の係数や指数を答えるときは，係数や指数の数字をそのまま答えます。

(例)　$\boxed{キ}x^{\boxed{ク}}$ に $3x^2$ と答えるとき

キ	㊀ ⓪ ① ② ● ④ ⑤ ⑥ ⑦ ⑧ ⑨
ク	㊀ ⓪ ① ● ③ ④ ⑤ ⑥ ⑦ ⑧ ⑨

(4)　根号を含む形で解答する場合は，根号の中に現れる自然数が最小となる形で答えます。

(例)　$\boxed{ケ}\sqrt{\boxed{コ}}$，$\dfrac{\sqrt{\boxed{サシ}}}{\boxed{ス}}$ に $4\sqrt{2}$，$\dfrac{\sqrt{13}}{2}$ と答えるところを，$2\sqrt{8}$，$\dfrac{\sqrt{52}}{4}$ のように答えてはいけません。

① 道綱は、指名されることが予想できたにしては、準備にあまりゆとりがなく

② 道綱は、急に祭りに参加することになり、急いで準備したにしては

③ 道綱は、兼家に準備をしてもらえず、役を務めることになってしまい

④ 道綱は、練習したようには見えない急ごしらえの舞人たちの中では

問九 『蜻蛉日記』が成立した年代として最も適当なものを次の①～④から一つ選びなさい。解答番号は 45 。

① 奈良時代　② 平安時代

③ 鎌倉時代　④ 室町時代

ア ① 兼家　② 助　③ 作者　④ 従者

イ ① 兼家と助　② 兼家と作者
③ 助と作者　④ 助と従者

問三　二重傍線部ウ「簾」・エ「上達部」の読み方として最も適当なものをそれぞれ次の①〜④から一つずつ選びなさい。解答番号は順番に 38 ・ 39 。

ウ ① よしず　② のれん　③ すだれ　④ すのこ

エ ① じょうたつぶ　② かみだちぶ
③ かみだつめ　④ かんだちめ

問四　傍線部A「いかがすべからむ」を単語に分けたものとして最も適当なものを次の①〜④から一つ選びなさい。解答番号は 40 。

① いかが　すべ　からむ　② いかが　すべ　から　む
③ いかが　す　べから　む　④ いかが　す　べか　らむ

問五　傍線部B「胸つぶれて、いまさらになにせむにか」の気持ちとして最も適当なものを次の①〜④から一つ選びなさい。解答番号は 41 。

① 夫が今さら息子のことを援助すると言っても、夫婦の仲は回復しないと悲しみにくれる思い。

② 思いがけず夫の優しい申し出を受けて、夫婦の仲を回復できるかもしれないと期待する思い。

③ 重ねて準備のことを言ってきて、道綱にも会いたがる夫に対し、そのしつこさに呆れる思い。

④ 病気の退屈しのぎに息子に会いたがる夫に対し、あまりの身勝手な行動に我慢できない思い。

問六　傍線部C「いかがは見ざらむ」の解釈として最も適当なものを次の①〜④から一つ選びなさい。解答番号は 42 。

① どういう方法で道綱が舞っている所を見つけ出そうか。

② どういう方法であっても道綱の舞を見ることはできないだろう。

③ どうしても道綱が舞っている所を見ないではいられない。

④ どうしても道綱が舞っている所を見たくない。

問七　傍線部D「見し人々のあるなりけり」について、作者はどのようなことを推測したのか。最も適当なものを次の①〜④から一つ選びなさい。解答番号は 43 。

① 車を取り巻く人々は官吏たちなので、祭りを司る内親王がいると推測した。

② 車を取り巻く人々の顔に見覚えがあったので、兼家もいると推測した。

③ 車を取り巻く人々は中流貴族で兼家と働いていたので、兼家がいると推測した。

④ 車を取り巻く人々の表情や態度から、車の主は兼家の妻であると推測した。

問八　傍線部E「我が思ふ人、にはかに出でたるほどよりは」の意味として最も適当なものを次の①〜④から一つ選びなさい。解答番号は 44 。

試楽(しがく)[注1]の日、あるやう、[兼家]「けがらひ[注2]の暇(いとま)なるところなれば、ａ内裏にも、えまゐるまじきを[注3]、まゐり来て、見出だし立てむ[注4]とするを、寄せ給ふまじかなれば[注5]、Ａいかがすべからむ。いとおぼつかなきこと」とあり。Ｂ胸つぶれて、いまさらになにせむにかと思ふこと、しげければ[注6]、[作者]「疾くさうぞきて[注7]、かしこへ御詣(おまゐ)れ」とてア急がしやりたりければ、まづぞうち泣かれける。もろともにイ立ちて、舞ひとわたり習させて、詣(まゐ)らせてけり。

　祭の日、Ｃいかがは見ざらむとて、出でたれば、北の面(つら)[注8]に、なでふことも[注9]なき枇榔毛(びりやうげ)、後(しり)、口(くち)[注10]、うちおろして立てり。口の方、ウ簾の下より清げなる掻練(かいねり)[注11]に紫の織物かさなりたる袖ぞさし出でためる。女車なりけりと見るところに、車の後の方にあたりたる人の家の門より、六位なる者[注12]の太刀佩(は)きたる、ふるまひ[注13]出で来て、前の方に膝まづきて、物をいふに、おどろきて目をとどめて見れば、彼が出で来つる車のもとには、赤き人[注14]・黒き人おしこりて、数も知らぬほどに立てりけり。よく見もていけば、Ｄ見し人々のあるなりけりと思ふ。例の年[注15]よりは事疾う成りて、エ上達部の車、かいつれて来る者、みな彼を見てなべし[注16]、そこに止まりて、おなじ所に口をつどへて立ちたり。

　Ｅ我が思ふ人、にはかに出でたるほどよりは、供人なども、きらきらしう見えたり。上達部、ｂ手ごとに、くだものなどさし出でつつ、物いひなどし給へば、面立たしき心地す。

（『蜻蛉日記』角川書店より）

注1　試楽……舞人らの宮中の楽所に参って行う予行練習。
注2　けがらひの暇……穢(けが)れがあるため、宮中の出仕を欠勤する。
注3　えまゐるまじきを、……参上することはできまいから、
注4　見出だし立てむ……道綱の面倒を見て送り出そう。
注5　寄せ給ふまじかなれば、……私がそちらの家に立ち寄れそうにもないので、
注6　思ふこと、しげければ、……いろいろと考えてしまうので、
注7　さうぞきて、……衣装を着て、
注8　北の面……道の北側。
注9　なでふこともなき枇榔毛、……目立たない飾り模様、
注10　後、口、うちおろして立てり。……（牛車が）後ろも前も簾を下して止まっていた。
注11　掻練……柔らかい絹布。
注12　六位なる者……貴族の位階。
注13　ふるまひ出で来て、……肩・ひじをはって出て来て、
注14　赤き人・黒き人おしこりて、……四位・五位の貴族の位の人々が集まっていて、
注15　例の年よりは事疾う成りて、……例年より進行が早くなり、
注16　見てなべし、……見てであろう、

問一　波線部ａ「内裏」・ｂ「手ごと」の意味として最も適当なものをそれぞれ次の①～④から一つずつ選びなさい。解答番号は順番に 34 ・ 35 。

ａ　①　家の裏　　②　御所
　　③　試楽をする場所　　④　賀茂神社

ｂ　①　おのおの　　②　空いた手で
　　③　全ての手段で　　④　その都度

問二　二重傍線部ア「急がしやりたりければ」・イ「立ちて」の主語として最も適当なものをそれぞれ次の①～④から一つずつ選びなさい。解答番号は順番に 36 ・ 37 。

③　誠心誠意仕えてきた自分のことをだましたり裏切ったりするはずはないと信じ込んでいるから。

④　仙人になれれば無理難題を言ってきた医者の妻に一泡吹かせることができると思っているから。

問十一　傍線部G「私に任せて御置きなさい」と言う理由として最も適当なものを次の①～④から一つ選びなさい。解答番号は31。

①　これまで自分を信じてくれた権助が仙人になれないわけはないと確信しているから。

②　自分の言うことを聞いていればよいのだと、非情になれない夫をたしなめたいから。

③　あきらめて降りるにせよ、落ちて死んでも、自分には何の損もないと考えているから。

④　たかが木登りに失敗したくらいでは、人が死ぬはずはないと高をくくっているから。

問十二　傍線部H「おかげ様で」という発言に込められた権助の気持ちとして最も適当なものを次の①～④から一つ選びなさい。解答番号は32。

①　妻の真意には気づいていたが、結果的に仙人になれたのでまず感謝しようという気持ち。

②　仙人になったことで精神的にも成長し、いろいろな人へ素直に感謝したいという気持ち。

③　自分の以前からの望みをかなえてくれた医者夫妻に対して、心の底から感謝する気持ち。

④　二十年の間苦労を重ねてきたことがやっと報われたということを神様に感謝する気持ち。

問十三　この文章の表現についての説明として最も適当なものを次の①～④から一つ選びなさい。解答番号は33。

①　非常に多くの人物が登場しているが、一人一人の性格が明示されるエピソードを積み重ねることによって人物像の整理がしやすくなっている。

②　直接話法を使う場面と間接話法を使う場面を組み合わせることによって、作者が読者に強く印象付けたい台詞を強調することに成功している。

③　作品の外にいる語り手の三人称によってそれぞれの登場人物の内面に必要以上に入り込むことなく、過去の逸話として作品を成立させている。

④　時間の流れを意図的に分断し入れ替えることで現実感を出し、過去に起こったという事を現代に通じる教訓を持った話として描きなおしている。

三

次の文章は藤原道綱母（みちつなのはは）が記した蜻蛉（かげろう）日記の一節である。説明文と本文を読んで後の問いに答えなさい。但し、設問の都合上、表記・記号を一部変えたところがある。

作者道綱母は夫・藤原兼家（かねいえ）（後の一位・太政大臣）と長く疎遠で離れて暮らしていた。子息・道綱（本文中では助と呼ばれている）が名誉なことに賀茂神社の祭りの舞人（まいびと）に選ばれた。その後、夫・兼家から手紙が届き、さらに舞人になった道綱に必要な援助の品が送られてきた。以下はその数日後の出来事である。

③　妻が仙人になるための手法を知っているが、この場で口に出してよいのかどうか決めかねているため。

④　番頭に不意をつかれてしまい答えに迷ってしまっているので、少し時間をかけて考えをまとめるため。

問六　傍線部**B**「何も知らない」とあるが、どのようなことを「知らない」というのか、最も適当なものを次の①～④から一つ選びなさい。解答番号は **26**。

①　妻の狙っている事が何かを知らないということ。

②　人間の悪意のすさまじさを知らないということ。

③　仙人のことについて一つも知らないということ。

④　医者と仙人との間の関係を知らないということ。

問七　傍線部**C**「かえって案外だったのでしょう」とあるが、その説明として最も適当なものを次の①～④から一つ選びなさい。解答番号は **27**。

①　仙人になって栄耀栄華を極めたいと考えているからには、お金がないはずなのにきちんとした羽織を持っていたから。

②　仙人になりたいなどという望みを持った人物なので、よほど変わった人物なのだろうという先入観を抱いていたから。

③　仙人になりたいと言っている権助は大した田舎者だと聞いていたが、都会の大阪にいる人と変わらなくて驚いたから。

④　仙人になりたいなどという非常識な願いを持っている人物が、羽織をつけて礼を重んずる姿がとても意外だったから。

問八　傍線部**D**「はい。はい。」という権助の返答から読み取れる心情として最も適当なものを次の①～④から一つ選びなさい。解答番号は **28**。

①　我欲の深さが表に出ている妻のことを内心では侮蔑している。

②　自分の望みは決して俗人には理解されないとあきらめている。

③　望みがかなえられるなら何でもしようと乗り気になっている。

④　医者の妻の態度を不審に思い本心を出さないようにしている。

問九　傍線部**E**「女房は平気なものです」とあるが、その理由として最も適当なものを次の①～④から一つ選びなさい。解答番号は **29**。

①　無給で働く下男を雇うのにいい機会だったので、少しぐらいの嘘は仕方なかったと腹をくくっているため。

②　愛する夫につれなくされても、自分には深い考えがあってこのような事をしているという思いがあるため。

③　権助のような世間ずれしていない、善良な人物を思いのままに操るのは簡単なことだと確信しているため。

④　絶対に実行不可能な難題を申し付けて、それができないならば権助のせいにすればよいと考えているため。

問十　傍線部**F**「ほくほく喜びながら、女房のいいつけを待っていました」とあるが、権助がこのようにしている理由として最も適当なものを次の①～④から一つ選びなさい。解答番号は **30**。

①　これまで尽くしてきたことがやっと報われるのだと思い喜びの気持ちが生じてきているから。

②　あれだけ自信に満ちた回答をする医者の妻を最後まで信じていれば安心だと考えているから。

も昼間の中空へ、まるで操り人形のように、ちゃんと立止ったではありませんか？

「どうもありがとうございます。おかげ様で私も一人前の仙人になれました。」

権助は叮嚀に御辞儀をすると、静かに青空を踏みながら、だんだん高い雲の中へ昇って行ってしまいました。

医者夫婦はどうしたか、それは誰も知っていません。唯その医者の庭の松は、ずっと後までも残っていました。何でも淀屋辰五郎[注4]は、この松の雪景色を眺めるために、四抱えにも余る大木をわざわざ庭へ引かせたそうです。

（芥川龍之介著『仙人』岩波文庫より）

注1　権助……下男を指す江戸方言。
注2　麝香獣……芳香を出す獣のこと。
注3　太閤……豊臣秀吉のこと。
注4　淀屋辰五郎……江戸時代の大阪の豪商。

問一　二重傍線部a～dの本文中における意味として最も適当なものをそれぞれ①～④から一つずつ選びなさい。解答番号は順番に 17 ・ 18 ・ 19 ・ 20 。

a　一向
①　いつになっても　②　全くもって
③　予想に反して　④　一部分しか

b　せち辛い
①　働きにくい　②　情けのない
③　生きにくい　④　お金がない

c　慇懃に
①　ねんごろに　②　ゆっくりと
③　おもむろに　④　せかせかと

d　閉口した
①　悲しくなってしまった。
②　怒りを感じてしまった。
③　過去を反省してしまった。
④　困り果ててしまった。

問二　波線部w～zの中で性質が違うものを次の①～④から一つ選びなさい。解答番号は 21 。

①　w　②　x　③　y　④　z

問三　Ⅰ ・ Ⅲ に入る語として最も適当なものをそれぞれ①～④から一つずつ選びなさい。解答番号は順番に 22 ・ 23 。

Ⅰ　①　老練な　②　聡明な　③　陰険な　④　狡猾な
Ⅲ　①　時代　②　立場　③　義理　④　性格

問四　Ⅱ には「インド」を指す国名が入る。その国名として最も適当なものを次の①～④から一つ選びなさい。解答番号は 24 。

①　震旦　②　南蛮　③　天竺　④　高麗

問五　傍線部A「庭の松ばかり眺めていました」とあるが、それはなぜか、最も適当なものを次の①～④から一つ選びなさい。解答番号は 25 。

①　どう答えたらよいのか見当もつかないお願いであり、諦めて帰ってもらおうと返答を引き延ばすため。
②　番頭の期待には応えてやりたいと思うが、自分でもどのような手段を用いればよいかわからないため。

「はい。仙人になれさえすれば、どんな仕事でも致します。」
「それでは今日から私の所に、二十年の間奉公おし。そうすればきっと二十年目に、仙人になる術を教えてやるから。」
「さようでございますか？　それは何よりありがとうございます。」
「その代り向う二十年の間は、一文も御給金はやらないからね。」
「はい。はい。承知致しました。」
それから権助は二十年間、その医者の家に使われていました。水を汲む。薪を割る。飯を炊く。拭き掃除をする。おまけに医者が外へ出る時は、薬箱を背負って伴をする。——その上給金は一文でも、くれといった事がないのですから、この位重宝な奉公人は、日本中探してもありますまい。
が、とうとう二十年たつと、権助はまた来た時のように、紋附の羽織をひっかけながら、主人夫婦の前へでました。そうして慇懃に二十年間、世話になった礼を述べました。
「ついては兼ね兼ね御約束の通り、今日は一つ私にも、不老不死になる仙人の術を教えてもらいたいと思いますが。」
権助にこういわれると、閉口したのは主人の医者です。何しろ一文も給金をやらずに、二十年間も使った後ですから、今更仙術は知らぬなどとは、いえた［Ⅲ］ではありません。医者はそこで仕方なしに、
「仙人になる術を知っているのは、おれの女房の方だから、女房に教えてもらうが好い。」と、素っ気なく横を向いてしまいました。
しかし女房は平気なものです。
「では仙術を教えてやるから、その代りどんなむずかしい事でも、私のいう通りにするのだよ。さもないと仙人になれないばかりか、また向う二十年の間、御給金なしに奉公しないと、すぐに罰が当たって死んでしまうからね。」
「はい。どんなむずかしい事でも、きっと仕遂げて御覧に入れます。」
権助はほくほく喜びながら、女房のいいつけを待っていました。
「それではあの庭の松に御登り。」
女房はこういいつけました。もとより仙人になる術なぞは、知っているはずがありませんから、何でも権助に出来そうもない、むずかしい事をいいつけて、もしそれが出来ない時には、また向う二十年の間、唯で使おうと思ったのでしょう。しかし権助はその言葉を聞くとすぐに庭の松へ登りました。
「もっと高く。もっとずっと高く御登り。」
女房は縁先に佇みながら、松の上の権助を見上げました。権助の着た紋附の羽織は、もうその大きな庭の松でも、一番高い梢にひらめいています。
「今度は右の手を御放し。」
権助は左手にしっかりと、松の太枝をおさえながら、そろそろ右の手を放しました。
「それから左の手も放しておしまい。」
「おい。おい。左の手を放そうものなら、あの田舎者は落ちてしまうぜ。落ちれば下には石があるし、とても命はありはしない。」
医者もとうとう縁先へ、心配そうな顔を出しました。
「あなたの出る幕ではありませんよ。まあ、私に任せて御置きなさい。
——さあ、左の手を放すのだよ。」
権助はその言葉が終らない内に、思い切って左手も放しました。何しろ木の上に登ったまま、両手とも放してしまったのですから、落ちずにいる訳はありません。あっという間に権助の体は、権助の着ていた紋附の羽織は、松の梢から離れました。が、離れたと思うと落ちもせずに、不思議に

① 命名することについて述べた文章である。命名に関するエピソードが盛り込まれ、話題が途切れることなく書かれている。

② 落語の『寿限無』を中心に命名することの難しさを説いている。軽妙洒脱な表現が多く見られ、筆者の文学的センスが光っている。

③ 筆者の古典的教養が随所に垣間見られる。最終的な結論として命名することの意味を最後に述べるという典型的な尾括型構成である。

④ 昭和という時代をベースにそれ以前の古典作品とそれ以後の落語の演目を筆者の視点で比較し、それぞれの長所と短所を述べている。

二 次の文章を読んで後の問いに答えなさい。

昔、大阪の街へ奉公（住み込みで家事・家業に従事すること）に来た「権助」[注1]が、口入れ屋（仕事の斡旋をする店）の番頭に、「仙人になれるところに住みこませてほしい」と言ってきた。困った番頭は近所の医者の所へ相談に行く。

「如何でしょう？　先生。仙人になる修行をするには、何処へ奉公するのが近路でしょう？」

と、心配そうに尋ねました。

これには医者も困ったのでしょう。暫くはぼんやり腕組みをしながら、A庭の松ばかり眺めていました。が番頭の話を聞くと、直ぐに横から口を出したのは、古狐という渾名のある、［Ⅰ］医者の女房です。

「それはうちへおよこしよ。うちにいれば二、三年中には、きっと仙人にして見せるから。」

「さようですか？　それは善い事を伺いました。では何分願います。どうも仙人と御医者様とは、何処か縁が近いような心もちが致しておりましたよ。」

B何も知らない番頭は、頻に御辞儀を重ねながら、大喜びで帰りました。

医者は苦い顔をしたまま、その後を見送っていましたが、やがて女房に向かいながら、

「お前は何という莫迦な事をいうのだ？　もしその田舎者が何年いても、a一向仙術を教えてくれぬなぞと、不平でもいい出したら、どうする気だ？」

と忌々しそうに小言をいいました。

しかし女房はあやまるどころか、鼻の先でふふんと笑いながら、

「まあ、あなたは黙っていらっしゃい。あなたのように莫迦正直では、このbせち辛い世の中に、御飯を食べる事も出来はしません」と、あべこべに医者をやりこめるのです。

さて明くる日になると約束通り、田舎者の権助は番頭と一しょにやって来ました。今日はさすがに権助も、初の御目見えだと思ったせいか、紋附の羽織を着ていますが見た所は唯の百姓と少しも違った容子はありません。Cそれがかえって案外だったのでしょう。医者はまるで［Ⅱ］から来た麝香獣[注2]でも見る時のように、じろじろその顔を眺めながら、

「お前は仙人になりたいのだそうだが、一体どういう所から、そんな望みを起したのだ？」

と、不審そうに尋ねました。すると権助が答えるには、

「別にこれという訳もございませんが、唯あの大阪の御城を見たら太閤様[注3]のように偉い人でも、何時か一度は死んでしまう、して見れば人間というものは、いくら栄耀栄華をしても、W果ないものだと思ったのです。」

「では仙人になれさえすれば、どんな仕事でもするだろうね？」

狡猾な医者の女房は、隙かさず口を入れました。

① もの忘れが激しいという自分の性質を正面から受け入れて、死んだ後も茗荷となってその性質を示し続けたということ。

② 自分の名を看板にして全国を行脚（あんぎゃ）することで、釈迦の弟子「周梨槃特」の名に恥じぬ一生を行動で示したということ。

③ 文字通り自分の名前を背負って一生を送り、人間は自身の名前に生涯責任を持つという生き方の模範を見せたということ。

④ 自分の名前を忘れない工夫をして一生を送り、なんとしてでも名前を背負って生きてやるという意地を見せつけたということ。

問七 傍線部**D**「ドラマ」とあるが、本文に登場する人物の中でこれとは**関係のないもの**を次の①〜④から一つ選びなさい。解答番号は 12 。

① 名なしの権兵衛　② 周梨槃特　③ 留吉　④ 寿限無

問八 傍線部**E**「和子という〜和ではない」とあるが、これはどういうことか。最も適当なものを次の①〜④から一つ選びなさい。解答番号は 13 。

① 「和子」という命名は、名付けられた当時が「昭和」だったからで、命名者の「平和に生きよ」という願いからではないということ。

② 「和子」という命名は、単に元号の「昭和」によるもので、「昭和」期の一般の人々が心から望んだ「平和」からではないということ。

③ 「和子」という命名は、「昭和」の時代の中で一番流行（はや）ったもので、世界「平和」とか人類の「平和」などとは全く無関係だということ。

④ 「和子」という命名は、「昭和」という時代の最先端をリードして生きよという親の思いからで、「平和」とは無関係だということ。

問九 傍線部**F**「命名する側〜ころがある」とあるが、これはどういうことか。最も適当なものを次の①〜④から一つ選びなさい。解答番号は 14 。

① 命名する者が期待した生き方を、命名された子供が受け継ぐかどうかは時の運だということ。

② 名付けられた者の行く末は、名付けた者の思いの通りにはそうそうならないということ。

③ 子供にゆだねた親の精神的遺産は、絶妙なタイミングがなければ子供は受け取らないということ。

④ 将来はこうなってほしいと悲願を込めた命名をすれば、未来はまずまずそうなるものだということ。

問十 傍線部**G**「……客には『擢り〜はいけない」とあるが、その理由として最も適当なものを次の①〜④から一つ選びなさい。解答番号は 15 。

① 客は、間違った解釈の『寿限無』を正しいと思っているので、落語家は本質的に正しい解釈を暗々裏に教えるべきだから。

② 本当なら「擢り切れず」でなくてはならず、これは「擢り切れ」以上に果てしなく長い時間を表せて、長寿の命名にふさわしいから。

③ 落語家は、定番表現の「擢り切れ」と口には出すが、語りのプロとして文脈的に順当な、元来の表現を客に想起させるべきだから。

④ 落語家は、実質的に「擢り切れ」も「擢り切れず」も大差はないと意識しながらも、正確な表現を伝えなければならないから。

問十一 この文章の特徴として最も適当なものを次の①〜④から一つ選びなさい。解答番号は 16 。

問一 [Ⅰ]～[Ⅲ]に入るものとして最も適当なものをそれぞれ①～④から一つずつ選びなさい。解答番号は順番に[1]・[2]・[3]。

Ⅰ ① 言葉には意味がある ② 物には名前がある
③ 名前は背負うもの ④ 出会いは大切

Ⅱ ① 貧乏暇なし ② 足らず余らず子三人
③ 貧すれば鈍する ④ 貧乏人の子沢山

Ⅲ ① ところで ② つまり ③ しかし ④ たとえば

問二 波線部x・yの意味として最も適当なものをそれぞれ①～④から一つずつ選びなさい。解答番号は順番に[4]・[5]。

x 意にそまない
① 意に介さない ② 気に食わない
③ 身に染みない ④ 人目につかない

y ことほど左様に
① 異なる例として ② 以下のように
③ 言うまでもなく ④ これほどまでに

問三 二重傍線部a～cのカタカナで書かれている熟語に使われている漢字を含むものをそれぞれ①～④から一つずつ選びなさい。解答番号は順番に[6]・[7]・[8]。

a コジ
① コグン奮闘する。 ② サンコの礼で応ずる。
③ コキョウに帰る。 ④ コト奈良を訪れる。

b バンカン
① 準備バンタン整った。 ② バンシュウの候となる。
③ バンキン屋に車を出す。 ④ 掃除トウバンを決める。

c カイム
① カイセン問屋から卸す。 ② 台風による建物ソンカイ。
③ カイキン賞をもらう。 ④ ドッカイが難しい文章。

問四 傍線部A「名前は全人格の象徴のようなもの」とあるが、その理由として最も適当なものを次の①～④から一つ選びなさい。解答番号は[9]。

① 名前というものは、名付親によってその人の一生を如実に示していると言えるから。
② 名前というものは、特にその人が持つ精神的な特徴を表現したものだから。
③ 名前というものは、どんな立場の人でも人間ならば否応なく背負っていくものだから。
④ 名前というものは、その人は他者とは違うということを認識させる拠り所であるから。

問五 傍線部B「雅号をつけるケース」とあるが、その具体的な例として最も適当なものを次の①～④から一つ選びなさい。解答番号は[10]。

① 空海 ② 森鷗外 ③ 市川團十郎(だんじゅうろう) ④ 貴景勝(たかけいしょう)

問六 傍線部C「周梨槃特は～をしめした」とあるが、これはどういうことか。最も適当なものを次の①～④から一つ選びなさい。解答番号は[11]。

ものではない。ことほど左様に、誠実一筋に生きてほしいとの願いをこめて誠一と名づけられたひとが、そうした生き方を貫き通すかと言えば、けっしてそんなことはないのである。どうやら命名する側の託すものと、された側の将来には、千番に一番の兼合いみたいなところがあるようだ。

核家族化がすすんだ昨今では、生まれた子供の命名は親がするのがふつうだが、むかしは名付親というのがあって、おおむね一家一族の長がこれにあたった。ゴッドファーザーである。

このゴッドファーザー役を寺の和尚にたのみ、またこの和尚さんが、無病息災で長寿をまっとうしてほしいと願う親心に、精一杯応えてみせたおかげで、とてつもなく長い名前のつけられたことから引き起こされる騒動がおなじみの『寿限無』で、まだ一度も落語をきいたことがないというお方でも、このはなしぐらいは知っている。その長い名前。

寿限無寿限無　五劫の摺り切れ
海砂利水魚の水行末　雲来末　風来末
食う寝るところに住むところ
ヤブラコウジのヤブコウジ
パイポパイポ　パイポのシュウリンガン
シュウリンガンのグウリンダイ
グウリンダイのポンポコナー
ポンポコナーのポンポコピー
長久命の長助

と、ざっと百三十字からなる。

一九六四年に没した三代目三遊亭金馬は、博識で知られたひとだったが、『浮世断語』（有信堂）という著書のなかに「寿限無論」の項があり、それによると寿限無の名付親が和尚なのは大阪型の演出だそうで、東京は横丁のご隠居による命名で、たしかに金馬はご隠居で演っていた。いずれにしても出典は『陀羅尼品』なる仏典だそうだ。

さらに金馬は、「五劫の摺り切れ」はほんらい「摺り切れず」で、落語家は「摺り切れ」と言って、客には「摺り切れず」にきこえさせなくてはいけないと書いている。

三千年に一度下界に下る天女が巌を衣でひと撫でする、その巌がすり切れるのが一劫で、五劫といったらその五倍。となるとたしかに「摺り切れ」よりも「摺り切れず」のほうが、より途方もない時間ということになる。名前はさらに天然自然の悠久無限の彼方とつづき、パイポ国なる長命の国の国王と后の系図に発展するのだから、気の遠くなるような永遠の流れをしめしてくれている。

（矢野誠一『人生読本　落語版』岩波新書より）

Ⅲ 現行の戸籍法によるならば、「子の名には、常用平易な文字を用いなければならない」として「常用平易な文字の範囲は、法令でこれを定める」という規定があり、「人名に使用できる常用漢字」が別に定められているが、その長さに関しては特別の規制はないようだ。「常用平易な文字」を用いている「寿限無寿限無……」も認められるのだろうか。

注1　戸板康二先生……一九一五（大正四）年―一九九三（平成五）年歌舞伎評論家。小説家。
注2　吉行和子……一九三五（昭和一〇）年―女優。エッセイスト。
注3　戦後も六十年……二〇〇五（平成一七）年頃のこと。
注4　ソニーの盛田さん……電気機器メーカー、ソニー創業者の一人の盛田昭夫のこと。
注5　柳多留……『誹風柳多留』の略。江戸時代中期から幕末まで、ほぼ毎年刊行されていた川柳の句集。

二〇二〇年度 成田高等学校

【国語】（五〇分）〈満点：一〇〇点〉

一 次の文章を読んで後の問いに答えなさい。

ヘレン・ケラーは、アン・サリバンというすぐれた教師に出会ったおかげで、言葉の存在を知るのだが、そのサリバンが彼女に最初に教えたのは、「　Ⅰ　」ということだった。

あたりまえのことだが、ひともそれぞれ自分の名前を持っている。あの「名なしの権兵衛」さんだって、権兵衛という名を持っている。それが自分と他人をはっきり区別するよすがになるのだから、A名前は全人格の象徴のようなものだ。なのにその大切な自分の名前を、自分でつけることができない。長ずるに及んで、自分の名がX意にそまないと、法的処置をたのんで改名したり、あえて別名を名乗ったり、B雅号をつけるケースもあるけれど、まず大方は他人がつけてくれた名前を自分のものとして、一生背負っていくことになる。

名前を背負うと言えば、もの忘れが激しくて大切な自分の名前まで忘れてしまう周梨槃特（しゅりはんどく）なる釈迦（しゃか）の弟子は、自分の名を大書してその身に背負って歩いたという。この槃特が世を去ってのち、墓所に名の知れぬ草が生え出したので、自分の名を背負って歩いたaコジにちなんで「茗荷（みょうが）」と名づけられたという。茗荷を食べるともの忘れをするという言い伝えはここからきてるのだが、考えてみればC周梨槃特は、自分の名を背負ってすごす人間の一生の規範をしめしたことにもなる。

一生背負っていくおのれの名前が、他人によってきめられるという、生きとし生けるものの宿命が引き起こすDドラマもけっして少なくはない。悲劇にしろ喜劇にしろ、そうした事態が出来（しゅったい）するのは、その子が成長するに及んでのことであって、命名された時点にあっては、命名者なりの託したいと願うbバンカンの思いがこめられていたはずである。

そうした思いにも、時世時節に応じた流行のようなものがあるのが面白く、毎年公表される新生児のネーミング人気ベストいくつというのを見ると、いうところの高齢者にしか見当たらない男の何右衛門だの、平仮名あるいは片仮名二文字の御婦人名はcカイムだし、ひと頃主流を占めていた男名前の某夫、女名前の某子もすっかり影をひそめている。

三十年ほどむかし、元気だった戸板康二（やすじ）[注1]先生が吉行和子[注2]さんにむかって、E「和子というのは昭和の和で、平和の和ではないでしょう」と、「ちょっといい話」ばりのジョークをとばし一座をわかせたものだが、三十年前だからジョークとして通用したが、戦後[注3]も六十年をとっくに越してしまっては、ジョークにならない。

ところで元号が昭和と定められた一九二六年頃には、あの「昭」という字はまったくと言っていいほど一般に使われてなかったそうだ。なるほど手もとの『岩波 新漢語辞典』[注4]をひいても、「昭代」「昭明」と二つの熟語用例があるだけだ。だからソニーの盛田さんのような例外もあるが、ほとんどの昭夫さんや昭子さんは、一九二六年のそれも十二月二十五日以降の生まれであるという。

そうした命名と時代背景の関連で言えば、『柳多留（やなぎだる）』[注5]の

留吉は一人息子の名ではなし

などは「　Ⅱ　」に悩むひとの多かった時代ならではの悲願がこめられているけれど、だからと言ってこの留吉に弟や妹がいないときまった

英語解答

1 (1) ② (2) ① (3) ④ (4) ④
(5) ③

2 (1) ① (2) ③ (3) ② (4) ②
(5) ③ (6) ① (7) ④ (8) ③

3 (1) 14…① 15…⑤
(2) 16…③ 17…②
(3) 18…④ 19…③
(4) 20…④ 21…②
(5) 22…⑤ 23…②

4 (1) ② (2) ③ (3) ① (4) ②
(5) ①，④

5 (1) ② (2) ④ (3) ④ (4) ③
(5) ②，④

1〔放送問題〕解説省略

2〔適語(句)選択〕

(1)与えられた動詞の中で，直後に目的語として‘人’を置けるのは tell のみである。 ‘tell＋人＋that …’「〈人〉に…と言う」 「私の祖父はよく私に，ニューヨークを訪れたいと言った」

(2)空所の直前に名詞 children，直後に動詞 go があるので，人を先行詞とする主格の関係代名詞 who が適切。 「キャンプへ行く子どもたちの大半は，7歳から16歳の間だ」

(3)‘lend＋人＋物’で「〈人〉に〈物〉を貸す」。 「私にあなたの傘を貸してもらえますか」

(4)「フランス語で」が続いているので，「この花は何と呼ばれているか」という疑問文だと推測できる。「何と」にあたる What があり，「呼ばれている」という受け身形を‘be動詞＋過去分詞’の is called で表し，これを疑問文の語順で用いた②が適切。 「この花はフランス語で何と呼ばれていますか」

(5) 2番目の文から，トモコの方がサトルより年上であることが読み取れる。原則として，比較級を強調したり修飾したりする表現は，比較級の直前に置く。 「トモコはサトルよりも7歳年上だ。彼が生まれたとき彼女は小学生だった」

(6)wait「待つ」という持続性のある動作とともに用いる語として，‘継続’を表す until「～まで(ずっと)」が適切。 「私は5時まであなたを待つつもりだ」

(7)‘such＋a＋形容詞＋名詞〔形容詞＋複数名詞〕＋that …’で「非常に～なので…」。 「ジョンはとてもすてきな人なので，みんな彼が大好きだ」

(8)A：最近ポールを見かけないね。彼はどうしたの？／B：彼が美術を勉強するために，1か月ほど前にスペインへ出発したのを知らないの？//空所の後に about a month ago という過去を表す語句があるので，過去形の動詞が当てはまる。go の直後には目的地となる名詞を置くことができないので，leave for ～「～へ出発する」の過去形の③が適切。

3〔整序結合〕

(1)「～してくれてありがとう」は It's〔It is〕 nice of you to ～. で表せる。この‘of …’は to不定詞の意味上の主語を表す。 It's nice of you to help me with my homework.

(2)「…するといつも～する」は「～せずには…できない」ということで，これは‘can't … without ～ing’で表せる。「～を思い出す」は think of ～。 I can't see the chair without thinking of my grandmother.

(3)「～について話す」は talk about ～。「どれほど運が良いか」は‘疑問詞＋主語＋動詞…’という間接疑問で表す。ここでは，how lucky が‘疑問詞’にあたる。　The man talked about how lucky he was.

(4)few「～はほとんどない」の後には people がくると判断できるので，Few people を主語とし，live to be ～「～歳まで生きる」を続ける。　Few people lived to be 90 in those days.

(5)語群から，‘lead ～ to …’「～を…に導く」を用いると推測できる。「この授業はあなたを歴史についてのより良い理解に導くでしょう」と読み換え，This class を主語にした文で表す。　This class will lead you to a better understanding of history.

4〔**長文読解総合―説明文**〕

≪**全訳**≫**1** ア人類は最初，どこで暮らしていたのか。私たちの先祖はどんな様子だったのか。**2**1974年，ある女性のがい骨の40パーセントがエチオピアで見つかった。科学者は彼女をルーシーと呼んだ。彼女は約320万年前に生きていた。身長は約1.1メートルで，おそらく体重は29キロぐらいだった。頭がい骨が小さかったので，脳は大きくなかった。**3**1984年，トゥルカナ・ボーイと呼ばれる別のがい骨がケニアで見つかった。それは現存する最古の，完全に近い人類のがい骨だ。彼は約150万年前に生きていた。科学者は，彼の死亡年齢は8～12歳で，身長は約1.6メートルだったと考えている。**4**化石から，最初の人類は約400万年前にアフリカで暮らしていたことが，科学者にはわかっている。だが，彼らは次にどこへ向かったのか。おそらく東南アジアだろうが，何年もの間，科学者はそこで本当に古い人類の骨を1つも発見しなかった。そして2009年，頭がい骨の一部がラオスで見つかった。それは4万6000年以上前のもので，初期の人の集団が，おそらく中国に行く途中にこの国を通過したことを示していた。**5**古い骨が見つかったとき，それがどんな人間に由来したのかがわからないことがある。1996年，アメリカのワシントン州でがい骨が見つかった。科学者はそれをケネウィック人と呼んだ。最初，科学者は彼が白人だと言ったが，ネイティブアメリカンは彼は自分たちに属していると言った。2つのグループはケネウィック人をめぐっていさかいを始めた。科学者はそのがい骨を研究したがったが，ネイティブアメリカンは彼を埋葬したがった。さしあたって，その骨は博物館に所蔵され，ネイティブアメリカンはよくそこへ行って祈った。**6**結局，科学者が勝った。彼らはそのがい骨を研究し，ケネウィック人の死亡年齢は40歳ぐらいで，体重は約73キロ，身長は1.73メートルだったことを発見した。彼は，魚やその他の海洋動物を食べていた。科学者は，彼が約9300年前に生きていたことも発見した。したがって，彼は白人でもネイティブアメリカンでもなかった。実際のところ，彼の一族はおそらく南アジアから来たのだろう。**7**2013年，1485年に亡くなったイングランド王のリチャード3世がまた突然ニュースになった。彼のがい骨がイングランドのレスターの駐車場の地下で見つかったのだ。これは科学にとっては気持ちが高まることだったが，問題でもあった。どこに彼を埋葬すべきか。彼が見つかった場所に近いレスターだと言う者もいた。重要な王にはロンドンがふさわしい場所だと言う者もいた。また，彼の家族が影響力を持っていたヨークだと言う者もいた。**8**骨はまた，私たちに過去の有名人の生活について多くのことを教えてくれる。1922年，全世界が驚いたことに，エジプトですばらしい墓が発見された。ひつぎの中にはミイラがあった。はるか昔，エジプトで重要人物が亡くなると，彼らの遺体はミイラにされた。塩を使って遺体から水を抜いた。そして，遺体が自然に損傷するのを防ぐため，特殊な薬品が用いられた。

(1)＜**適文選択**＞第2～4段落では，エチオピアやケニア，アフリカなど，古代の人類が暮らしていた場所に関する記述が見られるので，文章の最初で場所についての問題提起がなされたのだとわかる。

(2)＜**内容真偽**＞①「ルーシーのがい骨の60パーセントは紛失していた」…○　第2段落第1，2文に一致する。　②「頭がい骨から，ルーシーの脳は小さいと考えられていた」…○　第２段落最終文に一致する。　③「トゥルカナ・ボーイは亡くなったとき，ルーシーとほぼ同じ年齢だった」…×　ルーシーの死亡年齢に関する記述はない。　④「トゥルカナ・ボーイのがい骨は，ルーシーのものよりも完全だった」…○　第２段落第１文および第３段落第２文に一致する。

(3)＜**適所選択**＞第５段落の後半では，ケネウィック人のがい骨を研究したい科学者と，埋葬したいネイティブアメリカンの間でいさかいが起こったと説明されている。第６段落ではケネウィック人のがい骨に関する研究結果が述べられているので，この段落の冒頭に「結局，科学者が勝った」という内容の文を入れると，２つの段落がうまくつながる。

(4)＜**誤文訂正**＞a lot of ～ は「たくさんの～」という意味で後に名詞が続くので，a lot「たくさん，多くのこと」が正しい。

(5)＜**内容真偽**＞①「科学者は最初の人類がどこで暮らしていたかや，いつ誕生したかがわかっている」…○　第４段落第１文に一致する。　②「2009年にラオスで見つかった頭がい骨は，ルーシーやトゥルカナ・ボーイよりもはるかに古かった」…×　第２段落第３文，第３段落第３文および第４段落第５文参照。2009年にラオスで見つかった頭がい骨は４万6000年以上前のものなので，約320万年前に生存していたルーシーや，約150年前に生存していたトゥルカナ・ボーイのものの方が古い。　③「ネイティブアメリカンは博物館にケネウィック人を所蔵して，そこで祈りたいと思っていた」…×　第５段落最後から２文目参照。ネイティブアメリカンは彼を埋葬したがった。
④「科学者は，ケネウィック人はトゥルカナ・ボーイよりも背が高くて長生きしたことを発見した」…○　第３段落最終文および第６段落第２文に一致する。　⑤「リチャード３世のがい骨を埋葬するのにふさわしい場所はレスターだと誰もが思った」…×　第７段落最後の３文参照。レスターのほかに，ロンドンやヨークが埋葬するのにふさわしい場所だと言う者もいた。　⑥「古代エジプト人は，塩水を使うと遺体を損傷しかねないことがわかっていた」…×　第８段落最後の２文参照。塩は遺体から水を抜くのに用いられ，遺体の損傷を防ぐために特殊な薬品が用いられたが，塩水が遺体を損傷するという記述はない。

5〔長文読解総合―物語〕

≪**全訳**≫❶昔々，タイに金持ちの男がいた。彼の名前はチュロンだった。彼は大富豪だった。だが，彼はもっとお金が欲しいと思っていた。❷ある日，彼は自宅の庭を歩いていた。やぶの中に奇妙な鳥を見かけた。それは非常に小さかった。しかし，すばらしく色彩豊かな特徴を備えていた。鳴き声もとてもきれいだった。チュロンは人生でそんな鳥を見たことがなかった。彼はゆっくりと静かにやぶに近づいた。彼はその鳥を捕まえた。そのとき，その鳥が話し始めた。❸「なぜ俺を捕まえたんだ？」と鳥が尋ねた。「俺は金をもうけたいんだ。お前を売れば大金が得られる」とチュロンは言った。❹「でも，お前はもう金持ちじゃないか。なんでもっと欲しいんだ？」と鳥が尋ねた。「もっともっと裕福になりたいからな」とチュロンは答えた。「でも，俺を使ってお金をもうけようなんて夢見るなよ！」と鳥は言った。「お前は俺を売れないさ。誰も俺を買わないぜ，だって，捕らわれている状態では俺は美しさやきれいな声を失ってしまうからな」　そのとき，鳥はゆっくりと黒い鳥へと姿を変えた。❺その美しい鳥は今やカラスのような姿だった。チュロンの金もうけの望みは絶たれた。彼は怒って，「お前を殺して，お前の肉を食ってやる」と言った。「食えるものなら食ってみろよ。小さくて肉なんて取れやしないぜ」と鳥は答えた。❻チュロンは返事ができなかった。そこで鳥は「なあ，俺を放してくれよ。お返しに，単純だけど有益な３つのルールを教えてやる」と提案した。「そんなルールなんて何の役に立つんだ？　俺は金だけが欲しいんだ」とチュロンは言った。彼はいらいらしていた。7「でも，このルールはお前に大いに利益をもたらす可能性があるぜ」と鳥はつけたした。「俺に利益をもたらす！　本当か？　じゃあ，お前を放してやろう。でも，どうやってお前を信用したらいい？　お前は飛び去ってしまうかもしれないだろう」とチュロンは言った。「約束しよう。そして俺はいつだって約束は守る」と鳥は言った。8チュロンは賭けてみたいと思った。彼は鳥を放した。鳥はすぐに上へと飛んだ。それから，木の枝に止まった。鳥の色が変わり始めた。再び美しくなった。チュロンは「じゃあ，ルールを教えてくれよ」と頼んだ。9「もちろん」と鳥は言った。そして鳥はつけ加えた。「１つ目のルール，他人の言うことは何も信じてはならない。２つ目のルール，自分が持っていない物について悲しんではならない。３つ目のルール，自分が手に持っている物を捨ててはならない」10「ばかな鳥だな」とチュロンは叫んだ。そして彼は「この３つのルールは誰でも知っている。俺をだましたな！」と言いたした。11しかし鳥は，「チュロン，しばらくの間ちょっと座っていろよ。今日，お前が取った全ての行動について考えてみな。お前は俺を手に持っていたが，捨てて放した。俺が言ったことを全部信じた。そして俺を所有していないことを悲しんでいる。ルールは単純さ。でも，お前はそのどれにも従わなかった。さて，このルールの価値がわかったか？」と言って飛び去った。

(1)<**適語句選択**>第３段落第２，３文で，チュロンは美しい鳥を売ってお金をもうけたいと考えている。しかし，空所の直前で，その鳥はカラスのような姿に変わってしまっており，直後では怒って鳥を殺してやると言っているのだから，お金もうけの望みが絶たれたのだとわかる。

(2)<**和文英訳**>「食えるものなら食ってみろよ」は You cannot eat me!「お前は俺を食べることができない」にあたる。「小さくて肉なんて取れやしない」は，'too ～ for … to —'「～すぎて…は—できない」を用いて「小さすぎて肉は取れない」といった内容で表されている。　must「～しなければならない，～に違いない」　'so ～ that …'「とても～なので…だ」

(3)<**文脈把握**>What is the use of ～？で「～は何の役に立つのか」。ここは「そんなルールなんて何の役に立つんだ？　俺は金だけが欲しいんだ」という内容なので，チュロンは，鳥が教えてくれると言っている３つのルールが自分にとっては何の役にも立たないと思っていることが読み取れる。よって，④「私はそんなルールには全く興味がない」が適する。

(4)<**適語句選択**>空所の前の内容から，チュロンは鳥が言った３つのルールのどれにも従わなかったことがわかるので，③が適切。この follow は「～に従う」という意味で，any of them の them は the rules を指している。

(5)<**内容真偽**>①「チュロンが美しい鳥を見つけたとき，多くの人々がそれを捕まえようとしていた」…×　このような記述はない。　②「チュロンがきれいな鳴き声の美しい鳥を見るのは初めてだった」…○　第２段落第４～６文に一致する。　③「チュロンが鳥を放した後，それは突然黒い翼を持つ鳥に姿を変えた」…×　第４段落最終文参照。チュロンが鳥を捕まえると，鳥はゆっくりと姿を変えた。　④「チュロンにとって３つのルールは目新しくなかったので，彼はそれを聞いて怒った」…○　第10段落に一致する。　⑤「チュロンは美しい鳥に，殺した後にその肉を売るつもりだと言った」…×　第３段落最終文および第５段落第３文参照。鳥が美しいときはただ売ると言い，黒くなると殺して肉を食べると言った。　⑥「最後に，チュロンは有益なルールの価値を理解し，そのルールのおかげではるかに金持ちになった」…×　このような記述はない。

数学解答

1 (1) ア…－　イ…6
(2) ウ…－　エ…1　オ…6　カ…8
キ…3
(3) ク…－　ケ…4　コ…3　サ…5
(4) シ…－　ス…7　セ…3　ソ…5
タ…5

2 (1) ア…3　イ…1　ウ…0　エ…3
オ…7　カ…0
(2) キ…1　ク…3　ケ…0　コ…7
(3) サ…2　シ…0
(4) ス…3　セ…3　ソ…6　タ…4

3 (1) 2
(2) イ…－　ウ…3　エ…1　オ…8
カ…1　キ…2
(3) ク…2　ケ…7
(4) コ…1　サ…8

4 (1) ア…3　イ…6
(2) ウ…5　エ…3　オ…6
(3) カ…5　キ…1　ク…8
(4) ケ…7　コ…1　サ…2

5 (1) ア…6　イ…0
(2) ウ…3　エ…2　オ…1　カ…6
(3) 3
(4) ク…3　ケ…3　コ…3　サ…2

1〔独立小問集合題〕

(1)＜**数の計算**＞与式$=7-(-3)\times4-25=7-(-12)-25=7+12-25=-6$

(2)＜**式の計算**＞与式$=\dfrac{3(3x+4)-2(5x-2)}{6}=\dfrac{9x+12-10x+4}{6}=\dfrac{-x+16}{6}=\dfrac{-x}{6}+\dfrac{16}{6}=-\dfrac{1}{6}x+\dfrac{8}{3}$ $\left(\dfrac{-1}{6}x+\dfrac{8}{3}\right.$ と解答する$\left.\right)$

(3)＜**平方根の計算**＞与式$=\dfrac{7\sqrt{3}}{5}-3\sqrt{3}+\dfrac{6\sqrt{3}}{7}\times\dfrac{14}{15}=\dfrac{7\sqrt{3}}{5}-3\sqrt{3}+\dfrac{4\sqrt{3}}{5}=\dfrac{7\sqrt{3}}{5}-\dfrac{15\sqrt{3}}{5}+\dfrac{4\sqrt{3}}{5}$ $=-\dfrac{4\sqrt{3}}{5}$ $\left(\dfrac{-4\sqrt{3}}{5}\right.$ と解答する$\left.\right)$

(4)＜**式の計算**＞与式$=-x^2y\div\dfrac{16xy^2}{21}\times\dfrac{16}{9}x^4y^6=-x^2y\times\dfrac{21}{16xy^2}\times\dfrac{16x^4y^6}{9}=-\dfrac{x^2y\times21\times16x^4y^6}{16xy^2\times9}=$ $-\dfrac{7}{3}x^5y^5$ $\left(\dfrac{-7}{3}x^5y^5\right.$ と解答する$\left.\right)$

2〔独立小問集合題〕

(1)＜**連立方程式の応用**＞1週間の来客数の平均は275人だから，1週間の来客数の合計について，$250+200+240+x+255+300+y=275\times7$ が成り立ち，$x+y=680$……①となる。また，日曜日の来客数は木曜日よりも60人多かったから，$y=x+60$……②が成り立つ。②を①に代入して，$x+x+60=680$，$2x=620$，$x=310$ となり，これを②に代入して，$y=310+60$，$y=370$ となる。

(2)＜**数の性質**＞$\dfrac{7}{26}$，$\dfrac{21}{65}$ にかける分数を $\dfrac{n}{m}$ とする。$\dfrac{7}{26}\times\dfrac{n}{m}$，$\dfrac{21}{65}\times\dfrac{n}{m}$ がともに自然数となるので，mは7と21の公約数，nは26と65の公倍数である。$\dfrac{n}{m}$ が最も小さくなるとき，mは7と21の最大公約数，nは26と65の最小公倍数となるから，$m=7$，$n=130$ であり，$\dfrac{n}{m}=\dfrac{130}{7}$ となる。

(3)＜**二次方程式の応用**＞原価5000円の品物に x％の利益を見込んでつけた定価は $5000\left(1+\dfrac{x}{100}\right)$ 円となり，定価の x％引きの値段は $5000\left(1+\dfrac{x}{100}\right)\left(1-\dfrac{x}{100}\right)$ 円と表せる。売った値段が4800円となるので，$5000\left(1+\dfrac{x}{100}\right)\left(1-\dfrac{x}{100}\right)=4800$ が成り立つ。これを解くと，$5000\left(1-\dfrac{x^2}{10000}\right)=4800$ より，$5000-\dfrac{1}{2}x^2=4800$，$-\dfrac{1}{2}x^2=-200$，$x^2=400$　$\therefore x=\pm20$　$0<x<100$ だから，$x=20$ である。

(4)＜**図形―面積**＞右図で，2点O，G，2点O，Fを結び，OFとGHの交点をJとする。∠AOF＝180°÷3＝60°，OA＝OFより，△AOFは1辺が2の正三角形である。円Oは点Hで辺AFと接するから，OH⊥AFより，OHは∠AOFの二等分線であり，∠AOH＝∠FOH＝$\frac{1}{2}$∠AOF＝$\frac{1}{2}$×60°＝30°となる。また，△AOHは3辺の比が1：2：$\sqrt{3}$の直角三角形だから，OH＝$\frac{\sqrt{3}}{2}$OA＝$\frac{\sqrt{3}}{2}$×2＝$\sqrt{3}$となる。∠AOG＝∠DOG＝180°÷2＝90°より，∠GOH＝∠AOG－∠AOH＝90°－30°＝60°であり，OG＝OHだから，△OGHは1辺が$\sqrt{3}$の正三角形である。△OFH≡△OFGとなることから，OF⊥GHとなり，△OHJも3辺の比が1：2：$\sqrt{3}$の直角三角形だから，OJ＝$\frac{\sqrt{3}}{2}$OH＝$\frac{\sqrt{3}}{2}$×$\sqrt{3}$＝$\frac{3}{2}$である。△OIGはOI＝OG＝$\sqrt{3}$の直角二等辺三角形である。よって，求める面積は，〔四角形OIGH〕＝△OGH＋△OIG＝$\frac{1}{2}\times\sqrt{3}\times\frac{3}{2}+\frac{1}{2}\times\sqrt{3}\times\sqrt{3}=\frac{3\sqrt{3}+6}{4}$である。

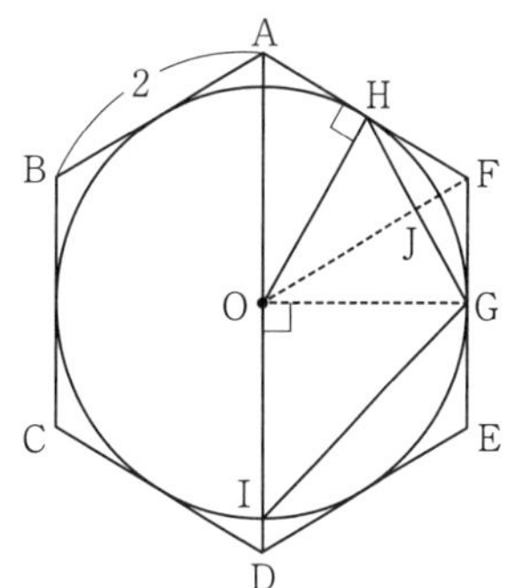

3〔**関数―関数 $y=ax^2$ と直線**〕

≪**基本方針の決定**≫(3)　△ABFと△ABEの面積比を考える。

(1)＜**比例定数**＞右図で，点Aは直線 $y=3x$ 上にあり，x 座標が $\frac{3}{2}$ だから，$y=3\times\frac{3}{2}=\frac{9}{2}$ より，A$\left(\frac{3}{2},\ \frac{9}{2}\right)$である。放物線 $y=ax^2$ は点Aを通るから，$\frac{9}{2}=a\times\left(\frac{3}{2}\right)^2$ が成り立ち，$a=2$ となる。

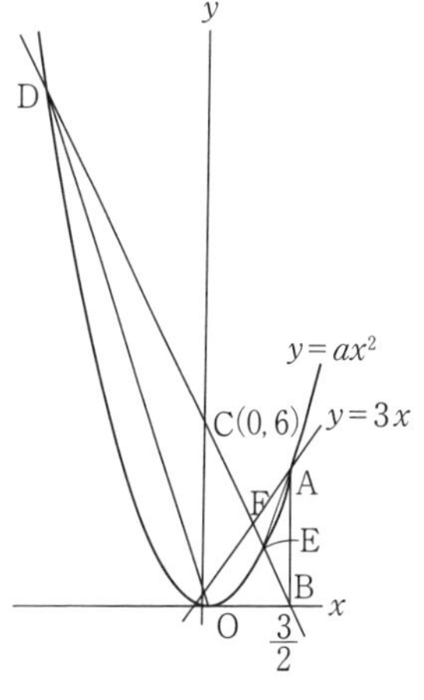

(2)＜**交点の座標**＞右図で，(1)より，放物線の式は $y=2x^2$ である。また，B$\left(\frac{3}{2},\ 0\right)$，C(0，6)より，直線BCは，傾きが $(0-6)\div\left(\frac{3}{2}-0\right)=-4$，切片が6だから，直線BCの式は $y=-4x+6$ となる。2点D，Eはこの2つのグラフの交点だから，$2x^2=-4x+6$ より，$x^2+2x-3=0$，$(x+3)(x-1)=0$　$\therefore x=-3,\ 1$　$x=-3$ のとき，$y=2\times(-3)^2=18$ だから，D(－3，18)となる。$x=1$ のとき，$y=2\times1^2=2$ だから，E(1，2)である。

(3)＜**面積比**＞右上図で，点Fは直線 $y=3x$ と直線 $y=-4x+6$ の交点だから，2式から y を消去して，$3x=-4x+6$ より，$7x=6$，$x=\frac{6}{7}$ となり，点Fの x 座標は $\frac{6}{7}$ である。ABは y 軸に平行だから，ABを底辺と見ると，3点B，E，Fの x 座標より，△ABFの高さは $\frac{3}{2}-\frac{6}{7}=\frac{9}{14}$，△ABEの高さは $\frac{3}{2}-1=\frac{1}{2}$ となる。これより，△ABF：△ABE＝$\frac{9}{14}:\frac{1}{2}$＝9：7だから，△AEF：△ABE＝(9－7)：7＝2：7である。

(4)＜**面積比**＞右上図で，A$\left(\frac{3}{2},\ \frac{9}{2}\right)$より，AB＝$\frac{9}{2}$ だから，△ABF＝$\frac{1}{2}\times\frac{9}{2}\times\frac{9}{14}=\frac{81}{56}$ である。また，OC＝6を底辺と見ると，2点D，Fの x 座標より，△OCDの高さは3，△OCFの高さは $\frac{6}{7}$ になるから，△ODF＝△OCD＋△OCF＝$\frac{1}{2}\times6\times3+\frac{1}{2}\times6\times\frac{6}{7}=\frac{81}{7}$ である。よって，△ABF：△ODF＝$\frac{81}{56}:\frac{81}{7}$＝1：8となる。

4 〔場合の数・確率—さいころ，点の移動〕

(1)<**場合の数**>さいころの目の出方は6通りだから，大小2つのさいころを同時に1回振るとき，目の出方は，全部で$6\times6=36$(通り)ある。

(2)<**確率**>36通りの目の出方のうち，2つの石が同じ頂点にあるのは，大小2つのさいころの出た目の数の和が8となるときで，(大，小)＝(2，6)，(3，5)，(4，4)，(5，3)，(6，2)の5通りある。よって，求める確率は$\frac{5}{36}$である。

(3)<**確率**>36通りの目の出方のうち，2つの石がある頂点を結んだ線分が正八角形の辺になるのは，2つの石が正八角形の隣り合う頂点にあるときだから，大小2つのさいころの出た目の数の和が7か9となるときである。よって，(大，小)＝(1，6)，(2，5)，(3，4)，(3，6)，(4，3)，(4，5)，(5，2)，(5，4)，(6，1)，(6，3)の10通りあり，求める確率は$\frac{10}{36}=\frac{5}{18}$となる。

(4)<**確率**>2つの石がある頂点を結んだ線分が正八角形の対角線となるのは，2つの石が同じ頂点にある場合と，隣り合う頂点にある場合を除いた場合である。36通りのうち，(2)より同じ頂点にある場合が5通り，(3)より隣り合う頂点にある場合が10通りだから，石がある頂点を結んだ線分が対角線となる場合は$36-5-10=21$(通り)となり，求める確率は$\frac{21}{36}=\frac{7}{12}$である。

5 〔平面図形—円と直線〕

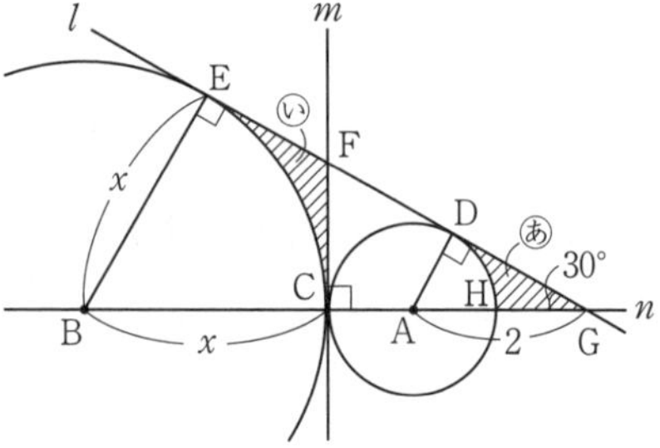

(1)<**角度**>右図で，円Aが点Dで直線lに接するから，$\angle ADG=90^\circ$である。よって，△DAGで，$\angle DAG=180^\circ-(\angle ADG+\angle AGD)=180^\circ-(90^\circ+30^\circ)=60^\circ$となる。

(2)<**面積—特別な直角三角形**>右図で，円Aと直線nの交点のうちCでない方をHとする。図㋐は，△DAGからおうぎ形AHDを除いた図形である。$\angle ADG=90^\circ$，$\angle AGD=30^\circ$より，△DAGは3辺の比が$1:2:\sqrt{3}$の直角三角形だから，$AD=\frac{1}{2}AG=\frac{1}{2}\times2=1$，$DG=\sqrt{3}AD=\sqrt{3}\times1=\sqrt{3}$となる。よって，図㋐の面積は，△DAG−〔おうぎ形AHD〕$=\frac{1}{2}\times1\times\sqrt{3}-\pi\times1^2\times\frac{60^\circ}{360^\circ}=\frac{\sqrt{3}}{2}-\frac{1}{6}\pi$である。

(3)<**長さ—特別な直角三角形**>右上図で，円Bが点Eで直線lに接するから，$\angle BEG=90^\circ$である。よって，△EBGは3辺の比が$1:2:\sqrt{3}$の直角三角形となり，$BE:BG=1:2$となる。$BE=BC=x$とする。$AC=AD=1$より，$BG=BC+AC+AG=x+1+2=x+3$となるから，$x:(x+3)=1:2$が成り立つ。これを解くと，$2x=x+3$より，$x=3$となるから，BE＝3である。

(4)<**面積—特別な直角三角形**>右上図で，図㋑は，△EBGから△CFGとおうぎ形BCEを除いた図形である。△EBGは3辺の比が$1:2:\sqrt{3}$の直角三角形だから，$EG=\sqrt{3}BE=\sqrt{3}\times3=3\sqrt{3}$である。また，$\angle FCG=90^\circ$より，△CFGも3辺の比が$1:2:\sqrt{3}$であり，$CG=1+2=3$だから，$CF=\frac{1}{\sqrt{3}}CG=\frac{1}{\sqrt{3}}\times3=\sqrt{3}$である。さらに，$\angle CBE=60^\circ$である。よって，図㋑の面積は，△EBG−△CFG−〔おうぎ形BCE〕$=\frac{1}{2}\times3\times3\sqrt{3}-\frac{1}{2}\times3\times\sqrt{3}-\pi\times3^2\times\frac{60^\circ}{360^\circ}=3\sqrt{3}-\frac{3}{2}\pi$となる。

国語解答

一 問一 Ⅰ…② Ⅱ…④ Ⅲ…①
問二 x…② y…④
問三 a…③ b…① c…③
問四 ④ 問五 ② 問六 ③
問七 ① 問八 ① 問九 ②
問十 ③ 問十一 ①

二 問一 a…② b…③ c…① d…④
問二 ① 問三 Ⅰ…④ Ⅲ…③
問四 ③ 問五 ② 問六 ①
問七 ② 問八 ③ 問九 ④
問十 ① 問十一 ③ 問十二 ③
問十三 ③

三 問一 a…② b…①
問二 ア…③ イ…①
問三 ウ…③ エ…④ 問四 ③
問五 ① 問六 ③ 問七 ②
問八 ② 問九 ②

一〔**論説文の読解―哲学的分野―人間**〕出典；矢野誠一『人生読本 落語版』。

《**本文の概要**》人はそれぞれ，自分自身の名前を持っている。名前は，自分と他人を区別する手がかりであり，その人がどんな人であるのかを表現するものである。周梨槃特の故事にもあるように，人は，その自分の名前を一生背負って生きていく。しかし一方で，人は，生まれた時点で，名前を自ら決めることはできない。改名などのケースはあるにしても，名前は，基本的に他人から与えられるものなのである。名づけにも，いろいろな思いが込められている。昭和の「昭」や「和」の字を用いるなどの時世時節に応じた命名もあれば，誠実一筋に生きてほしいという思いを込めた「誠一」のように，名づける人の願いを反映した命名もある。とはいえ，名づける人の思いと，名づけられた本人の生き方は，必ずしも一致しない。だからこそ，命名には，さまざまなドラマがあるのである。

問一．Ⅰ＜**文章内容**＞サリバンがヘレン・ケラーに教えたように，どんな物にも名前がある。もちろん，それぞれの人にも名前があるということになる。　Ⅱ＜**ことわざ**＞これ以上子どもを産むのを止めるつもりで留吉という名前をつけるくらいに，子だくさんということ。　Ⅲ＜**接続語**＞落語の『寿限無』には，仏典の影響を受けた長い名前が出てくる。ちなみに現代では，名前の長さに関する規制はないのだが，『寿限無』のような名前は認められるのか気になるところである。

問二＜**語句**＞x．気に入らない，という意味。　y．前に述べた内容と同じくらい，という意味。

問三＜**漢字**＞a．「故事」と書く。①は「孤軍奮闘」，②は「三顧の礼」，③は「故郷」，④は「古都」。　b．「万感」と書く。①は「準備万端」，②は「晩秋」，③は「板金屋」，④は「掃除当番」。　c．「皆無」と書く。①は「廻船問屋」，②は「建物損壊」，③は「皆勤賞」，④は「読解」。

問四＜**文章内容**＞名前は，それぞれの人につけられているものであり，自分と他人を区別するはたらきを持つ。そのため，名前は，その人自身がどのような人物なのかを表現するものといえる。

問五＜**語句**＞「雅号」は，画家や文筆家，書家などが本名以外に名乗る風流な別名のこと。「空海」は，僧としての法名。「森鷗外」は，森林太郎の作家としての筆名。「市川團十郎」は，歌舞伎役者の名跡。「貴景勝」は，力士としての四股名。

問六＜**文章内容**＞周梨槃特が自分の名前を書いて，それを背負って歩いたという故事は，人間が一生自分の名前を背負っていく存在であることをよく表現している。

問七＜**文章内容**＞①名なしの権兵衛は，単に名前のない人を指す名前にすぎず，その背景に物語があるわけではない。　②周梨槃特には，自分の名前を背負って歩いたという逸話がある。　③留吉という名前には，これで最後の子にしようという願いが込められている。　④『寿限無』に出てくる長い名前には，長生きしてほしいという名づけ親の和尚の思いが込められている。

問八＜**文章内容**＞名前には，時代に応じた流行がある。和子という名前は誕生したときの元号である「昭和」の「和」からつけたものであり，「平和」という意味は，特に意識されていない。

問九＜**文章内容**＞留吉にも，下のきょうだいが生まれることはありうるし，誠一が，誠実一筋に生きる保証はない。願いを込めて命名しても，本人の生き方がその願いに合致するわけではない。

問十＜**文章内容**＞『寿限無』の中にある「五劫の擂り切れ」は，本来「五劫の擂り切れず」という途方もない時間を意味する表現である。そのため落語家は「擂り切れ」と発音しながらも，客には本来の「擂り切れず」として伝わるよう心がけるべきだと，三遊亭金馬は説いている。

問十一＜**表現**＞命名には，さまざまなドラマがある。その例として，周梨槃特の故事や，時代に応じた流行の名づけ，落語の『寿限無』など，命名にまつわる物語や逸話などが語られている。

二〔**小説の読解**〕出典；芥川龍之介『仙人』。

問一＜**語句**＞a．まるっきり，ちっとも。　b．世渡りが難しく，暮らしにくい。　c．人に対する接し方がていねいで礼儀正しい。　d．手に負えず，困ってしまう。

問二＜**品詞**＞「果ない」の「ない」は，形容詞「果ない」の連体形の一部。「やらない」「なれない」「出来ない」の「ない」は，打ち消しの助動詞。

問三＜**文章内容**＞**Ⅰ**．女房は，「古狐」というあだ名がつくほどのずるがしこい人物であり，仙術を教えるとうそをついて権助を無給でこき使った。　**Ⅲ**．約束どおり仙術を教えてくれと言う権助に対し，二十年も権助をこき使った以上，さすがに医者も安易にできないと答えることは道理に外れるように感じた。

問四＜**語句**＞「震旦」は，古代中国のこと。「南蛮」は，東南アジア方面の国々のこと。「高麗」は，朝鮮半島の王朝。

問五＜**文章内容**＞仙人になりたいという権助をどこに奉公させればよいのかと相談しに来た番頭に対し，医者は，その難題を解決してやりたかった。しかし具体的なよい考えが浮かばずに困ってしまい，医者は，庭の松を腕組みしながら眺めていた。

問六＜**文章内容**＞奉公先を引き受けると言った女房であるが，仙術を教えるというのはでたらめであり，都合よく権助をこき使おうと考えていた。しかし番頭は，そういった悪だくみには気づかず，女房からの申し出を聞いて喜んで帰っていった。

問七＜**文章内容**＞権助は，「紋附の羽織」で正装をして医者の家にやってきた。見た目は「唯の百姓」であり，しかもまともな格好をしてきたので，仙人になりたいという人物にしては風変わりでない様子が，医者には意外に感じられた。

問八＜**心情**＞仙術を教える代わりに二十年間，無給で奉公しろと言う女房に対し，権助は，自分の望みがかなうならば全くかまわないと心の底から考え，提案を受け入れた。

問九＜**文章内容**＞女房は，仙術を教わるためにはどんな困難な要求にも応えなくてはいけないという条件を，権助に突きつけた。そのうえで権助ができないことを命じて失敗させれば，条件をのんだ権助自身の責任であるという流れにできると，女房はたくらんだのである。

問十＜**文章内容**＞悲願がかなうと信じ，権助は，喜んで女房からの要求に応えようと思った。

問十一＜**文章内容**＞権助が木の上で両手を離せずにあきらめるならば，要求に応えられなかったということでまた二十年間こき使えばよい。もしくは両手を離して落ちて死んでしまうならば，仙人にするというその約束自体をなかったことにできる。このように，権助がどちらを選んでも自分には都合がよいと，女房は考えたのである。

問十二＜**心情**＞女房のでたらめな約束を信じて疑わなかった権助は，本当に不可思議な仙人の力を手に入れることとなり，医者と女房に対して深く感謝した。

問十三＜表現＞三人称の視点で客観的に人物が描かれ(③…○)，起こった出来事の時系列どおりに昔話のような物語が展開されていく(④…×)。番頭，医者，女房，権助の四人の人物が登場し，人物どうしが会話をしながら物語が進んでいくが(②…×)，主に悪がしこい女房と，人を信じて疑わない権助とのやり取りが中心となって描かれている(①…×)。

三〔**古文の読解―日記**〕出典；藤原道綱母『蜻蛉日記』。

≪**現代語訳**≫試楽の日，兼家からの手紙には，「穢れがあるため，宮中の出仕を欠勤するので，御所にも，参上することはできまいから，そちらへ伺って，道綱の面倒をみて送り出そうと思うが，私がそちらの家に立ち寄れそうにもないので，どうしたらいいのだろう。とても心配なことだ」と書いてある。胸がしめつけられるような気持ちになり，今さら何をしようというのかといろいろと考えてしまうので，(道綱に)「すぐに衣装を着て，あちらへお参りなさい」と言って(兼家の所に)急がせて行かせると，すぐに自然と泣いてしまう。(兼家は道綱に)つき添い，舞を一通り練習させ，(道綱を)参内させた。／(賀茂神社の)祭りの当日，どうしても道綱が舞っているところを見ないではいられないと思い，出かけたところ，道の北側に，目立たない飾り模様(の牛車が)，後ろも前も簾を下ろしてとまっていた。前の方の，簾の下からきれいな柔らかい絹布に紫の織物の重なった袖がこぼれ出ているようだ。女車だと思って見ていると，車の後ろの方にあたる人の家の門から，太刀を身につけた六位の者が，肩・ひじを張って出てきて，(牛車の)前の方にひざまずいて，何か言っているので，はっと気がついて目をとどめて見てみると，六位の者が出てきた牛車のそばには，四位・五位の貴族の位の人々が集まっていて，数えきれないほど立っている。もっとよく見ていくと，見覚えのある人たちがいると思った。例年より進行が早くなり，上達部の牛車や，一緒に歩いてくる者は，みんな兼家の牛車だと見てであろう，そこにとまって，同じ場所に(牛車の)前をそろえてとめた。／道綱は，急に祭りに参加することになり，急いで準備したにしては，供人なども，きらびやかに見えた。上達部が，おのおの，(道綱に)果物などを差し出しながら，何か言葉をかけなさるので，誇らしい気持ちがした。

問一＜古語＞a.「内裏」は，天皇の住まいのこと。　　b.「手ごと」は，一人ひとりの手のこと。

問二＜古文の内容理解＞ア．道綱母は，道綱に対し，衣装を着て急いで兼家の所へと行くように促した。　　イ．兼家は，道綱につき添い，舞を練習させてから宮中に参上させた。

問三＜古語＞ウ．「簾」は，牛車などの出入り口に垂らした日よけのこと。　　エ．「上達部」は，三位以上，もしくは四位で参議の官職にある，貴族の中でも上級の人々のこと。

問四＜古典文法＞「いかが」は，どのように～か，という意味の副詞。「す」は，サ行変格活用動詞「す」の終止形。「べから」は，助動詞「べし」の未然形で，ここでは推量の意味を表している。「む」は，推量の助動詞「む」の連体形。

問五＜古文の内容理解＞兼家からの手紙には，息子である道綱の手助けをしたいが道綱母の家へは行けないと書かれていた。息子の晴れ舞台を口実にしても夫との関係が修復できず，道綱母は，やるせない悲しみを感じた。

問六＜古文の内容理解＞道綱母は，兼家からの連絡で複雑な思いを抱きはしたが，息子の道綱が舞う晴れ姿を見たいという気持ちは抑えきれなかったため，賀茂神社の祭りに出かけた。

問七＜古文の内容理解＞道綱母が祭りに出かけたときに見かけた牛車の辺りには，貴族の人々が集まっていたが，見覚えのある顔がいたので，道綱母は，兼家もいるのだろうと考えた。

問八＜古文の内容理解＞道綱は，舞人としての準備を急いで行ったわりには，供をする人も含めてきらびやかに見え，立派な様子だった。

問九＜文学史＞『蜻蛉日記』は，藤原道綱母によって書かれた女性の手による初めての日記文学であり，平安時代に成立した。

Memo

Memo

Memo

2025年度用

高校スーパー過去問

■編集人 声の教育社・編集部
■発行所 株式会社 声の教育社
〒162-0814 東京都新宿区新小川町8-15
☎03-5261-5061㈹ FAX03-5261-5062
https://www.koenokyoikusha.co.jp

※本書の内容についての一切の責任は当社にあります。内容・解説・解答その他の質問等は文書にて当社に御郵送くださるようお願いいたします。

成田高等学校

別冊解答用紙

別冊解答用紙
丁寧に抜きとって、別冊
としてご使用ください。

★教科別合格者平均点＆合格者最低点

		英語	数学	国語	合格者最低点
2024年度	特進α	88.3	70.4	77.8	**225**
	進　学	83.5	64.1	74.1	**205**
2023年度	特進α	76.7	64.5	78.3	**200**
	進　学	69.8	57.3	74.7	**174**
2022年度	特進α	70.1	59.4	70.9	**180**
	進　学	64.1	53.7	65.8	**159**
2021年度	特進α	69.8	80.7	75.2	**207**
	一　般	63.2	74.8	71.5	**併192/専183**
2020年度	特進α	76.1	80.4	62.4	**199**
	一　般	61.8	68.9	57.7	**併173/専163**

※2024年度：実用英語技能検定（英検）準２級以上の取得者は加点あり。
準２級…10点　２級以上…20点
また，進学の本校第一志望者は20点加点あり。
※2023・2022年度：進学の本校第一志望者は20点加点あり。
※2021・2020年度：一般は特進αからのスライドを含む。併＝併願　専＝専願

注意

- ○ 解答用紙は、収録の都合により縮小したものや、小社独自に作成したものもあります。
- ○ 学校配点は学校発表のもの、推定配点は小社で作成したものです。
- ○ 無断転載を禁じます。
- ○ 解答用紙を拡大コピーする場合、表示した拡大率に対応する用紙サイズは以下のとおりです。
101%～102%＝B5　103%～118%＝A4　119%～144%＝B4　145%～167%＝A3
（タイトルと配点表は含みません）

２０２４年度　成田高等学校

英語解答用紙

評点　／100

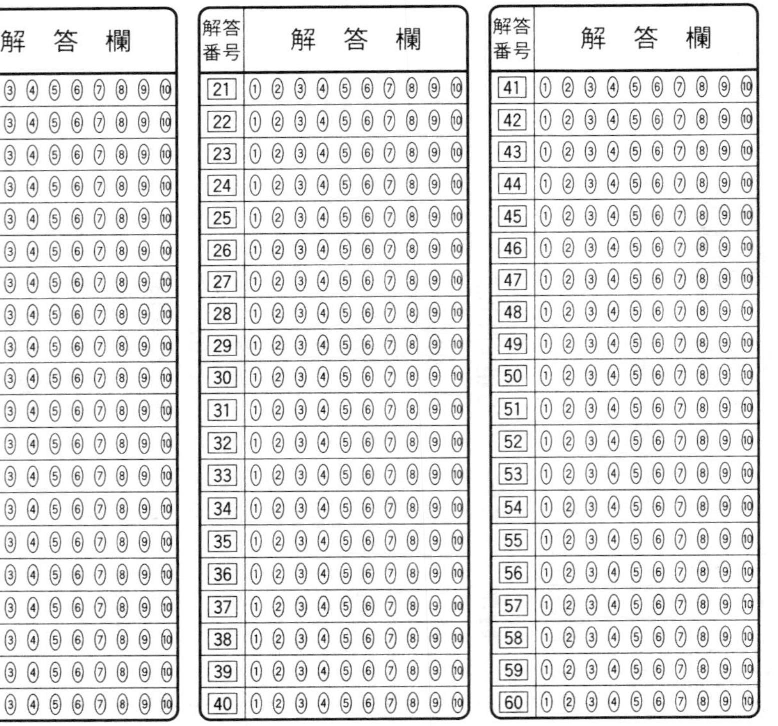

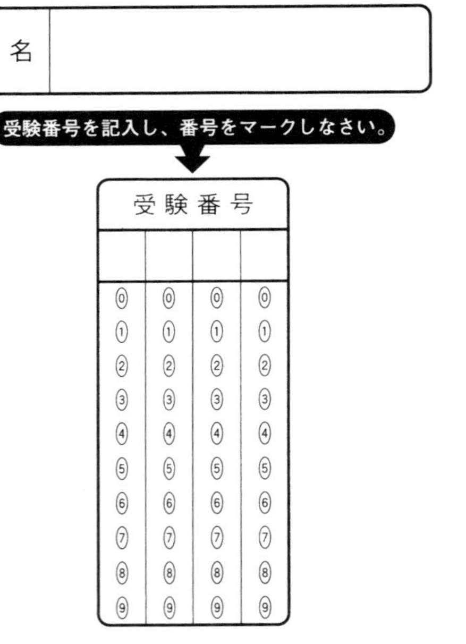

氏名
受験番号を記入し、番号をマークしなさい。
受験番号

記入上の注意
（１）解答用紙は汚したり、折り曲げたりしないこと。
（２）記入にはＨＢ黒鉛筆（シャープペンシル）を使用すること。
（３）訂正する時は消しゴムで消し、消しくずを取り除くこと。

マークのしかた　よい例　わるい例

（注）この解答用紙は実物を縮小してあります。Ｂ４用紙に143%拡大コピーすると、ほぼ実物大で使用できます。（タイトルと配点表は含みません）

推定配点	計
1 各４点×５ 2 各２点×８ 3～5 各４点×16〔3は各４点×４〕	100点

２０２４年度　成田高等学校

数学解答用紙

評点	/100

記入上の注意
（１）解答用紙は汚したり、折り曲げたりしないこと。
（２）記入にはＨＢ黒鉛筆（シャープペンシル）を使用すること。
（３）訂正する時は消しゴムで消し、消しくずを取り除くこと。

マークのしかた　よい例 ●　わるい例 ⦶ ⊗ ◓ ⊙

受験番号を右に記入し、番号をマークしなさい。

受験番号				
0 1 2 3 4 5 6 7 8 9	0 1 2 3 4 5 6 7 8 9	0 1 2 3 4 5 6 7 8 9	0 1 2 3 4 5 6 7 8 9	

氏名	

1

	⊖	0	1	2	3	4	5	6	7	8	9
ア	⊖	0	1	2	3	4	5	6	7	8	9
イ	⊖	0	1	2	3	4	5	6	7	8	9
ウ	⊖	0	1	2	3	4	5	6	7	8	9
エ	⊖	0	1	2	3	4	5	6	7	8	9
オ	⊖	0	1	2	3	4	5	6	7	8	9
カ	⊖	0	1	2	3	4	5	6	7	8	9
キ	⊖	0	1	2	3	4	5	6	7	8	9
ク	⊖	0	1	2	3	4	5	6	7	8	9
ケ	⊖	0	1	2	3	4	5	6	7	8	9
コ	⊖	0	1	2	3	4	5	6	7	8	9
サ	⊖	0	1	2	3	4	5	6	7	8	9
シ	⊖	0	1	2	3	4	5	6	7	8	9
ス	⊖	0	1	2	3	4	5	6	7	8	9
セ	⊖	0	1	2	3	4	5	6	7	8	9
ソ	⊖	0	1	2	3	4	5	6	7	8	9
タ	⊖	0	1	2	3	4	5	6	7	8	9
チ	⊖	0	1	2	3	4	5	6	7	8	9
ツ	⊖	0	1	2	3	4	5	6	7	8	9
テ	⊖	0	1	2	3	4	5	6	7	8	9
ト	⊖	0	1	2	3	4	5	6	7	8	9

2

	⊖	0	1	2	3	4	5	6	7	8	9
ア	⊖	0	1	2	3	4	5	6	7	8	9
イ	⊖	0	1	2	3	4	5	6	7	8	9
ウ	⊖	0	1	2	3	4	5	6	7	8	9
エ	⊖	0	1	2	3	4	5	6	7	8	9
オ	⊖	0	1	2	3	4	5	6	7	8	9
カ	⊖	0	1	2	3	4	5	6	7	8	9
キ	⊖	0	1	2	3	4	5	6	7	8	9
ク	⊖	0	1	2	3	4	5	6	7	8	9
ケ	⊖	0	1	2	3	4	5	6	7	8	9
コ	⊖	0	1	2	3	4	5	6	7	8	9
サ	⊖	0	1	2	3	4	5	6	7	8	9
シ	⊖	0	1	2	3	4	5	6	7	8	9
ス	⊖	0	1	2	3	4	5	6	7	8	9
セ	⊖	0	1	2	3	4	5	6	7	8	9
ソ	⊖	0	1	2	3	4	5	6	7	8	9
タ	⊖	0	1	2	3	4	5	6	7	8	9
チ	⊖	0	1	2	3	4	5	6	7	8	9
ツ	⊖	0	1	2	3	4	5	6	7	8	9
テ	⊖	0	1	2	3	4	5	6	7	8	9
ト	⊖	0	1	2	3	4	5	6	7	8	9

3

	⊖	0	1	2	3	4	5	6	7	8	9
ア	⊖	0	1	2	3	4	5	6	7	8	9
イ	⊖	0	1	2	3	4	5	6	7	8	9
ウ	⊖	0	1	2	3	4	5	6	7	8	9
エ	⊖	0	1	2	3	4	5	6	7	8	9
オ	⊖	0	1	2	3	4	5	6	7	8	9
カ	⊖	0	1	2	3	4	5	6	7	8	9
キ	⊖	0	1	2	3	4	5	6	7	8	9
ク	⊖	0	1	2	3	4	5	6	7	8	9
ケ	⊖	0	1	2	3	4	5	6	7	8	9
コ	⊖	0	1	2	3	4	5	6	7	8	9
サ	⊖	0	1	2	3	4	5	6	7	8	9
シ	⊖	0	1	2	3	4	5	6	7	8	9
ス	⊖	0	1	2	3	4	5	6	7	8	9
セ	⊖	0	1	2	3	4	5	6	7	8	9
ソ	⊖	0	1	2	3	4	5	6	7	8	9
タ	⊖	0	1	2	3	4	5	6	7	8	9
チ	⊖	0	1	2	3	4	5	6	7	8	9
ツ	⊖	0	1	2	3	4	5	6	7	8	9
テ	⊖	0	1	2	3	4	5	6	7	8	9
ト	⊖	0	1	2	3	4	5	6	7	8	9

4

	⊖	0	1	2	3	4	5	6	7	8	9
ア	⊖	0	1	2	3	4	5	6	7	8	9
イ	⊖	0	1	2	3	4	5	6	7	8	9
ウ	⊖	0	1	2	3	4	5	6	7	8	9
エ	⊖	0	1	2	3	4	5	6	7	8	9
オ	⊖	0	1	2	3	4	5	6	7	8	9
カ	⊖	0	1	2	3	4	5	6	7	8	9
キ	⊖	0	1	2	3	4	5	6	7	8	9
ク	⊖	0	1	2	3	4	5	6	7	8	9
ケ	⊖	0	1	2	3	4	5	6	7	8	9
コ	⊖	0	1	2	3	4	5	6	7	8	9
サ	⊖	0	1	2	3	4	5	6	7	8	9
シ	⊖	0	1	2	3	4	5	6	7	8	9
ス	⊖	0	1	2	3	4	5	6	7	8	9
セ	⊖	0	1	2	3	4	5	6	7	8	9
ソ	⊖	0	1	2	3	4	5	6	7	8	9
タ	⊖	0	1	2	3	4	5	6	7	8	9
チ	⊖	0	1	2	3	4	5	6	7	8	9
ツ	⊖	0	1	2	3	4	5	6	7	8	9
テ	⊖	0	1	2	3	4	5	6	7	8	9
ト	⊖	0	1	2	3	4	5	6	7	8	9

5

	⊖	0	1	2	3	4	5	6	7	8	9
ア	⊖	0	1	2	3	4	5	6	7	8	9
イ	⊖	0	1	2	3	4	5	6	7	8	9
ウ	⊖	0	1	2	3	4	5	6	7	8	9
エ	⊖	0	1	2	3	4	5	6	7	8	9
オ	⊖	0	1	2	3	4	5	6	7	8	9
カ	⊖	0	1	2	3	4	5	6	7	8	9
キ	⊖	0	1	2	3	4	5	6	7	8	9
ク	⊖	0	1	2	3	4	5	6	7	8	9
ケ	⊖	0	1	2	3	4	5	6	7	8	9
コ	⊖	0	1	2	3	4	5	6	7	8	9
サ	⊖	0	1	2	3	4	5	6	7	8	9
シ	⊖	0	1	2	3	4	5	6	7	8	9
ス	⊖	0	1	2	3	4	5	6	7	8	9
セ	⊖	0	1	2	3	4	5	6	7	8	9
ソ	⊖	0	1	2	3	4	5	6	7	8	9
タ	⊖	0	1	2	3	4	5	6	7	8	9
チ	⊖	0	1	2	3	4	5	6	7	8	9
ツ	⊖	0	1	2	3	4	5	6	7	8	9
テ	⊖	0	1	2	3	4	5	6	7	8	9
ト	⊖	0	1	2	3	4	5	6	7	8	9

（注）この解答用紙は実物を縮小してあります。Ａ３用紙に147％拡大コピーすると、ほぼ実物大で使用できます。（タイトルと配点表は含みません）

推定配点		計
	1〜5　各５点×20	100点

二〇二四年度　成田高等学校

国語解答用紙

評点
/100

氏名	

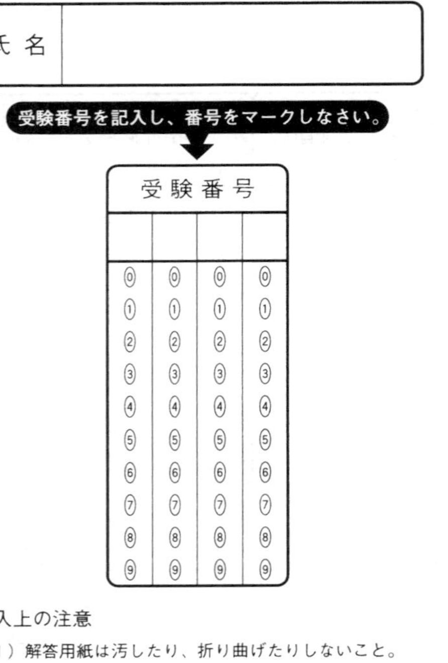

受験番号を記入し、番号をマークしなさい。

受験番号			
⓪	⓪	⓪	⓪
①	①	①	①
②	②	②	②
③	③	③	③
④	④	④	④
⑤	⑤	⑤	⑤
⑥	⑥	⑥	⑥
⑦	⑦	⑦	⑦
⑧	⑧	⑧	⑧
⑨	⑨	⑨	⑨

記入上の注意

（１）解答用紙は汚したり、折り曲げたりしないこと。

（２）記入にはＨＢ黒鉛筆（シャープペンシル）を使用すること。

（３）訂正する時は消しゴムで消し、消しくずを取り除くこと。

マークのしかた　よい例　わるい例

解答番号	解答欄	解答番号	解答欄	解答番号	解答欄
1	① ② ③ ④ ⑤ ⑥ ⑦ ⑧ ⑨ ⑩	21	① ② ③ ④ ⑤ ⑥ ⑦ ⑧ ⑨ ⑩	41	① ② ③ ④ ⑤ ⑥ ⑦ ⑧ ⑨ ⑩
2	① ② ③ ④ ⑤ ⑥ ⑦ ⑧ ⑨ ⑩	22	① ② ③ ④ ⑤ ⑥ ⑦ ⑧ ⑨ ⑩	42	① ② ③ ④ ⑤ ⑥ ⑦ ⑧ ⑨ ⑩
3	① ② ③ ④ ⑤ ⑥ ⑦ ⑧ ⑨ ⑩	23	① ② ③ ④ ⑤ ⑥ ⑦ ⑧ ⑨ ⑩	43	① ② ③ ④ ⑤ ⑥ ⑦ ⑧ ⑨ ⑩
4	① ② ③ ④ ⑤ ⑥ ⑦ ⑧ ⑨ ⑩	24	① ② ③ ④ ⑤ ⑥ ⑦ ⑧ ⑨ ⑩	44	① ② ③ ④ ⑤ ⑥ ⑦ ⑧ ⑨ ⑩
5	① ② ③ ④ ⑤ ⑥ ⑦ ⑧ ⑨ ⑩	25	① ② ③ ④ ⑤ ⑥ ⑦ ⑧ ⑨ ⑩	45	① ② ③ ④ ⑤ ⑥ ⑦ ⑧ ⑨ ⑩
6	① ② ③ ④ ⑤ ⑥ ⑦ ⑧ ⑨ ⑩	26	① ② ③ ④ ⑤ ⑥ ⑦ ⑧ ⑨ ⑩	46	① ② ③ ④ ⑤ ⑥ ⑦ ⑧ ⑨ ⑩
7	① ② ③ ④ ⑤ ⑥ ⑦ ⑧ ⑨ ⑩	27	① ② ③ ④ ⑤ ⑥ ⑦ ⑧ ⑨ ⑩	47	① ② ③ ④ ⑤ ⑥ ⑦ ⑧ ⑨ ⑩
8	① ② ③ ④ ⑤ ⑥ ⑦ ⑧ ⑨ ⑩	28	① ② ③ ④ ⑤ ⑥ ⑦ ⑧ ⑨ ⑩	48	① ② ③ ④ ⑤ ⑥ ⑦ ⑧ ⑨ ⑩
9	① ② ③ ④ ⑤ ⑥ ⑦ ⑧ ⑨ ⑩	29	① ② ③ ④ ⑤ ⑥ ⑦ ⑧ ⑨ ⑩	49	① ② ③ ④ ⑤ ⑥ ⑦ ⑧ ⑨ ⑩
10	① ② ③ ④ ⑤ ⑥ ⑦ ⑧ ⑨ ⑩	30	① ② ③ ④ ⑤ ⑥ ⑦ ⑧ ⑨ ⑩	50	① ② ③ ④ ⑤ ⑥ ⑦ ⑧ ⑨ ⑩
11	① ② ③ ④ ⑤ ⑥ ⑦ ⑧ ⑨ ⑩	31	① ② ③ ④ ⑤ ⑥ ⑦ ⑧ ⑨ ⑩	51	① ② ③ ④ ⑤ ⑥ ⑦ ⑧ ⑨ ⑩
12	① ② ③ ④ ⑤ ⑥ ⑦ ⑧ ⑨ ⑩	32	① ② ③ ④ ⑤ ⑥ ⑦ ⑧ ⑨ ⑩	52	① ② ③ ④ ⑤ ⑥ ⑦ ⑧ ⑨ ⑩
13	① ② ③ ④ ⑤ ⑥ ⑦ ⑧ ⑨ ⑩	33	① ② ③ ④ ⑤ ⑥ ⑦ ⑧ ⑨ ⑩	53	① ② ③ ④ ⑤ ⑥ ⑦ ⑧ ⑨ ⑩
14	① ② ③ ④ ⑤ ⑥ ⑦ ⑧ ⑨ ⑩	34	① ② ③ ④ ⑤ ⑥ ⑦ ⑧ ⑨ ⑩	54	① ② ③ ④ ⑤ ⑥ ⑦ ⑧ ⑨ ⑩
15	① ② ③ ④ ⑤ ⑥ ⑦ ⑧ ⑨ ⑩	35	① ② ③ ④ ⑤ ⑥ ⑦ ⑧ ⑨ ⑩	55	① ② ③ ④ ⑤ ⑥ ⑦ ⑧ ⑨ ⑩
16	① ② ③ ④ ⑤ ⑥ ⑦ ⑧ ⑨ ⑩	36	① ② ③ ④ ⑤ ⑥ ⑦ ⑧ ⑨ ⑩	56	① ② ③ ④ ⑤ ⑥ ⑦ ⑧ ⑨ ⑩
17	① ② ③ ④ ⑤ ⑥ ⑦ ⑧ ⑨ ⑩	37	① ② ③ ④ ⑤ ⑥ ⑦ ⑧ ⑨ ⑩	57	① ② ③ ④ ⑤ ⑥ ⑦ ⑧ ⑨ ⑩
18	① ② ③ ④ ⑤ ⑥ ⑦ ⑧ ⑨ ⑩	38	① ② ③ ④ ⑤ ⑥ ⑦ ⑧ ⑨ ⑩	58	① ② ③ ④ ⑤ ⑥ ⑦ ⑧ ⑨ ⑩
19	① ② ③ ④ ⑤ ⑥ ⑦ ⑧ ⑨ ⑩	39	① ② ③ ④ ⑤ ⑥ ⑦ ⑧ ⑨ ⑩	59	① ② ③ ④ ⑤ ⑥ ⑦ ⑧ ⑨ ⑩
20	① ② ③ ④ ⑤ ⑥ ⑦ ⑧ ⑨ ⑩	40	① ② ③ ④ ⑤ ⑥ ⑦ ⑧ ⑨ ⑩	60	① ② ③ ④ ⑤ ⑥ ⑦ ⑧ ⑨ ⑩

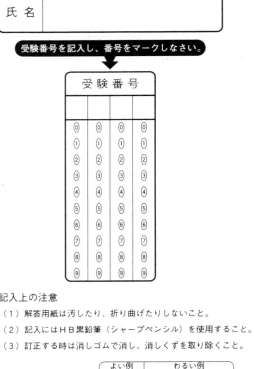

（注）この解答用紙は実物を縮小してあります。Ｂ４用紙に143％拡大コピーすると、ほぼ実物大で使用できます。（タイトルと配点表は含みません）

推定配点	
	一　問一　各２点×５　問二～問八　各３点×７　問九　各２点×２ 二　問一～問八　各３点×９　問九　(1)　２点　(2)　各３点×２ 三　各３点×10
計	100点

２０２３年度　成田高等学校

英語解答用紙

評点
/100

解答番号	解答欄
1	① ② ③ ④ ⑤ ⑥ ⑦ ⑧ ⑨ ⑩
2	① ② ③ ④ ⑤ ⑥ ⑦ ⑧ ⑨ ⑩
3	① ② ③ ④ ⑤ ⑥ ⑦ ⑧ ⑨ ⑩
4	① ② ③ ④ ⑤ ⑥ ⑦ ⑧ ⑨ ⑩
5	① ② ③ ④ ⑤ ⑥ ⑦ ⑧ ⑨ ⑩
6	① ② ③ ④ ⑤ ⑥ ⑦ ⑧ ⑨ ⑩
7	① ② ③ ④ ⑤ ⑥ ⑦ ⑧ ⑨ ⑩
8	① ② ③ ④ ⑤ ⑥ ⑦ ⑧ ⑨ ⑩
9	① ② ③ ④ ⑤ ⑥ ⑦ ⑧ ⑨ ⑩
10	① ② ③ ④ ⑤ ⑥ ⑦ ⑧ ⑨ ⑩
11	① ② ③ ④ ⑤ ⑥ ⑦ ⑧ ⑨ ⑩
12	① ② ③ ④ ⑤ ⑥ ⑦ ⑧ ⑨ ⑩
13	① ② ③ ④ ⑤ ⑥ ⑦ ⑧ ⑨ ⑩
14	① ② ③ ④ ⑤ ⑥ ⑦ ⑧ ⑨ ⑩
15	① ② ③ ④ ⑤ ⑥ ⑦ ⑧ ⑨ ⑩
16	① ② ③ ④ ⑤ ⑥ ⑦ ⑧ ⑨ ⑩
17	① ② ③ ④ ⑤ ⑥ ⑦ ⑧ ⑨ ⑩
18	① ② ③ ④ ⑤ ⑥ ⑦ ⑧ ⑨ ⑩
19	① ② ③ ④ ⑤ ⑥ ⑦ ⑧ ⑨ ⑩
20	① ② ③ ④ ⑤ ⑥ ⑦ ⑧ ⑨ ⑩

解答番号	解答欄
21	① ② ③ ④ ⑤ ⑥ ⑦ ⑧ ⑨ ⑩
22	① ② ③ ④ ⑤ ⑥ ⑦ ⑧ ⑨ ⑩
23	① ② ③ ④ ⑤ ⑥ ⑦ ⑧ ⑨ ⑩
24	① ② ③ ④ ⑤ ⑥ ⑦ ⑧ ⑨ ⑩
25	① ② ③ ④ ⑤ ⑥ ⑦ ⑧ ⑨ ⑩
26	① ② ③ ④ ⑤ ⑥ ⑦ ⑧ ⑨ ⑩
27	① ② ③ ④ ⑤ ⑥ ⑦ ⑧ ⑨ ⑩
28	① ② ③ ④ ⑤ ⑥ ⑦ ⑧ ⑨ ⑩
29	① ② ③ ④ ⑤ ⑥ ⑦ ⑧ ⑨ ⑩
30	① ② ③ ④ ⑤ ⑥ ⑦ ⑧ ⑨ ⑩
31	① ② ③ ④ ⑤ ⑥ ⑦ ⑧ ⑨ ⑩
32	① ② ③ ④ ⑤ ⑥ ⑦ ⑧ ⑨ ⑩
33	① ② ③ ④ ⑤ ⑥ ⑦ ⑧ ⑨ ⑩
34	① ② ③ ④ ⑤ ⑥ ⑦ ⑧ ⑨ ⑩
35	① ② ③ ④ ⑤ ⑥ ⑦ ⑧ ⑨ ⑩
36	① ② ③ ④ ⑤ ⑥ ⑦ ⑧ ⑨ ⑩
37	① ② ③ ④ ⑤ ⑥ ⑦ ⑧ ⑨ ⑩
38	① ② ③ ④ ⑤ ⑥ ⑦ ⑧ ⑨ ⑩
39	① ② ③ ④ ⑤ ⑥ ⑦ ⑧ ⑨ ⑩
40	① ② ③ ④ ⑤ ⑥ ⑦ ⑧ ⑨ ⑩

解答番号	解答欄
41	① ② ③ ④ ⑤ ⑥ ⑦ ⑧ ⑨ ⑩
42	① ② ③ ④ ⑤ ⑥ ⑦ ⑧ ⑨ ⑩
43	① ② ③ ④ ⑤ ⑥ ⑦ ⑧ ⑨ ⑩
44	① ② ③ ④ ⑤ ⑥ ⑦ ⑧ ⑨ ⑩
45	① ② ③ ④ ⑤ ⑥ ⑦ ⑧ ⑨ ⑩
46	① ② ③ ④ ⑤ ⑥ ⑦ ⑧ ⑨ ⑩
47	① ② ③ ④ ⑤ ⑥ ⑦ ⑧ ⑨ ⑩
48	① ② ③ ④ ⑤ ⑥ ⑦ ⑧ ⑨ ⑩
49	① ② ③ ④ ⑤ ⑥ ⑦ ⑧ ⑨ ⑩
50	① ② ③ ④ ⑤ ⑥ ⑦ ⑧ ⑨ ⑩
51	① ② ③ ④ ⑤ ⑥ ⑦ ⑧ ⑨ ⑩
52	① ② ③ ④ ⑤ ⑥ ⑦ ⑧ ⑨ ⑩
53	① ② ③ ④ ⑤ ⑥ ⑦ ⑧ ⑨ ⑩
54	① ② ③ ④ ⑤ ⑥ ⑦ ⑧ ⑨ ⑩
55	① ② ③ ④ ⑤ ⑥ ⑦ ⑧ ⑨ ⑩
56	① ② ③ ④ ⑤ ⑥ ⑦ ⑧ ⑨ ⑩
57	① ② ③ ④ ⑤ ⑥ ⑦ ⑧ ⑨ ⑩
58	① ② ③ ④ ⑤ ⑥ ⑦ ⑧ ⑨ ⑩
59	① ② ③ ④ ⑤ ⑥ ⑦ ⑧ ⑨ ⑩
60	① ② ③ ④ ⑤ ⑥ ⑦ ⑧ ⑨ ⑩

氏名	

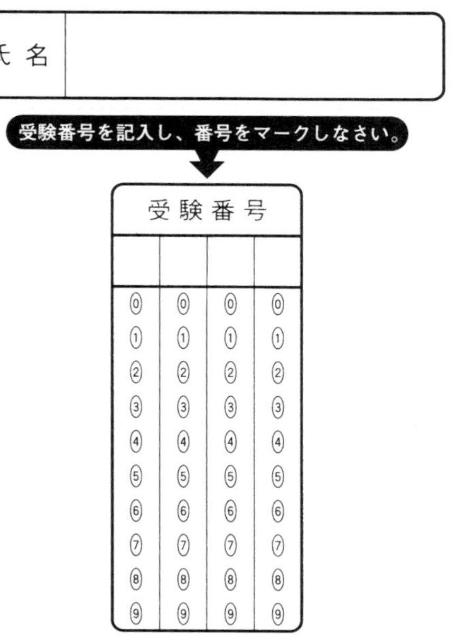

受験番号を記入し、番号をマークしなさい。
受験番号

記入上の注意

（１）解答用紙は汚したり、折り曲げたりしないこと。

（２）記入にはＨＢ黒鉛筆（シャープペンシル）を使用すること。

（３）訂正する時は消しゴムで消し、消しくずを取り除くこと。

マークのしかた　よい例　わるい例

（注）この解答用紙は実物を縮小してあります。Ｂ４用紙に143％拡大コピーすると、ほぼ実物大で使用できます。（タイトルと配点表は含みません）

学校配点	
1 各４点×５ 2 各２点×８ 3～5 各４点×16〔3は各４点×４〕	
100点	計

2023年度　成田高等学校

数学解答用紙

評点
/100

受験番号をたてに記入し、番号をマークしなさい。

氏名	

受験番号

記入上の注意
（1）解答用紙は汚したり、折り曲げたりしないこと。
（2）記入にはＨＢ黒鉛筆（シャープペンシル）を使用すること。
（3）訂正する時は消しゴムで消し、消しくずを取り除くこと。

マークのしかた　よい例　わるい例

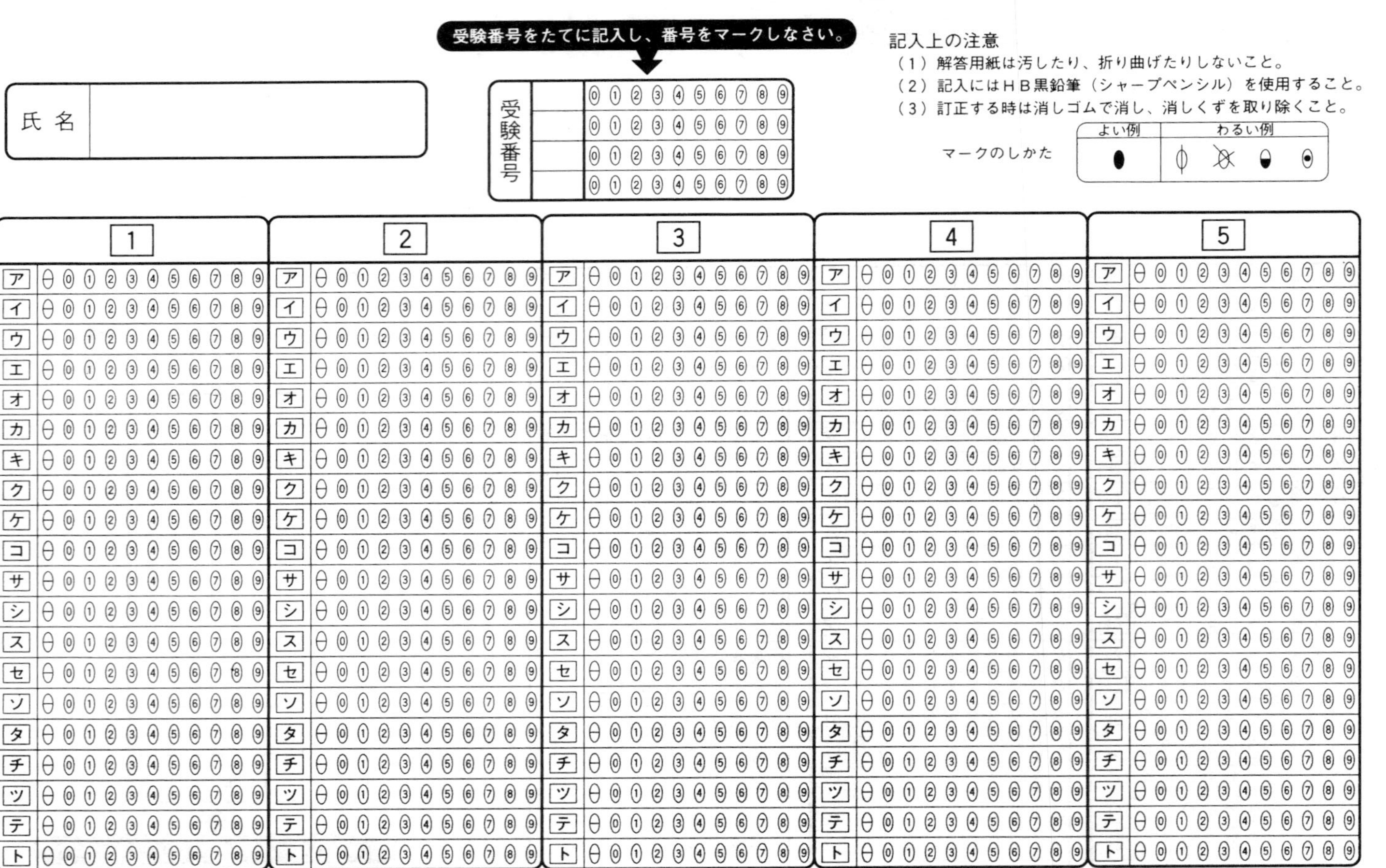

（注）この解答用紙は実物を縮小してあります。Ａ３用紙に147％拡大コピーすると、ほぼ実物大で使用できます。（タイトルと配点表は含みません）

学校配点	
1～5　各5点×20	
100点	計

二〇二三年度　成田高等学校

国語解答用紙

評点	/100

解答番号	解答欄
1	① ② ③ ④ ⑤ ⑥ ⑦ ⑧ ⑨ ⑩
2	① ② ③ ④ ⑤ ⑥ ⑦ ⑧ ⑨ ⑩
3	① ② ③ ④ ⑤ ⑥ ⑦ ⑧ ⑨ ⑩
4	① ② ③ ④ ⑤ ⑥ ⑦ ⑧ ⑨ ⑩
5	① ② ③ ④ ⑤ ⑥ ⑦ ⑧ ⑨ ⑩
6	① ② ③ ④ ⑤ ⑥ ⑦ ⑧ ⑨ ⑩
7	① ② ③ ④ ⑤ ⑥ ⑦ ⑧ ⑨ ⑩
8	① ② ③ ④ ⑤ ⑥ ⑦ ⑧ ⑨ ⑩
9	① ② ③ ④ ⑤ ⑥ ⑦ ⑧ ⑨ ⑩
10	① ② ③ ④ ⑤ ⑥ ⑦ ⑧ ⑨ ⑩
11	① ② ③ ④ ⑤ ⑥ ⑦ ⑧ ⑨ ⑩
12	① ② ③ ④ ⑤ ⑥ ⑦ ⑧ ⑨ ⑩
13	① ② ③ ④ ⑤ ⑥ ⑦ ⑧ ⑨ ⑩
14	① ② ③ ④ ⑤ ⑥ ⑦ ⑧ ⑨ ⑩
15	① ② ③ ④ ⑤ ⑥ ⑦ ⑧ ⑨ ⑩
16	① ② ③ ④ ⑤ ⑥ ⑦ ⑧ ⑨ ⑩
17	① ② ③ ④ ⑤ ⑥ ⑦ ⑧ ⑨ ⑩
18	① ② ③ ④ ⑤ ⑥ ⑦ ⑧ ⑨ ⑩
19	① ② ③ ④ ⑤ ⑥ ⑦ ⑧ ⑨ ⑩
20	① ② ③ ④ ⑤ ⑥ ⑦ ⑧ ⑨ ⑩

解答番号	解答欄
21	① ② ③ ④ ⑤ ⑥ ⑦ ⑧ ⑨ ⑩
22	① ② ③ ④ ⑤ ⑥ ⑦ ⑧ ⑨ ⑩
23	① ② ③ ④ ⑤ ⑥ ⑦ ⑧ ⑨ ⑩
24	① ② ③ ④ ⑤ ⑥ ⑦ ⑧ ⑨ ⑩
25	① ② ③ ④ ⑤ ⑥ ⑦ ⑧ ⑨ ⑩
26	① ② ③ ④ ⑤ ⑥ ⑦ ⑧ ⑨ ⑩
27	① ② ③ ④ ⑤ ⑥ ⑦ ⑧ ⑨ ⑩
28	① ② ③ ④ ⑤ ⑥ ⑦ ⑧ ⑨ ⑩
29	① ② ③ ④ ⑤ ⑥ ⑦ ⑧ ⑨ ⑩
30	① ② ③ ④ ⑤ ⑥ ⑦ ⑧ ⑨ ⑩
31	① ② ③ ④ ⑤ ⑥ ⑦ ⑧ ⑨ ⑩
32	① ② ③ ④ ⑤ ⑥ ⑦ ⑧ ⑨ ⑩
33	① ② ③ ④ ⑤ ⑥ ⑦ ⑧ ⑨ ⑩
34	① ② ③ ④ ⑤ ⑥ ⑦ ⑧ ⑨ ⑩
35	① ② ③ ④ ⑤ ⑥ ⑦ ⑧ ⑨ ⑩
36	① ② ③ ④ ⑤ ⑥ ⑦ ⑧ ⑨ ⑩
37	① ② ③ ④ ⑤ ⑥ ⑦ ⑧ ⑨ ⑩
38	① ② ③ ④ ⑤ ⑥ ⑦ ⑧ ⑨ ⑩
39	① ② ③ ④ ⑤ ⑥ ⑦ ⑧ ⑨ ⑩
40	① ② ③ ④ ⑤ ⑥ ⑦ ⑧ ⑨ ⑩

解答番号	解答欄
41	① ② ③ ④ ⑤ ⑥ ⑦ ⑧ ⑨ ⑩
42	① ② ③ ④ ⑤ ⑥ ⑦ ⑧ ⑨ ⑩
43	① ② ③ ④ ⑤ ⑥ ⑦ ⑧ ⑨ ⑩
44	① ② ③ ④ ⑤ ⑥ ⑦ ⑧ ⑨ ⑩
45	① ② ③ ④ ⑤ ⑥ ⑦ ⑧ ⑨ ⑩
46	① ② ③ ④ ⑤ ⑥ ⑦ ⑧ ⑨ ⑩
47	① ② ③ ④ ⑤ ⑥ ⑦ ⑧ ⑨ ⑩
48	① ② ③ ④ ⑤ ⑥ ⑦ ⑧ ⑨ ⑩
49	① ② ③ ④ ⑤ ⑥ ⑦ ⑧ ⑨ ⑩
50	① ② ③ ④ ⑤ ⑥ ⑦ ⑧ ⑨ ⑩
51	① ② ③ ④ ⑤ ⑥ ⑦ ⑧ ⑨ ⑩
52	① ② ③ ④ ⑤ ⑥ ⑦ ⑧ ⑨ ⑩
53	① ② ③ ④ ⑤ ⑥ ⑦ ⑧ ⑨ ⑩
54	① ② ③ ④ ⑤ ⑥ ⑦ ⑧ ⑨ ⑩
55	① ② ③ ④ ⑤ ⑥ ⑦ ⑧ ⑨ ⑩
56	① ② ③ ④ ⑤ ⑥ ⑦ ⑧ ⑨ ⑩
57	① ② ③ ④ ⑤ ⑥ ⑦ ⑧ ⑨ ⑩
58	① ② ③ ④ ⑤ ⑥ ⑦ ⑧ ⑨ ⑩
59	① ② ③ ④ ⑤ ⑥ ⑦ ⑧ ⑨ ⑩
60	① ② ③ ④ ⑤ ⑥ ⑦ ⑧ ⑨ ⑩

（注）この解答用紙は実物を縮小してあります。Ｂ４用紙に143％拡大コピーすると、ほぼ実物大で使用できます。（タイトルと配点表は含みません）

氏名

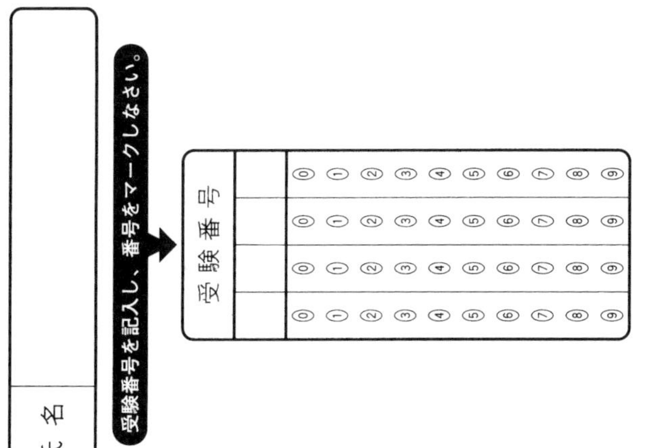

受験番号を記入し、番号をマークしなさい。
受験番号

記入上の注意

（1）解答用紙は汚したり、折り曲げたりしないこと。

（2）記入にはＨＢ黒鉛筆（シャープペンシル）を使用すること。

（3）訂正する時は消しゴムで消し、消しくずを取り除くこと。

マークのしかた　よい例　わるい例

学校配点	
一　問一　各２点×５　問二～問九　各３点×８ 二　各３点×10 三　問一、問二　各２点×３　問三～問十二　各３点×10	
計	100点

２０２２年度　成田高等学校

英語解答用紙

評点　／100

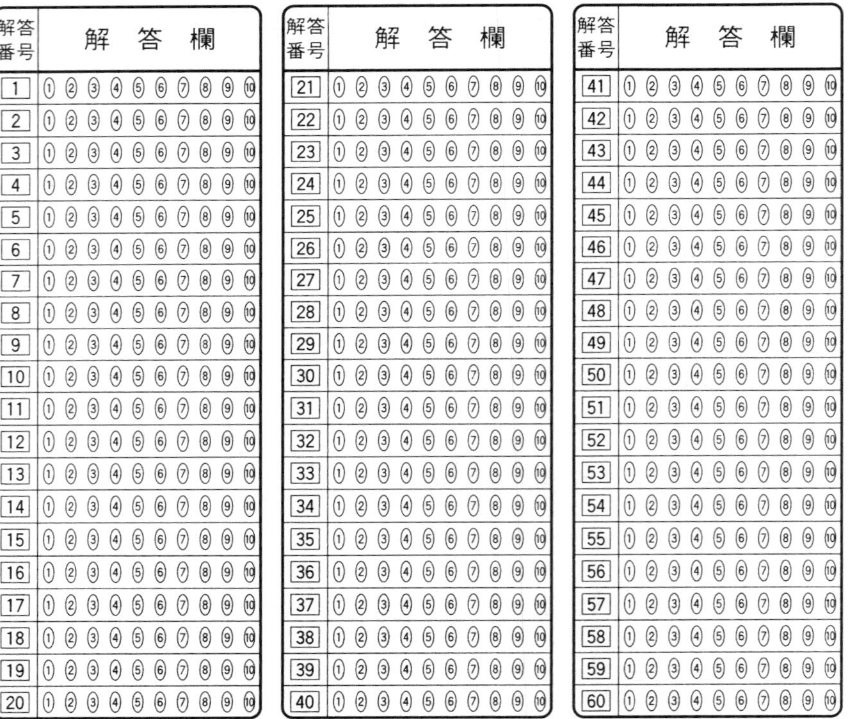

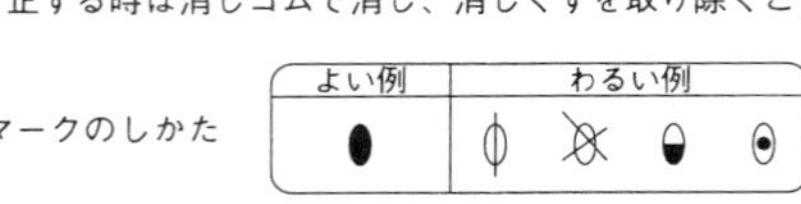

受験番号を記入し、番号をマークしなさい。

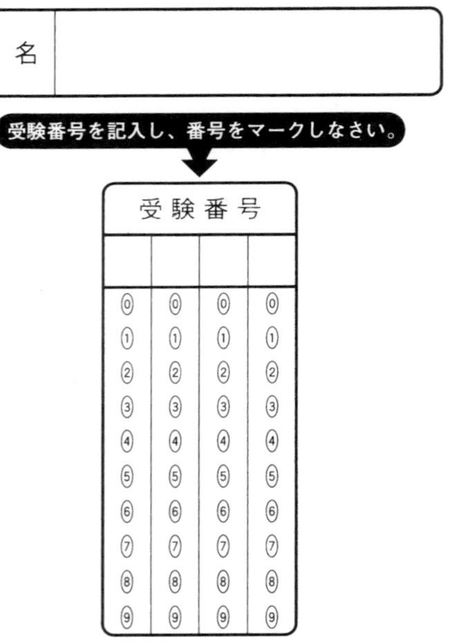

記入上の注意

（１）解答用紙は汚したり、折り曲げたりしないこと。

（２）記入にはＨＢ黒鉛筆（シャープペンシル）を使用すること。

（３）訂正する時は消しゴムで消し、消しくずを取り除くこと。

マークのしかた　よい例　わるい例

（注）この解答用紙は実物を縮小してあります。Ｂ４用紙に143％拡大コピーすると、ほぼ実物大で使用できます。（タイトルと配点表は含みません）

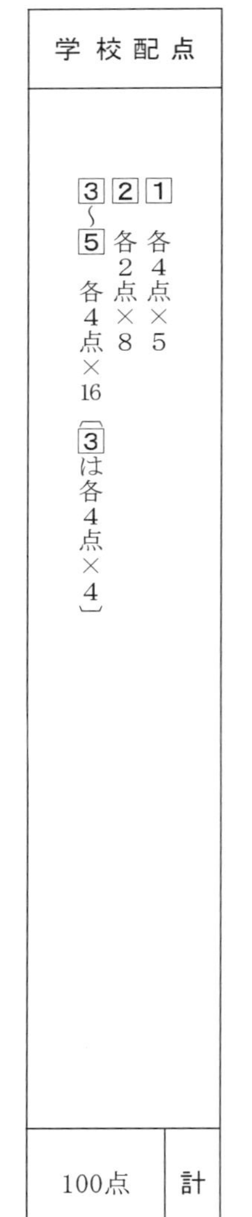

学校配点	計
1 各４点×５ 2 各２点×８ 3～5 各４点×16〔3は各４点×４〕	100点

2022年度　成田高等学校

数学解答用紙

評点　/100

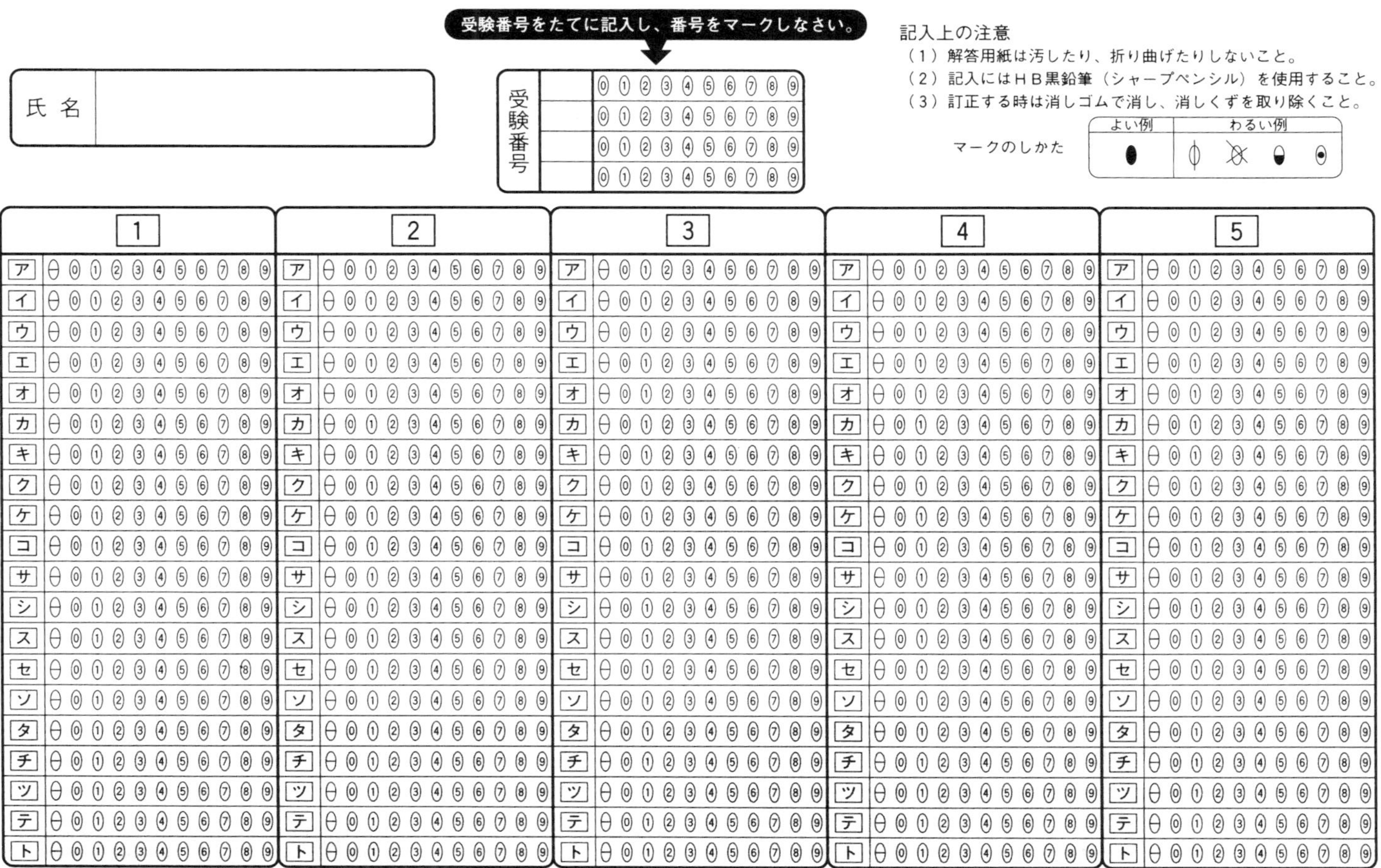

受験番号をたてに記入し、番号をマークしなさい。
記入上の注意
（1）解答用紙は汚したり、折り曲げたりしないこと。
（2）記入にはＨＢ黒鉛筆（シャープペンシル）を使用すること。
（3）訂正する時は消しゴムで消し、消しくずを取り除くこと。
マークのしかた
よい例
わるい例
氏名
受験番号
1
2
3
4
5

（注）この解答用紙は実物を縮小してあります。A３用紙に147%拡大コピーすると、ほぼ実物大で使用できます。（タイトルと配点表は含みません）

学校配点	
1〜5　各5点×20〔2(1), (2)はそれぞれ完答〕	
計	100点

二〇二三年度　成田高等学校

国語解答用紙

評点	/100

解答番号	解答欄
1	① ② ③ ④ ⑤ ⑥ ⑦ ⑧ ⑨ ⑩
2	① ② ③ ④ ⑤ ⑥ ⑦ ⑧ ⑨ ⑩
3	① ② ③ ④ ⑤ ⑥ ⑦ ⑧ ⑨ ⑩
4	① ② ③ ④ ⑤ ⑥ ⑦ ⑧ ⑨ ⑩
5	① ② ③ ④ ⑤ ⑥ ⑦ ⑧ ⑨ ⑩
6	① ② ③ ④ ⑤ ⑥ ⑦ ⑧ ⑨ ⑩
7	① ② ③ ④ ⑤ ⑥ ⑦ ⑧ ⑨ ⑩
8	① ② ③ ④ ⑤ ⑥ ⑦ ⑧ ⑨ ⑩
9	① ② ③ ④ ⑤ ⑥ ⑦ ⑧ ⑨ ⑩
10	① ② ③ ④ ⑤ ⑥ ⑦ ⑧ ⑨ ⑩
11	① ② ③ ④ ⑤ ⑥ ⑦ ⑧ ⑨ ⑩
12	① ② ③ ④ ⑤ ⑥ ⑦ ⑧ ⑨ ⑩
13	① ② ③ ④ ⑤ ⑥ ⑦ ⑧ ⑨ ⑩
14	① ② ③ ④ ⑤ ⑥ ⑦ ⑧ ⑨ ⑩
15	① ② ③ ④ ⑤ ⑥ ⑦ ⑧ ⑨ ⑩
16	① ② ③ ④ ⑤ ⑥ ⑦ ⑧ ⑨ ⑩
17	① ② ③ ④ ⑤ ⑥ ⑦ ⑧ ⑨ ⑩
18	① ② ③ ④ ⑤ ⑥ ⑦ ⑧ ⑨ ⑩
19	① ② ③ ④ ⑤ ⑥ ⑦ ⑧ ⑨ ⑩
20	① ② ③ ④ ⑤ ⑥ ⑦ ⑧ ⑨ ⑩
21	① ② ③ ④ ⑤ ⑥ ⑦ ⑧ ⑨ ⑩
22	① ② ③ ④ ⑤ ⑥ ⑦ ⑧ ⑨ ⑩
23	① ② ③ ④ ⑤ ⑥ ⑦ ⑧ ⑨ ⑩
24	① ② ③ ④ ⑤ ⑥ ⑦ ⑧ ⑨ ⑩
25	① ② ③ ④ ⑤ ⑥ ⑦ ⑧ ⑨ ⑩
26	① ② ③ ④ ⑤ ⑥ ⑦ ⑧ ⑨ ⑩
27	① ② ③ ④ ⑤ ⑥ ⑦ ⑧ ⑨ ⑩
28	① ② ③ ④ ⑤ ⑥ ⑦ ⑧ ⑨ ⑩
29	① ② ③ ④ ⑤ ⑥ ⑦ ⑧ ⑨ ⑩
30	① ② ③ ④ ⑤ ⑥ ⑦ ⑧ ⑨ ⑩
31	① ② ③ ④ ⑤ ⑥ ⑦ ⑧ ⑨ ⑩
32	① ② ③ ④ ⑤ ⑥ ⑦ ⑧ ⑨ ⑩
33	① ② ③ ④ ⑤ ⑥ ⑦ ⑧ ⑨ ⑩
34	① ② ③ ④ ⑤ ⑥ ⑦ ⑧ ⑨ ⑩
35	① ② ③ ④ ⑤ ⑥ ⑦ ⑧ ⑨ ⑩
36	① ② ③ ④ ⑤ ⑥ ⑦ ⑧ ⑨ ⑩
37	① ② ③ ④ ⑤ ⑥ ⑦ ⑧ ⑨ ⑩
38	① ② ③ ④ ⑤ ⑥ ⑦ ⑧ ⑨ ⑩
39	① ② ③ ④ ⑤ ⑥ ⑦ ⑧ ⑨ ⑩
40	① ② ③ ④ ⑤ ⑥ ⑦ ⑧ ⑨ ⑩
41	① ② ③ ④ ⑤ ⑥ ⑦ ⑧ ⑨ ⑩
42	① ② ③ ④ ⑤ ⑥ ⑦ ⑧ ⑨ ⑩
43	① ② ③ ④ ⑤ ⑥ ⑦ ⑧ ⑨ ⑩
44	① ② ③ ④ ⑤ ⑥ ⑦ ⑧ ⑨ ⑩
45	① ② ③ ④ ⑤ ⑥ ⑦ ⑧ ⑨ ⑩
46	① ② ③ ④ ⑤ ⑥ ⑦ ⑧ ⑨ ⑩
47	① ② ③ ④ ⑤ ⑥ ⑦ ⑧ ⑨ ⑩
48	① ② ③ ④ ⑤ ⑥ ⑦ ⑧ ⑨ ⑩
49	① ② ③ ④ ⑤ ⑥ ⑦ ⑧ ⑨ ⑩
50	① ② ③ ④ ⑤ ⑥ ⑦ ⑧ ⑨ ⑩
51	① ② ③ ④ ⑤ ⑥ ⑦ ⑧ ⑨ ⑩
52	① ② ③ ④ ⑤ ⑥ ⑦ ⑧ ⑨ ⑩
53	① ② ③ ④ ⑤ ⑥ ⑦ ⑧ ⑨ ⑩
54	① ② ③ ④ ⑤ ⑥ ⑦ ⑧ ⑨ ⑩
55	① ② ③ ④ ⑤ ⑥ ⑦ ⑧ ⑨ ⑩
56	① ② ③ ④ ⑤ ⑥ ⑦ ⑧ ⑨ ⑩
57	① ② ③ ④ ⑤ ⑥ ⑦ ⑧ ⑨ ⑩
58	① ② ③ ④ ⑤ ⑥ ⑦ ⑧ ⑨ ⑩
59	① ② ③ ④ ⑤ ⑥ ⑦ ⑧ ⑨ ⑩
60	① ② ③ ④ ⑤ ⑥ ⑦ ⑧ ⑨ ⑩

（注）この解答用紙は実物を縮小してあります。Ｂ４用紙に143％拡大コピーすると、ほぼ実物大で使用できます。（タイトルと配点表は含みません）

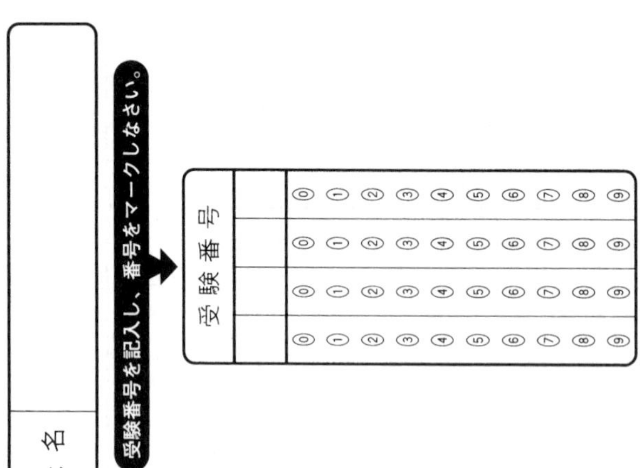

氏名

受験番号を記入し、番号をマークしなさい。

受験番号			
⓪〜⑨	⓪〜⑨	⓪〜⑨	⓪〜⑨

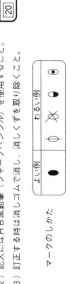

記入上の注意

（１）解答用紙は汚したり、折り曲げたりしないこと。

（２）記入にはＨＢ黒鉛筆（シャープペンシル）を使用すること。

（３）訂正する時は消しゴムで消し、消しくずを取り除くこと。

マークのしかた　よい例　わるい例

学校配点	
一	問一～問三　各２点×７　問四～問十　各３点×７
二	問一～問三　各２点×６　問四～問十一　各３点×８
三	問一～問四　各２点×４　問五～問十一　各３点×７
計	100点

２０２１年度　成田高等学校

英語解答用紙

評点
/100

氏名	

受験番号を記入し、番号をマークしなさい。

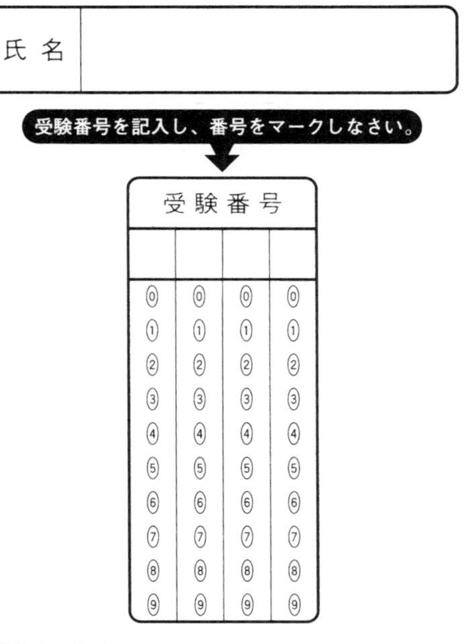

受験番号			
⓪	⓪	⓪	⓪
①	①	①	①
②	②	②	②
③	③	③	③
④	④	④	④
⑤	⑤	⑤	⑤
⑥	⑥	⑥	⑥
⑦	⑦	⑦	⑦
⑧	⑧	⑧	⑧
⑨	⑨	⑨	⑨

記入上の注意
（１）解答用紙は汚したり、折り曲げたりしないこと。
（２）記入にはＨＢ黒鉛筆（シャープペンシル）を使用すること。
（３）訂正する時は消しゴムで消し、消しくずを取り除くこと。

マークのしかた　よい例　わるい例

解答番号	解答欄	解答番号	解答欄	解答番号	解答欄
1	① ② ③ ④ ⑤ ⑥ ⑦ ⑧ ⑨ ⑩	21	① ② ③ ④ ⑤ ⑥ ⑦ ⑧ ⑨ ⑩	41	① ② ③ ④ ⑤ ⑥ ⑦ ⑧ ⑨ ⑩
2	① ② ③ ④ ⑤ ⑥ ⑦ ⑧ ⑨ ⑩	22	① ② ③ ④ ⑤ ⑥ ⑦ ⑧ ⑨ ⑩	42	① ② ③ ④ ⑤ ⑥ ⑦ ⑧ ⑨ ⑩
3	① ② ③ ④ ⑤ ⑥ ⑦ ⑧ ⑨ ⑩	23	① ② ③ ④ ⑤ ⑥ ⑦ ⑧ ⑨ ⑩	43	① ② ③ ④ ⑤ ⑥ ⑦ ⑧ ⑨ ⑩
4	① ② ③ ④ ⑤ ⑥ ⑦ ⑧ ⑨ ⑩	24	① ② ③ ④ ⑤ ⑥ ⑦ ⑧ ⑨ ⑩	44	① ② ③ ④ ⑤ ⑥ ⑦ ⑧ ⑨ ⑩
5	① ② ③ ④ ⑤ ⑥ ⑦ ⑧ ⑨ ⑩	25	① ② ③ ④ ⑤ ⑥ ⑦ ⑧ ⑨ ⑩	45	① ② ③ ④ ⑤ ⑥ ⑦ ⑧ ⑨ ⑩
6	① ② ③ ④ ⑤ ⑥ ⑦ ⑧ ⑨ ⑩	26	① ② ③ ④ ⑤ ⑥ ⑦ ⑧ ⑨ ⑩	46	① ② ③ ④ ⑤ ⑥ ⑦ ⑧ ⑨ ⑩
7	① ② ③ ④ ⑤ ⑥ ⑦ ⑧ ⑨ ⑩	27	① ② ③ ④ ⑤ ⑥ ⑦ ⑧ ⑨ ⑩	47	① ② ③ ④ ⑤ ⑥ ⑦ ⑧ ⑨ ⑩
8	① ② ③ ④ ⑤ ⑥ ⑦ ⑧ ⑨ ⑩	28	① ② ③ ④ ⑤ ⑥ ⑦ ⑧ ⑨ ⑩	48	① ② ③ ④ ⑤ ⑥ ⑦ ⑧ ⑨ ⑩
9	① ② ③ ④ ⑤ ⑥ ⑦ ⑧ ⑨ ⑩	29	① ② ③ ④ ⑤ ⑥ ⑦ ⑧ ⑨ ⑩	49	① ② ③ ④ ⑤ ⑥ ⑦ ⑧ ⑨ ⑩
10	① ② ③ ④ ⑤ ⑥ ⑦ ⑧ ⑨ ⑩	30	① ② ③ ④ ⑤ ⑥ ⑦ ⑧ ⑨ ⑩	50	① ② ③ ④ ⑤ ⑥ ⑦ ⑧ ⑨ ⑩
11	① ② ③ ④ ⑤ ⑥ ⑦ ⑧ ⑨ ⑩	31	① ② ③ ④ ⑤ ⑥ ⑦ ⑧ ⑨ ⑩	51	① ② ③ ④ ⑤ ⑥ ⑦ ⑧ ⑨ ⑩
12	① ② ③ ④ ⑤ ⑥ ⑦ ⑧ ⑨ ⑩	32	① ② ③ ④ ⑤ ⑥ ⑦ ⑧ ⑨ ⑩	52	① ② ③ ④ ⑤ ⑥ ⑦ ⑧ ⑨ ⑩
13	① ② ③ ④ ⑤ ⑥ ⑦ ⑧ ⑨ ⑩	33	① ② ③ ④ ⑤ ⑥ ⑦ ⑧ ⑨ ⑩	53	① ② ③ ④ ⑤ ⑥ ⑦ ⑧ ⑨ ⑩
14	① ② ③ ④ ⑤ ⑥ ⑦ ⑧ ⑨ ⑩	34	① ② ③ ④ ⑤ ⑥ ⑦ ⑧ ⑨ ⑩	54	① ② ③ ④ ⑤ ⑥ ⑦ ⑧ ⑨ ⑩
15	① ② ③ ④ ⑤ ⑥ ⑦ ⑧ ⑨ ⑩	35	① ② ③ ④ ⑤ ⑥ ⑦ ⑧ ⑨ ⑩	55	① ② ③ ④ ⑤ ⑥ ⑦ ⑧ ⑨ ⑩
16	① ② ③ ④ ⑤ ⑥ ⑦ ⑧ ⑨ ⑩	36	① ② ③ ④ ⑤ ⑥ ⑦ ⑧ ⑨ ⑩	56	① ② ③ ④ ⑤ ⑥ ⑦ ⑧ ⑨ ⑩
17	① ② ③ ④ ⑤ ⑥ ⑦ ⑧ ⑨ ⑩	37	① ② ③ ④ ⑤ ⑥ ⑦ ⑧ ⑨ ⑩	57	① ② ③ ④ ⑤ ⑥ ⑦ ⑧ ⑨ ⑩
18	① ② ③ ④ ⑤ ⑥ ⑦ ⑧ ⑨ ⑩	38	① ② ③ ④ ⑤ ⑥ ⑦ ⑧ ⑨ ⑩	58	① ② ③ ④ ⑤ ⑥ ⑦ ⑧ ⑨ ⑩
19	① ② ③ ④ ⑤ ⑥ ⑦ ⑧ ⑨ ⑩	39	① ② ③ ④ ⑤ ⑥ ⑦ ⑧ ⑨ ⑩	59	① ② ③ ④ ⑤ ⑥ ⑦ ⑧ ⑨ ⑩
20	① ② ③ ④ ⑤ ⑥ ⑦ ⑧ ⑨ ⑩	40	① ② ③ ④ ⑤ ⑥ ⑦ ⑧ ⑨ ⑩	60	① ② ③ ④ ⑤ ⑥ ⑦ ⑧ ⑨ ⑩

（注）この解答用紙は実物を縮小してあります。Ｂ４用紙に143％拡大コピーすると、ほぼ実物大で使用できます。（タイトルと配点表は含みません）

学校配点
1 各4点×5　2 各3点×8　3 各4点×5　4、5 各3点×12
計　10C点

２０２１年度　成田高等学校

数学解答用紙

受験番号をたてに記入し、番号をマークしなさい。

記入上の注意
（１）解答用紙は汚したり、折り曲げたりしないこと。
（２）記入にはＨＢ黒鉛筆（シャープペンシル）を使用すること。
（３）訂正する時は消しゴムで消し、消しくずを取り除くこと。

マークのしかた　よい例　わるい例

氏名

受験番号

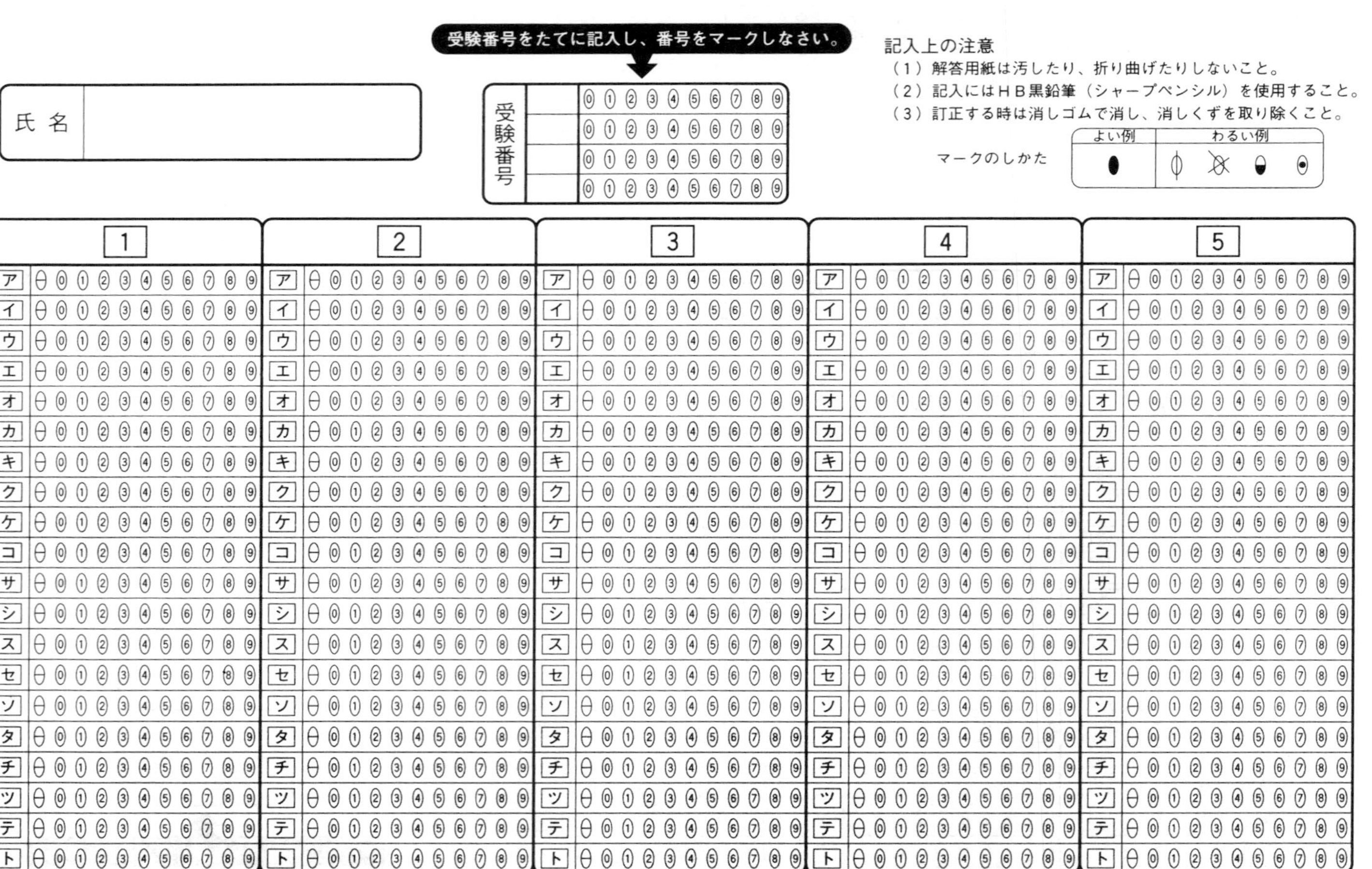

評点　／100

（注）この解答用紙は実物を縮小してあります。Ａ３用紙に147％拡大コピーすると、ほぼ実物大で使用できます。（タイトルと配点表は含みません）

学校配点	
1〜5 各５点×20〔4(3)は各５点×２〕	
100点	計

二〇二二年度　成田高等学校

国語解答用紙

評点	/100

解答番号	解答欄
1	①②③④⑤⑥⑦⑧⑨⑩
2	①②③④⑤⑥⑦⑧⑨⑩
3	①②③④⑤⑥⑦⑧⑨⑩
4	①②③④⑤⑥⑦⑧⑨⑩
5	①②③④⑤⑥⑦⑧⑨⑩
6	①②③④⑤⑥⑦⑧⑨⑩
7	①②③④⑤⑥⑦⑧⑨⑩
8	①②③④⑤⑥⑦⑧⑨⑩
9	①②③④⑤⑥⑦⑧⑨⑩
10	①②③④⑤⑥⑦⑧⑨⑩
11	①②③④⑤⑥⑦⑧⑨⑩
12	①②③④⑤⑥⑦⑧⑨⑩
13	①②③④⑤⑥⑦⑧⑨⑩
14	①②③④⑤⑥⑦⑧⑨⑩
15	①②③④⑤⑥⑦⑧⑨⑩
16	①②③④⑤⑥⑦⑧⑨⑩
17	①②③④⑤⑥⑦⑧⑨⑩
18	①②③④⑤⑥⑦⑧⑨⑩
19	①②③④⑤⑥⑦⑧⑨⑩
20	①②③④⑤⑥⑦⑧⑨⑩

解答番号	解答欄
21	①②③④⑤⑥⑦⑧⑨⑩
22	①②③④⑤⑥⑦⑧⑨⑩
23	①②③④⑤⑥⑦⑧⑨⑩
24	①②③④⑤⑥⑦⑧⑨⑩
25	①②③④⑤⑥⑦⑧⑨⑩
26	①②③④⑤⑥⑦⑧⑨⑩
27	①②③④⑤⑥⑦⑧⑨⑩
28	①②③④⑤⑥⑦⑧⑨⑩
29	①②③④⑤⑥⑦⑧⑨⑩
30	①②③④⑤⑥⑦⑧⑨⑩
31	①②③④⑤⑥⑦⑧⑨⑩
32	①②③④⑤⑥⑦⑧⑨⑩
33	①②③④⑤⑥⑦⑧⑨⑩
34	①②③④⑤⑥⑦⑧⑨⑩
35	①②③④⑤⑥⑦⑧⑨⑩
36	①②③④⑤⑥⑦⑧⑨⑩
37	①②③④⑤⑥⑦⑧⑨⑩
38	①②③④⑤⑥⑦⑧⑨⑩
39	①②③④⑤⑥⑦⑧⑨⑩
40	①②③④⑤⑥⑦⑧⑨⑩

解答番号	解答欄
41	①②③④⑤⑥⑦⑧⑨⑩
42	①②③④⑤⑥⑦⑧⑨⑩
43	①②③④⑤⑥⑦⑧⑨⑩
44	①②③④⑤⑥⑦⑧⑨⑩
45	①②③④⑤⑥⑦⑧⑨⑩
46	①②③④⑤⑥⑦⑧⑨⑩
47	①②③④⑤⑥⑦⑧⑨⑩
48	①②③④⑤⑥⑦⑧⑨⑩
49	①②③④⑤⑥⑦⑧⑨⑩
50	①②③④⑤⑥⑦⑧⑨⑩
51	①②③④⑤⑥⑦⑧⑨⑩
52	①②③④⑤⑥⑦⑧⑨⑩
53	①②③④⑤⑥⑦⑧⑨⑩
54	①②③④⑤⑥⑦⑧⑨⑩
55	①②③④⑤⑥⑦⑧⑨⑩
56	①②③④⑤⑥⑦⑧⑨⑩
57	①②③④⑤⑥⑦⑧⑨⑩
58	①②③④⑤⑥⑦⑧⑨⑩
59	①②③④⑤⑥⑦⑧⑨⑩
60	①②③④⑤⑥⑦⑧⑨⑩

（注）この解答用紙は実物を縮小してあります。Ｂ４用紙に143%拡大コピーすると、ほぼ実物大で使用できます。（タイトルと配点表は含みません）

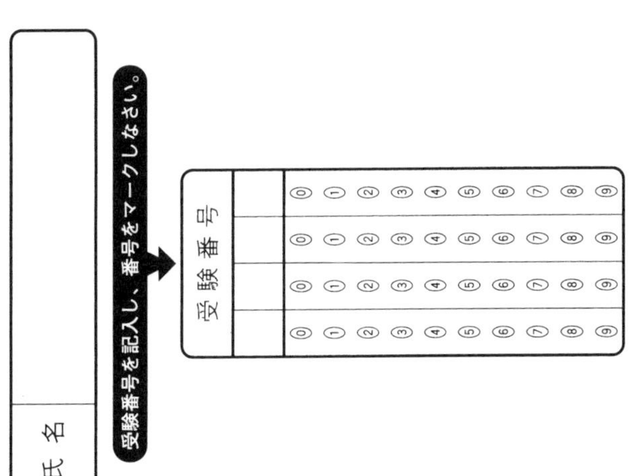

氏名
受験番号を記入し、番号をマークしなさい。
受験番号

記入上の注意
（１）解答用紙は汚したり、折り曲げたりしないこと。
（２）記入にはＨＢ黒鉛筆（シャープペンシル）を使用すること。
（３）訂正する時は消しゴムで消し、消しくずを取り除くこと。

マークのしかた　よい例　わるい例

学校配点	
一 問一～問五　各２点×８　問六～問十一　各３点×７ 二 問一～問五　各２点×８　問六、問七　各３点×２ 問八、問九　各２点×２　問十～問十三　各３点×４ 三 問一～問七　各２点×７　問八～問十　各３点×３　問十一　２点	計 100点

2020年度　成田高等学校

英語解答用紙

評点	/100

解答番号	解答欄
1	① ② ③ ④ ⑤ ⑥ ⑦ ⑧ ⑨ ⑩
2	① ② ③ ④ ⑤ ⑥ ⑦ ⑧ ⑨ ⑩
3	① ② ③ ④ ⑤ ⑥ ⑦ ⑧ ⑨ ⑩
4	① ② ③ ④ ⑤ ⑥ ⑦ ⑧ ⑨ ⑩
5	① ② ③ ④ ⑤ ⑥ ⑦ ⑧ ⑨ ⑩
6	① ② ③ ④ ⑤ ⑥ ⑦ ⑧ ⑨ ⑩
7	① ② ③ ④ ⑤ ⑥ ⑦ ⑧ ⑨ ⑩
8	① ② ③ ④ ⑤ ⑥ ⑦ ⑧ ⑨ ⑩
9	① ② ③ ④ ⑤ ⑥ ⑦ ⑧ ⑨ ⑩
10	① ② ③ ④ ⑤ ⑥ ⑦ ⑧ ⑨ ⑩
11	① ② ③ ④ ⑤ ⑥ ⑦ ⑧ ⑨ ⑩
12	① ② ③ ④ ⑤ ⑥ ⑦ ⑧ ⑨ ⑩
13	① ② ③ ④ ⑤ ⑥ ⑦ ⑧ ⑨ ⑩
14	① ② ③ ④ ⑤ ⑥ ⑦ ⑧ ⑨ ⑩
15	① ② ③ ④ ⑤ ⑥ ⑦ ⑧ ⑨ ⑩
16	① ② ③ ④ ⑤ ⑥ ⑦ ⑧ ⑨ ⑩
17	① ② ③ ④ ⑤ ⑥ ⑦ ⑧ ⑨ ⑩
18	① ② ③ ④ ⑤ ⑥ ⑦ ⑧ ⑨ ⑩
19	① ② ③ ④ ⑤ ⑥ ⑦ ⑧ ⑨ ⑩
20	① ② ③ ④ ⑤ ⑥ ⑦ ⑧ ⑨ ⑩

解答番号	解答欄
21	① ② ③ ④ ⑤ ⑥ ⑦ ⑧ ⑨ ⑩
22	① ② ③ ④ ⑤ ⑥ ⑦ ⑧ ⑨ ⑩
23	① ② ③ ④ ⑤ ⑥ ⑦ ⑧ ⑨ ⑩
24	① ② ③ ④ ⑤ ⑥ ⑦ ⑧ ⑨ ⑩
25	① ② ③ ④ ⑤ ⑥ ⑦ ⑧ ⑨ ⑩
26	① ② ③ ④ ⑤ ⑥ ⑦ ⑧ ⑨ ⑩
27	① ② ③ ④ ⑤ ⑥ ⑦ ⑧ ⑨ ⑩
28	① ② ③ ④ ⑤ ⑥ ⑦ ⑧ ⑨ ⑩
29	① ② ③ ④ ⑤ ⑥ ⑦ ⑧ ⑨ ⑩
30	① ② ③ ④ ⑤ ⑥ ⑦ ⑧ ⑨ ⑩
31	① ② ③ ④ ⑤ ⑥ ⑦ ⑧ ⑨ ⑩
32	① ② ③ ④ ⑤ ⑥ ⑦ ⑧ ⑨ ⑩
33	① ② ③ ④ ⑤ ⑥ ⑦ ⑧ ⑨ ⑩
34	① ② ③ ④ ⑤ ⑥ ⑦ ⑧ ⑨ ⑩
35	① ② ③ ④ ⑤ ⑥ ⑦ ⑧ ⑨ ⑩
36	① ② ③ ④ ⑤ ⑥ ⑦ ⑧ ⑨ ⑩
37	① ② ③ ④ ⑤ ⑥ ⑦ ⑧ ⑨ ⑩
38	① ② ③ ④ ⑤ ⑥ ⑦ ⑧ ⑨ ⑩
39	① ② ③ ④ ⑤ ⑥ ⑦ ⑧ ⑨ ⑩
40	① ② ③ ④ ⑤ ⑥ ⑦ ⑧ ⑨ ⑩

解答番号	解答欄
41	① ② ③ ④ ⑤ ⑥ ⑦ ⑧ ⑨ ⑩
42	① ② ③ ④ ⑤ ⑥ ⑦ ⑧ ⑨ ⑩
43	① ② ③ ④ ⑤ ⑥ ⑦ ⑧ ⑨ ⑩
44	① ② ③ ④ ⑤ ⑥ ⑦ ⑧ ⑨ ⑩
45	① ② ③ ④ ⑤ ⑥ ⑦ ⑧ ⑨ ⑩
46	① ② ③ ④ ⑤ ⑥ ⑦ ⑧ ⑨ ⑩
47	① ② ③ ④ ⑤ ⑥ ⑦ ⑧ ⑨ ⑩
48	① ② ③ ④ ⑤ ⑥ ⑦ ⑧ ⑨ ⑩
49	① ② ③ ④ ⑤ ⑥ ⑦ ⑧ ⑨ ⑩
50	① ② ③ ④ ⑤ ⑥ ⑦ ⑧ ⑨ ⑩
51	① ② ③ ④ ⑤ ⑥ ⑦ ⑧ ⑨ ⑩
52	① ② ③ ④ ⑤ ⑥ ⑦ ⑧ ⑨ ⑩
53	① ② ③ ④ ⑤ ⑥ ⑦ ⑧ ⑨ ⑩
54	① ② ③ ④ ⑤ ⑥ ⑦ ⑧ ⑨ ⑩
55	① ② ③ ④ ⑤ ⑥ ⑦ ⑧ ⑨ ⑩
56	① ② ③ ④ ⑤ ⑥ ⑦ ⑧ ⑨ ⑩
57	① ② ③ ④ ⑤ ⑥ ⑦ ⑧ ⑨ ⑩
58	① ② ③ ④ ⑤ ⑥ ⑦ ⑧ ⑨ ⑩
59	① ② ③ ④ ⑤ ⑥ ⑦ ⑧ ⑨ ⑩
60	① ② ③ ④ ⑤ ⑥ ⑦ ⑧ ⑨ ⑩

（注）この解答用紙は実物を縮小してあります。B４用紙に143%拡大コピーすると、ほぼ実物大で使用できます。（タイトルと配点表は含みません）

氏名

受験番号を記入し、番号をマークしなさい。

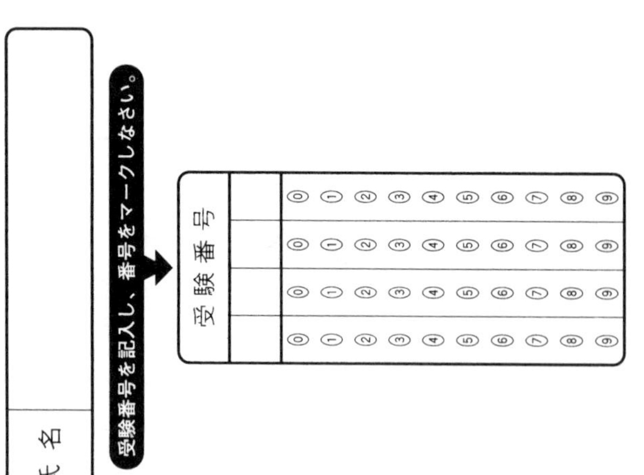

記入上の注意
（１）解答用紙は汚したり、折り曲げたりしないこと。
（２）記入にはＨＢ黒鉛筆（シャープペンシル）を使用すること。
（３）訂正する時は消しゴムで消し、消しくずを取り除くこと。

マークのしかた　よい例　わるい例

学校配点	
1	各４点×５
2	各３点×８
3	各４点×５
4、5	各３点×12
計	100点

2020年度 成田高等学校

数学解答用紙

受験番号をたてに記入し、番号をマークしなさい。

氏名	

受験番号	
	0 1 2 3 4 5 6 7 8 9
	0 1 2 3 4 5 6 7 8 9
	0 1 2 3 4 5 6 7 8 9
	0 1 2 3 4 5 6 7 8 9

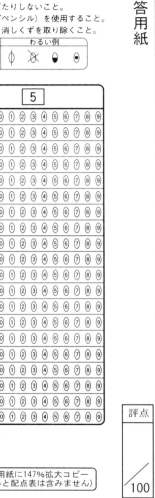

記入上の注意
（1）解答用紙は汚したり、折り曲げたりしないこと。
（2）記入にはＨＢ黒鉛筆（シャープペンシル）を使用すること。
（3）訂正する時は消しゴムで消し、消しくずを取り除くこと。

マークのしかた

よい例	わるい例
●	⦶ ⊗ ◒ ⊙

	1	2	3	4	5
ア	⊖ 0 1 2 3 4 5 6 7 8 9	⊖ 0 1 2 3 4 5 6 7 8 9	⊖ 0 1 2 3 4 5 6 7 8 9	⊖ 0 1 2 3 4 5 6 7 8 9	⊖ 0 1 2 3 4 5 6 7 8 9
イ	⊖ 0 1 2 3 4 5 6 7 8 9	⊖ 0 1 2 3 4 5 6 7 8 9	⊖ 0 1 2 3 4 5 6 7 8 9	⊖ 0 1 2 3 4 5 6 7 8 9	⊖ 0 1 2 3 4 5 6 7 8 9
ウ	⊖ 0 1 2 3 4 5 6 7 8 9	⊖ 0 1 2 3 4 5 6 7 8 9	⊖ 0 1 2 3 4 5 6 7 8 9	⊖ 0 1 2 3 4 5 6 7 8 9	⊖ 0 1 2 3 4 5 6 7 8 9
エ	⊖ 0 1 2 3 4 5 6 7 8 9	⊖ 0 1 2 3 4 5 6 7 8 9	⊖ 0 1 2 3 4 5 6 7 8 9	⊖ 0 1 2 3 4 5 6 7 8 9	⊖ 0 1 2 3 4 5 6 7 8 9
オ	⊖ 0 1 2 3 4 5 6 7 8 9	⊖ 0 1 2 3 4 5 6 7 8 9	⊖ 0 1 2 3 4 5 6 7 8 9	⊖ 0 1 2 3 4 5 6 7 8 9	⊖ 0 1 2 3 4 5 6 7 8 9
カ	⊖ 0 1 2 3 4 5 6 7 8 9	⊖ 0 1 2 3 4 5 6 7 8 9	⊖ 0 1 2 3 4 5 6 7 8 9	⊖ 0 1 2 3 4 5 6 7 8 9	⊖ 0 1 2 3 4 5 6 7 8 9
キ	⊖ 0 1 2 3 4 5 6 7 8 9	⊖ 0 1 2 3 4 5 6 7 8 9	⊖ 0 1 2 3 4 5 6 7 8 9	⊖ 0 1 2 3 4 5 6 7 8 9	⊖ 0 1 2 3 4 5 6 7 8 9
ク	⊖ 0 1 2 3 4 5 6 7 8 9	⊖ 0 1 2 3 4 5 6 7 8 9	⊖ 0 1 2 3 4 5 6 7 8 9	⊖ 0 1 2 3 4 5 6 7 8 9	⊖ 0 1 2 3 4 5 6 7 8 9
ケ	⊖ 0 1 2 3 4 5 6 7 8 9	⊖ 0 1 2 3 4 5 6 7 8 9	⊖ 0 1 2 3 4 5 6 7 8 9	⊖ 0 1 2 3 4 5 6 7 8 9	⊖ 0 1 2 3 4 5 6 7 8 9
コ	⊖ 0 1 2 3 4 5 6 7 8 9	⊖ 0 1 2 3 4 5 6 7 8 9	⊖ 0 1 2 3 4 5 6 7 8 9	⊖ 0 1 2 3 4 5 6 7 8 9	⊖ 0 1 2 3 4 5 6 7 8 9
サ	⊖ 0 1 2 3 4 5 6 7 8 9	⊖ 0 1 2 3 4 5 6 7 8 9	⊖ 0 1 2 3 4 5 6 7 8 9	⊖ 0 1 2 3 4 5 6 7 8 9	⊖ 0 1 2 3 4 5 6 7 8 9
シ	⊖ 0 1 2 3 4 5 6 7 8 9	⊖ 0 1 2 3 4 5 6 7 8 9	⊖ 0 1 2 3 4 5 6 7 8 9	⊖ 0 1 2 3 4 5 6 7 8 9	⊖ 0 1 2 3 4 5 6 7 8 9
ス	⊖ 0 1 2 3 4 5 6 7 8 9	⊖ 0 1 2 3 4 5 6 7 8 9	⊖ 0 1 2 3 4 5 6 7 8 9	⊖ 0 1 2 3 4 5 6 7 8 9	⊖ 0 1 2 3 4 5 6 7 8 9
セ	⊖ 0 1 2 3 4 5 6 7 8 9	⊖ 0 1 2 3 4 5 6 7 8 9	⊖ 0 1 2 3 4 5 6 7 8 9	⊖ 0 1 2 3 4 5 6 7 8 9	⊖ 0 1 2 3 4 5 6 7 8 9
ソ	⊖ 0 1 2 3 4 5 6 7 8 9	⊖ 0 1 2 3 4 5 6 7 8 9	⊖ 0 1 2 3 4 5 6 7 8 9	⊖ 0 1 2 3 4 5 6 7 8 9	⊖ 0 1 2 3 4 5 6 7 8 9
タ	⊖ 0 1 2 3 4 5 6 7 8 9	⊖ 0 1 2 3 4 5 6 7 8 9	⊖ 0 1 2 3 4 5 6 7 8 9	⊖ 0 1 2 3 4 5 6 7 8 9	⊖ 0 1 2 3 4 5 6 7 8 9
チ	⊖ 0 1 2 3 4 5 6 7 8 9	⊖ 0 1 2 3 4 5 6 7 8 9	⊖ 0 1 2 3 4 5 6 7 8 9	⊖ 0 1 2 3 4 5 6 7 8 9	⊖ 0 1 2 3 4 5 6 7 8 9
ツ	⊖ 0 1 2 3 4 5 6 7 8 9	⊖ 0 1 2 3 4 5 6 7 8 9	⊖ 0 1 2 3 4 5 6 7 8 9	⊖ 0 1 2 3 4 5 6 7 8 9	⊖ 0 1 2 3 4 5 6 7 8 9
テ	⊖ 0 1 2 3 4 5 6 7 8 9	⊖ 0 1 2 3 4 5 6 7 8 9	⊖ 0 1 2 3 4 5 6 7 8 9	⊖ 0 1 2 3 4 5 6 7 8 9	⊖ 0 1 2 3 4 5 6 7 8 9
ト	⊖ 0 1 2 3 4 5 6 7 8 9	⊖ 0 1 2 3 4 5 6 7 8 9	⊖ 0 1 2 3 4 5 6 7 8 9	⊖ 0 1 2 3 4 5 6 7 8 9	⊖ 0 1 2 3 4 5 6 7 8 9

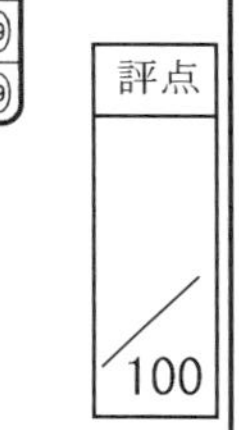

評点
/100

（注）この解答用紙は実物を縮小してあります。Ａ３用紙に147%拡大コピーすると、ほぼ実物大で使用できます。（タイトルと配点表は含みません）

学校配点	
1～5 各5点×20	
100点	計

二〇二〇年度　成田高等学校

国語解答用紙

評点	/100

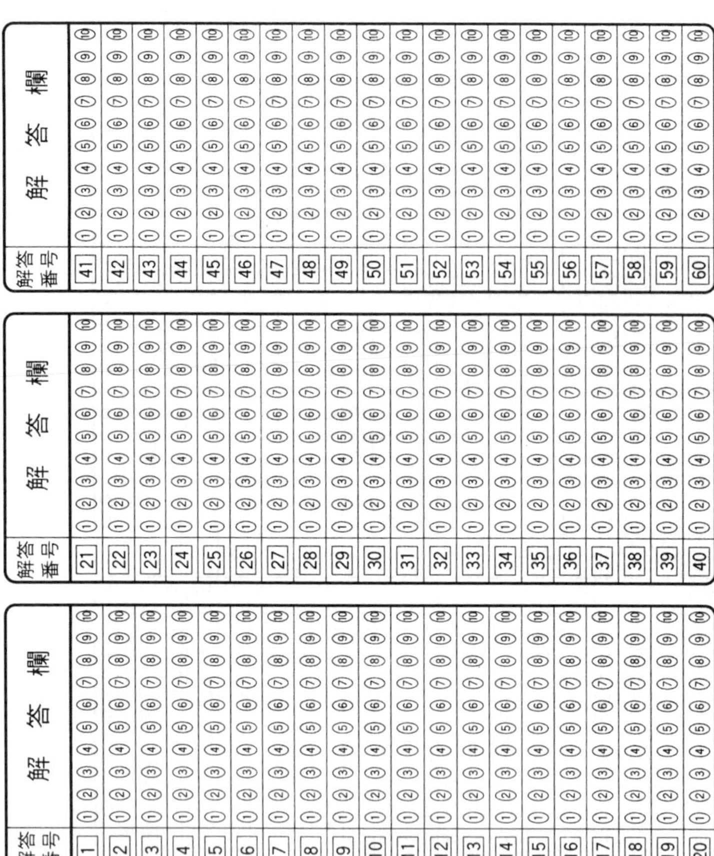

氏名

受験番号を記入し、番号をマークしなさい。

受験番号

記入上の注意
（1）解答用紙は汚したり、折り曲げたりしないこと。
（2）記入にはＨＢ黒鉛筆（シャープペンシル）を使用すること。
（3）訂正する時は消しゴムで消し、消しくずを取り除くこと。

マークのしかた　よい例　わるい例

（注）この解答用紙は実物を縮小してあります。Ｂ４用紙に143％拡大コピーすると、ほぼ実物大で使用できます。（タイトルと配点表は含みません）

学校配点	
□一	問一～問八　各２点×13　問九～問十一　各３点×３
□二	問一～問八　各２点×12　問九～問十三　各３点×５
□三	問一～問六　各２点×９　問七、問八　各３点×２　問九　２点
計	100点

社会情勢の影響で中止の可能性がございます。必ず弊社HPをご確認ください。

◯首都圏最大級の進学相談会

第43回 中・高入試 受験なんでも相談会

主催 声の教育社

1都3県の有名校が参加!!

会場 新宿住友ビル三角広場

交通●ＪＲ・京王線・小田急線「新宿駅」西口徒歩8分
●都営地下鉄大江戸線「都庁前駅」A6出口直結
●東京メトロ丸ノ内線「西新宿駅」2番出口徒歩4分

日時 6月22日(土)…**中学受験**のみ
6月23日(日)…**高校受験**のみ

中学受験 午前・午後の2部制
高校受験 90分入れ替え4部制

特設ページ

入場予約6/8～（先行入場抽選5/31～）
当日まで入場予約可能（定員上限あり）
詳しくは弊社ＨＰ特設ページをご覧ください。

新会場の三角広場は天井高25m、換気システムも整った広々空間

●参加予定の中学校・高等学校一覧

22日（中学受験のみ）参加校
麻布中学校
跡見学園中学校
鷗友学園女子中学校
大妻中学校
大妻多摩中学校
大妻中野中学校
海城中学校
開智日本橋学園中学校
かえつ有明中学校
学習院女子中等科
暁星中学校
共立女子中学校
慶應義塾中等部（午後のみ）
恵泉女学園中学校
晃華学園中学校
攻玉社中学校
香蘭女学校中等科
駒場東邦中学校
サレジアン国際学園世田谷中学校
実践女子学園中学校
品川女子学院中等部
芝中学校
渋谷教育学園渋谷中学校
頌栄女子学院中学校
昭和女子大学附属昭和中学校
女子聖学院中学校
白百合学園中学校
成城中学校
世田谷学園中学校
高輪中学校
多摩大学附属聖ヶ丘中学校
田園調布学園中等部
千代田国際中学校
東京女学館中学校
東京都市大学付属中学校
東京農業大学第一中等部
豊島岡女子学園中学校
獨協中学校
ドルトン東京学園中等部
広尾学園中学校
広尾学園小石川中学校
富士見中学校
本郷中学校
三田国際学園中学校
三輪田学園中学校
武蔵中学校
山脇学園中学校
立教女学院中学校
早稲田中学校
和洋九段女子中学校
青山学院横浜英和中学校
浅野中学校
神奈川大学附属中学校
カリタス女子中学校
関東学院中学校
公文国際学園中等部
慶應義塾普通部（午後のみ）
サレジオ学院中学校
森村学園中等部
横浜女学院中学校
横浜雙葉中学校
光英VERITAS中学校
昭和学院秀英中学校
専修大学松戸中学校
東邦大学付属東邦中学校
和洋国府台女子中学校
浦和明の星女子中学校
大妻嵐山中学校
開智未来中学校

23日（高校受験のみ）参加校
岩倉高校
関東第一高校
共立女子第二高校
錦城高校
錦城学園高校
京華商業高校
国学院高校
国際基督教大学高校
駒澤大学高校
駒場学園高校
品川エトワール女子高校
下北沢成徳高校
自由ヶ丘学園高校
潤徳女子高校
杉並学院高校
正則高校
専修大学附属高校
大成高校
大東文化大学第一高校
拓殖大学第一高校
多摩大学目黒高校
中央大学高校
中央大学杉並高校
貞静学園高校
東亜学園高校
東京高校
東京工業大学附属科学技術高校
東京実業高校
東洋高校
東洋女子高校
豊島学院・昭和鉄道高校
二松学舎大学附属高校
日本大学櫻丘高校
日本大学鶴ヶ丘高校
八王子学園八王子高校
文華女子高校
豊南高校
朋優学院高校
保善高校
堀越高校
武蔵野大学附属千代田高校
明治学院高校
桐蔭学園高校
東海大学付属相模高校
千葉商科大学付属高校
川越東高校
城西大学付属川越高校

22・23日（中学受験・高校受験）両日参加校
【東京都】
青山学院中等部・高等部
足立学園中学・高校
郁文館中学・高校・グローバル高校
上野学園中学・高校
英明フロンティア中学・高校
江戸川女子中学・高校
学習院中等科・高等科
神田女学園中学・高校
北豊島中学・高校
共栄学園中学・高校
京華中学・高校
京華女子中学・高校
啓明学園中学・高校
工学院大学附属中学・高校
麴町学園女子中学校・高校
佼成学園中学・高校
佼成学園女子中学・高校
国学院大学久我山中学・高校
国士舘中学・高校
駒込中学・高校
駒沢学園女子中学・高校
桜丘中学・高校
サレジアン国際学園中学・高校
実践学園中学・高校
芝浦工業大学附属中学・高校
芝国際中学・高校
十文字中学・高校
淑徳中学・高校
淑徳巣鴨中学・高校
順天中学・高校
城西大学附属城西中学・高校
聖徳学園中学・高校
城北中学・高校
女子美術大学付属中学・高校
巣鴨中学・高校
聖学院中学・高校
成蹊中学・高校
成城学園中学・高校
青稜中学・高校
玉川学園　中学部・高等部
玉川聖学院中等部・高等部
中央大学附属中学・高校
帝京中学・高校
東海大学付属高輪台高校・中等部
東京家政学院中学・高校
東京家政大学附属女子中学・高校
東京成徳大学中学・高校
東京電機大学中学・高校
東京都市大学等々力中学・高校
東京立正中学・高校
桐朋中学・高校
桐朋女子中学・高校
東洋大学京北中学・高校
トキワ松学園中学・高校
中村中学・高校
日本工業大学駒場中学・高校
日本学園中学・高校
日本大学第一中学・高校
日本大学第二中学・高校
日本大学第三中学・高校
日本大学豊山中学・高校
日本大学豊山女子中学・高校
富士見丘中学・高校
藤村女子中学・高校
文化学園大学杉並中学・高校
文京学院大学女子中学・高校
文教大学付属中学・高校
法政大学中学・高校
宝仙学園中学・高校共学部理数インター
明星学園中学・高校
武蔵野大学中学・高校
明治学院中学・東村山高校
明治大学付属中野中学・高校
明治大学付属八王子中学・高校
明治大学付属明治中学・高校
明法中学・高校
目黒学院中学・高校
目黒日本大学中学・高校
目白研心中学・高校
八雲学園中学・高校
安田学園中学・高校
立教池袋中学・高校
立正大学付属立正中学・高校
早稲田実業学校中等部・高等部
早稲田大学高等学院・中学部
【神奈川県】
中央大学附属横浜中学・高校
桐光学園中学・高校
日本女子大学附属中学・高校
法政大学第二中学・高校
【千葉県】
市川中学・高校
国府台女子学院中学・高等部
芝浦工業大学柏中学・高校
渋谷教育学園幕張中学・高校
昭和学院中学・高校
東海大学付属浦安高校・中等部
麗澤中学・高校
【埼玉県】
浦和実業学園中学・高校
開智中学・高校
春日部共栄中学・高校
埼玉栄中学・高校
栄東中学・高校
狭山ヶ丘高校・付属中学校
昌平中学・高校
城北埼玉中学・高校
西武学園文理中学・高校
東京農業大学第三高校・附属中学校
獨協埼玉中学・高校
武南中学・高校
星野学園中学校・星野高校
立教新座中学・高校
【愛知県】
海陽中等教育学校

※上記以外の学校や志望校の選び方などの相談は

高校スーパー過去問　抜群の解説・解答!!　声の教育社版

合格必需品

定価2,200～2,530円（税込）

各都県狭域版 高校受験案内

定価2,310円（税込）

公立高校 過去問シリーズ

定価1,100円（税込）

高校面接ブック

定価1,320円（税込）

①優秀な解説・解答スタッフが執筆!!　②くわしい出題傾向分析と対策　③解答用紙が別冊、自己採点ができる!!

No.　学校名
★はリスニングアクセスコード付

●東京都

ア
T 17 青山学院高等部★
T 40 足立学園高校
T 62 郁文館高校／郁文館グローバル高校
T 111 岩倉高校★
T 102 上野学園高校
T 91 江戸川女子高校
T 38 桜美林高校
T 4 お茶の水女子大附高校

カ
T 5 開成高校★
T 113 関東第一高校
T 88 共栄学園高校
T 80 錦城高校
T 46 錦城学園高校
T 10 慶應義塾女子高校
T 64 京華高校
T 66 京華商業高校
T 65 京華女子高校
T 109 工学院大附高校
T 36 佼成学園高校
T 47 佼成学園女子高校
T 24 国学院高校
T 25 国学院大久我山高校
T 16 国際基督教大高校
T 93 国士舘高校
T 41 駒込高校
T 51 駒沢学園女子高校
T 58 駒澤大高校
T 50 駒場学園高校

サ
T 105 桜丘高校
T 59 実践学園高校
T 63 十文字高校
T 75 淑徳高校
T 67 淑徳巣鴨高校
T 42 順天高校
T 98 潤徳女子高校
T 78 城西大附城西高校★
T 13 城北高校
T 115 昭和第一学園高校
T 83 女子美術大付高校
T 45 巣鴨高校
T 108 杉並学院高校
T 70 駿台学園高校
T 18 成蹊高校
T 73 正則高校
T 49 青稜高校
T 26 専修大附高校

タ
T 94 大成高校
T 76 大東文化大第一高校
T 81 拓殖大第一高校
T 56 多摩大目黒高校
T 39 中央大高校
T 23 中央大杉並高校★
T 22 中央大附高校
T 2 筑波大附高校
T 1 筑波大附駒場高校
T 107 貞静学園高校
T 53 東亜学園高校
T 37 東海大付高輪台高校
T 55 東京高校
T 3 東京学芸大附高校
T 101 東京家政大附女子高校
T 9 東京工大附科学技術高校
T 116 東京実業高校
T 79 東京成徳大高校
T 35 東京電機大高校
T 71 東京立正高校
T 7 桐朋高校
T 74 東洋高校
T 72 東洋大京北高校
T 95 豊島学院高校

ナ
T 34 二松学舎大附高校
T 103 日本工大駒場高校
T 52 日本学園高校
T 30 日本大櫻丘高校★
T 27 日本大第一高校
T 28 日本大第二高校
T 29 日本大第三高校
T 31 日本大鶴ヶ丘高校
T 32 日本大豊山高校★
T 33 日本大豊山女子高校

ハ
T 100 八王子学園八王子高校
T 68 広尾学園高校
T 96 藤村女子高校
T 60 文化学園大杉並高校★
T 69 文京学院大女子高校★
T 77 文教大付高校
T 21 法政大高校
T 106 豊南高校
T 112 朋優学院高校★
T 85 保善高校★
T 87 堀越高校

マ
T 82 明星学園高校
T 48 武蔵野大学高校
T 15 明治学院高校
T 6 明治大付中野高校
T 20 明治大付八王子高校
T 19 明治大付明治高校★
T 86 明星高校（府中）
T 54 目黒学院高校
T 110 目黒日本大高校
T 97 目白研心高校

ヤ
T 90 安田学園高校★

ラ
T 114 立正大付立正高校

ワ
T 14 早稲田実業高等部
T 11 早稲田大高等学院

●神奈川県
K 8 慶應義塾高校
K 18 相模女子大高等部
K 11 湘南工科大附高校
K 16 相洋高校
K 13 鶴見大附高校
K 1 桐蔭学園高校
K 6 東海大付相模高校★
K 7 桐光学園高校
K 2 日本女子大附高校
K 4 日本大高校（日吉）★
K 5 日本大藤沢高校
K 17 武相高校
K 9 法政大国際高校
K 3 法政大第二高校★
K 15 山手学院高校
K 14 横浜高校★
K 19 横浜隼人高校

●千葉県
C 6 市川高校★
C 17 市原中央高校
C 34 植草学園大附高校
C 18 木更津総合高校
C 25 敬愛学園高校
C 33 光英VERITAS高校
C 31 国府台女子学院高等部
C 20 志学館高等部
C 9 芝浦工大柏高校
C 15 渋谷教育学園幕張高校★
C 36 秀明八千代高校
C 10 昭和学院高校
C 23 昭和学院秀英高校★
C 29 西武台千葉高校
C 2 専修大松戸高校
C 21 拓殖大紅陵高校
C 12 千葉英和高校
C 11 千葉敬愛高校
C 24 千葉経済大附高校
C 8 千葉商科大付高校
C 5 千葉日本大第一高校
C 28 千葉明徳高校
C 19 中央学院高校
C 7 東海大付浦安高校
C 26 東京学館高校
C 27 東京学館浦安高校
C 37 東葉高校
C 35 成田高校★
C 14 二松学舎大柏高校
C 30 日本体育大柏高校
C 4 日本大習志野高校
C 13 八千代松陰高校
C 16 流通経済大付柏高校★
C 32 麗澤高校
C 3 和洋国府台女子高校

公立高校版　定価1,100円～2,420円（税込）

東京都立高校
埼玉県公立高校
神奈川県公立高校
神奈川県特色検査
千葉県公立高校
栃木県公立高校
茨城県公立高校
群馬県公立高校

都立日比谷高校
都立西高校
都立八王子東高校
都立国立高校
都立戸山高校
都立国分寺高校
都立立川高校
都立新宿高校
都立青山高校

●埼玉県
S 33 秋草学園高校
S 21 浦和学院高校
S 26 浦和実業学園高校
S 38 浦和麗明高校
S 31 叡明高校
S 2 大宮開成高校
S 14 開智高校
S 10 春日部共栄高校★
S 13 川越東高校
S 4 慶應義塾志木高校
S 29 国際学院高校
S 16 埼玉栄高校
S 20 埼玉平成高校
S 36 栄北高校★
S 9 栄東高校
S 27 狭山ヶ丘高校
S 40 秀明高校
S 37 秀明英光高校
S 5 淑徳与野高校★
S 3 城西大付川越高校
S 34 正智深谷高校
S 18 昌平高校
S 7 城北埼玉高校
S 11 西武学園文理高校
S 25 西武台高校
S 15 聖望学園高校
S 28 東京成徳大深谷高校
S 23 東京農大第三高校
S 8 獨協埼玉高校
S 22 花咲徳栄高校
S 39 東野高校
S 24 武南高校
S 12 星野高校
S 30 細田学園高校
S 19 本庄第一高校
S 32 本庄東高校
S 17 武蔵越生高校
S 35 山村学園高校
S 1 立教新座高校
S 6 早大本庄高等学院

●茨城県
I 11 茨城高校★
I 12 茨城キリスト教学園高校
I 16 岩瀬日本大高校
I 4 江戸川学園取手高校
I 5 霞ケ浦高校★
I 2 常総学院高校
I 8 水城高校
I 14 大成女子高校
I 7 つくば国際大高校
I 15 つくば秀英高校
I 1 土浦日本大高校
I 3 東洋大附牛久高校
I 10 常磐大学高校
I 6 水戸葵陵高校★
I 9 水戸啓明高校
I 17 水戸女子高校
I 13 明秀学園日立高校

●栃木県
To 4 足利大附高校
To 5 宇都宮短大附属高校
To 8 宇都宮文星女子高校
To 1 國學院大栃木高校
To 6 作新学院（英進）
To 7 作新学院（総進・情報）
To 2 佐野日本大高校★
To 3 白鷗大足利高校
To 9 文星芸術大高校

●群馬県
G 1 関東学園大附高校
G 4 桐生第一高校
G 2 樹徳高校
G 9 高崎健康福祉大高崎高校
G 3 高崎商科大附高校
G 5 東京農大第二高校
G 7 常磐高校
G 6 前橋育英高校
G 8 明和県央高校

●全国共通
T 8 国立高等専門学校

声の教育社
〒162-0814 東京都新宿区新小川町8-15
TEL 03(5261)5061(代)　FAX 03(5261)5062
https://www.koenokyoikusha.co.jp